◆ 中国社会科学院登峰战略优势学科"中国周边研究"
  （编号：2023DFYSQQY01）成果
◆ 中国社会科学院创新工程学术出版资助项目
◆ 亚太政治研究丛书

百年变局下的中泰关系
传承与发展

China-Thailand Relations under
the Century of Changes
Inheritance and Development

周方冶　著

中国社会科学出版社

图书在版编目（CIP）数据

百年变局下的中泰关系：传承与发展 / 周方冶著. —北京：中国社会科学出版社，2024.6
 ISBN 978-7-5227-3704-1

Ⅰ.①百⋯ Ⅱ.①周⋯ Ⅲ.①中外关系—国际关系史—泰国 Ⅳ.①D829.336

中国国家版本馆 CIP 数据核字（2024）第 110761 号

出 版 人	赵剑英
责任编辑	侯聪睿
责任校对	郝阳洋
责任印制	王　超

出　　版	中国社会科学出版社
社　　址	北京鼓楼西大街甲 158 号
邮　　编	100720
网　　址	http://www.csspw.cn
发 行 部	010-84083685
门 市 部	010-84029450
经　　销	新华书店及其他书店
印　　刷	北京明恒达印务有限公司
装　　订	廊坊市广阳区广增装订厂
版　　次	2024 年 6 月第 1 版
印　　次	2024 年 6 月第 1 次印刷
开　　本	710×1000　1/16
印　　张	22.75
字　　数	275 千字
定　　价	118.00 元

凡购买中国社会科学出版社图书，如有质量问题请与本社营销中心联系调换
电话：010-84083683
版权所有　侵权必究

目 录

绪 论 ……………………………………………………………（1）
 一 百年变局下中泰关系面临新挑战 …………………（2）
 二 研究路径与方法 ……………………………………（5）
 三 研究框架与结构 ……………………………………（19）

第一章 中泰关系的历史与现状 ……………………………（24）
 第一节 "中泰一家亲"的传统友好关系 ………………（25）
  一 源远流长的中泰传统关系 …………………………（25）
  二 近现代中泰关系演化转折 …………………………（31）
  三 当代中泰关系蓬勃发展 ……………………………（39）
 第二节 中国—东南亚视角下的中泰关系评估 …………（43）
  一 地理历史指标 ………………………………………（44）
  二 经贸合作指标 ………………………………………（47）
  三 军事安全指标 ………………………………………（53）
  四 政治信任指标 ………………………………………（60）
  五 社会文化指标 ………………………………………（65）
  六 中泰关系评估：基于多维度量化比较 ……………（70）

第三节 "一带一路"倡议：中泰战略合作新动力 ………（77）
  一 政策沟通落实合作共识 …………………………（81）
  二 设施联通完善产业布局 …………………………（83）
  三 贸易畅通突破发展瓶颈 …………………………（87）
  四 资金融通增强风控能力 …………………………（89）
  五 民心相通增进理解共识 …………………………（92）
第四节 澜湄合作：深化中泰关系的多边平台…………（95）
  一 澜湄合作步入全面发展的新阶段 ………………（96）
  二 共建澜湄国家命运共同体的新机遇 ……………（98）
  三 澜湄生物多样性保护的新增长点 ………………（104）

第二章 中美战略竞争下的中泰关系………………………（108）
第一节 泰国对印太战略的地缘政治认知………………（109）
  一 泰国应对印太战略的出发点与立足点 …………（109）
  二 多元化背景下泰国对印太战略的利弊认知 ……（116）
第二节 "地缘引力"视角下的泰国平衡策略……………（127）
  一 泰国外交策略的"地缘引力"模型 ……………（128）
  二 保持中泰与美泰的地缘平衡 ……………………（131）
  三 增强日泰与印泰的地缘关系 ……………………（143）
  四 依托东盟提升地缘风险应对能力 ………………（149）
第三节 泰国"非中性"对冲策略的结构性根源…………（153）
  一 泰国对冲策略的"非中性"立场与"友华"
    趋势…………………………………………………（154）
  二 打开"黑箱"：着眼于中小国家内生因素的
    分析框架……………………………………………（157）
  三 当前泰国"非中性"对冲的特征与成因 ………（162）

第三章　泰国发展模式变革对中泰关系的影响……（178）
第一节　泰国发展模式变革进程与困境……（179）
一　国家发展模式的概念与特征……（179）
二　泰国近现代发展模式变革的进程与路径……（183）
三　泰国发展模式新一轮变革的动因与困境……（192）
四　泰国增量改革诉求与中泰经济合作契机……（201）
第二节　泰国政党政治重返"泰式民主"的背景与原因……（204）
一　政党政治视角下的"泰式民主"模式……（204）
二　巴育政变与"泰式民主"回归……（213）
三　"泰式民主"回归的原因与条件……（222）
四　泰国政治权力结构调整的多元化趋势……（236）
五　中泰战略合作有待拓展多元化沟通渠道……（246）
第三节　泰国政治极化的意识形态困境……（250）
一　泰国新生代极左翼政治运动兴起……（250）
二　泰国政治极化的结构性原因……（262）
三　泰国发展模式变革的意识形态困境……（266）
四　"人类命运共同体"观念夯实中泰合作共识……（272）

第四章　深化中泰民心相通的路径与方法……（275）
第一节　主流媒体的国家形象塑造……（276）
一　中泰民心相通的国际传播路径……（276）
二　新时期中国形象塑造的现实挑战……（278）
三　泰国主流媒体的美西方影响力：以报业为例……（283）
四　精细化讲好"中国故事"……（295）
第二节　社交媒体的新生代信息传播……（299）

  一 泰国社交媒体的发展现状 ……………………（299）
  二 社交媒体的信息传播规律与新挑战 …………（303）
  三 构筑新生代信息传播"新高地"…………………（312）
 第三节 智库国际传播能力建设………………………（316）
  一 智库国际传播能力建设的概念与特征 …………（317）
  二 美西方非政府组织在泰案例分析：经验与模式 ……（323）
  三 构建官产学联动的新型智库网络 ………………（336）

结　语……………………………………………………（341）

参考文献…………………………………………………（344）

绪　　论

中泰传统友好关系源远流长，最早可上溯到两千多年前的西汉时期。近代以来，由于受国际国内局势变化影响，中泰关系曾历经波折。冷战中后期，随着中美关系正常化，中泰两国于1975年建立外交关系，并携手化解了越南侵柬的地缘安全危机。后冷战时期，中泰关系保持健康稳定发展，使得"中泰一家亲"美誉实至名归。

21世纪以来，中泰关系"更上一层楼"。2001年，两国政府发表《联合公报》，就推进中泰战略性合作达成共识。2012年，两国建立全面战略合作伙伴关系。2013年，两国政府发表《中泰关系发展远景规划》。2017年，两国签署《中华人民共和国政府和泰王国政府关于共同推进"一带一路"建设谅解备忘录》。2022年，习近平主席访泰期间，两国宣布构建更为稳定、更加繁荣、更可持续的中泰命运共同体。

近年来，中泰战略合作成效显著。新冠疫情暴发前，2019年中国赴泰游客超过1000万人次，占泰国海外游客总数的1/4强；新冠疫情期间，中泰经贸合作逆势上扬，2021年双边贸易额超过1300亿美元，中国对泰国直接投资累计超过112亿美元。中国连续9年成为泰国第一大贸易伙伴和农产品出口市场。泰国98%以上的木薯、70%的热带水果、约33%的橡胶和10%的大米出口到中国。

一 百年变局下中泰关系面临新挑战

目前，中泰关系正处于历史最好时期，但在百年未有之大变局下，中泰战略合作的深化发展面临诸多不确定性因素，既是挑战，亦是机遇，有必要加强分析研判，从而"在危机中育先机、于变局中开新局"。具体来看，当前中泰关系主要面临以下挑战。

其一是中美战略竞争的多极化挑战。

作为殖民时期的英法势力范围缓冲地带，冷战时期的美国反共前沿地带，以及"一带一路"倡议下的中国—中南半岛经济走廊重要参与国，泰国在地缘政治中始终发挥着重要作用。这使得中泰关系很大程度上超越了常规的双边关系范畴，涉及域内外大国间的地缘政治博弈。

在过去十多年里，中美战略竞争持续升级，从奥巴马政府的"重返亚太"到"亚太再平衡"政策，到特朗普政府提出的"印太战略"，再到拜登政府的全面深化落实印太战略，使得包括泰国在内的东盟国家普遍面临严峻的地缘政治压力。

从20世纪50年代以来，泰国就是美国在东南亚地区的重要军事盟国，成为美国"反共"的桥头堡。尽管美泰军事联盟的互信关系在冷战中后期的越南侵柬危机中严重受损，冷战后美国撤离东南亚更是使得美泰军事联盟长期处于"漂移"状态，但是半个多世纪的深耕细作，早就在泰国各领域尤其是安全领域打上了深刻的美国印记，构筑了盘根错节的关系网络。

中美两国的全面竞争态势，将会深刻改变中泰关系中长期发展的外部环境条件，尤其是此前持续下滑的美泰关系很可能反弹甚至反转，从而在中美泰三角关系中对中泰关系产生牵制甚至排斥作用。

其二是泰国道路选择的多元化挑战。

从19世纪中后期到20世纪中后期的百多年里，泰国先后进行了三次国家发展模式的道路选择，不仅成为东南亚唯一的非殖民地国家，而且较平稳地达成了从传统封建王朝到现代民族国家的转型重塑，并实现了从传统农业国到新兴工业化国家的跨越式发展，甚至一度被誉为"四小虎"，尽享"百年国运"。

第一次是19世纪中后期到20世纪初以"朱拉隆功改革"为标志的君主专制道路，使泰国（旧称暹罗）从松散的封建分封过渡到中央集权的君主专制，并在此基础上摆脱了前现代的封建经济束缚，为近现代资本主义发展开辟了道路。

第二次是20世纪前中期以"民党革命"为标志的现代民族国家改造道路，使泰国在国有工业化建设的经济基础上形塑了当代"泰人特性"的社会文化根骨。

第三次是20世纪中后期以"五年计划"为标志的跨越式发展道路，使得泰国在从进口替代到出口导向的适时调整过程中，有序完成了现代化起飞的战略目标。

20世纪90年代以来，泰国为破解"中等收入陷阱"，开始了第四次国家发展模式的道路转型。但是，第一轮以"经济自由化"为动力的道路选择尝试以失败告终，并引爆了1997年亚洲金融危机；第二轮以"政治民主化"为先导的道路选择尝试再次受挫，并引发了"红黄大战"的大规模政治冲突与社会分裂；第三轮始于2014年政变的道路选择尝试，则难以化解拉玛九世驾崩后的"泰式民主"意识形态衰落困境，使得极左翼革新势力与极右翼保皇势力的矛盾持续上升，导致泰国政治—社会极化现象日趋严峻。

近年来的中泰战略合作发展,很大程度上得益于两国"自上而下"的发展共识,即使"红黄大战"期间,泰国保革双方高层在对华合作以推动"增量发展"问题上始终保持基本共识,从而为中泰合作保驾护航。随着泰国保革冲突从经济与政治领域延伸到意识形态领域,中泰战略合作"自上而下"发展共识很有可能在政治—社会极化条件下面临挑战,尤其是来自极左翼新生代的多元化挑战。

其三是民心相通工作的信息化挑战。

国之交在于民相亲,中泰传统友好关系之所以历久弥新,很重要的是两国民心相通,不仅在艰难时期有助于维系中泰关系断而不绝,而且在暖风吹拂时焕发蓬勃生机,为中泰合作全面深化发展提供持久活力,并有助于抚平内外因素冲击的短期波折,切实保证中泰关系行稳致远。

近年来,中泰两国在民心相通方面做了大量工作,并取得明显成效,尤其是创新性的孔子学院建设,更是在泰国大放异彩。据统计,从2006年在泰启动孔子学院项目以来,中国已累计派遣2万多人次国际中文教师志愿者赴泰任教,泰国相继有27家教育机构与中方合作设立16家孔子学院及11家孔子课堂,并有2000多所中小学校开设汉语课程,在校学习中文人数超过百万人,居全球首位。泰国现已成为全球孔子学院最密集、中文教学发展最迅速的国家之一。

不过,相较于中泰战略合作的前进步伐与远景目标,既有民心相通工作还是力有不逮,难以满足需要。近年来,泰国社会尤其是新生代受美西方观念影响,对华负面看法与不满情绪时有出现,并呈扩大趋势。在过去半个多世纪里,美西方在泰国官产学界深耕细作,早已在线下主流媒体建立了盘根错节的关系网,形成了倾向于美西方的话语体系,使得中泰民心相通工作很大程度上面临"存量博弈"的现实难题。

近年来,随着泰国社会信息化发展提速,2022年泰国社交媒体用户达到5685万人,约占总人口的81.2%,并且人均每天使用社交媒体时间将近3小时。对中泰民心相通工作而言,高速扩张的虚拟空间既是机遇,将有助于破解线下民心相通工作的局限性,从而在"增量抢占"过程中,将虚拟空间打造为引导泰国民众对华认知的新兴场所和重要渠道;但也是挑战,有可能使美西方炮制的对华"错误认知"加速渗透扩张,甚至通过社交媒体的"信息茧"现象,持续固化泰国新生代民众的对华负面认知。

2020年,中泰两国网民由于泰国网红明星及其女友的不当言论,引发大规模Twitter"骂战",不仅引起中国驻泰国大使馆的关注和声明,而且在虚拟空间产生了对华不友好的所谓"奶茶联盟"跨国/地区运动,成为美西方进一步炮制所谓"中国威胁论"的舆论口实。

二 研究路径与方法

从既有研究来看,国外学界通常将中泰关系视为典型的非对称性双边关系,并在美西方国际关系理论的"大国—小国"传统两分法模型下展开分析和研判。总体上,其常见研究路径主要有以下三条。

其一是传统历史路径,尤以亚洲/亚裔学者较常见,习惯将中泰关系纳入"朝贡体系"模型加以分析。此类研究通常强调以史为鉴,立足于翔实的史料依据,但其逻辑推演更倾向于"历史螺旋"的学术假设,结果在美西方主流话语有意无意将"朝贡体系"臆断为"地区霸权"的情况下，很容易导致研究方向误判，将"中华民族伟大复兴"的和平发展诉求曲解为美西方所谓"中国重塑地区霸权野心"。于是，此类研究通常会追溯泰国（暹罗）在传统"朝贡体系"中的地位和作用，讨论近代以来泰国脱离"朝贡体系"拥抱美西方"国际体系"的历史意义，并在此基础上就"中华民族伟大复兴"对泰国及地区影响开展利弊分析，进而以"历史视野"研判中泰关系的发展走势。

其二是国际关系路径，尤以美西方学者较常见，习惯将中泰关系置于中美大国关系或是东西方关系的宏大视角下加以分析。此类研究通常强调学理逻辑，依托美西方国际关系研究领域的庞杂谱系，引经据典构筑看似严丝合缝的逻辑推演，但却无意也无力摆脱"冷战思维"的学术桎梏。其看似多元化的研究成果，多数都会得出雷同结论，即"大国霸权"下的中泰关系尤其是经贸关系的不平等性，并在此基础上提出"解毒剂"，即根植于所谓"民主与人权"意识形态共识的美泰关系。

其三是本土经验路径，尤以泰国学者较常见，习惯在泰国外交成就尤其是保守—保皇精英执政能力的话语体系下对中泰关系加以分析。此类研究通常强调泰国精英阶层的应变决断，并将重点聚焦于外交策略的选择与调适。由于泰国长期奉行"风中竹"策略，并在殖民时期、第二次世界大战时期、冷战时期及后冷战时期等不同历史阶段反复取得成功，因此在大国间保持"中立"并适时"对冲"的外交策略具有广泛的政治共识，甚至在一定程度上与保守—保皇派的历史功绩绑定，成为政治正确的主流话语表述。于是，此类研究倾向于预设结论，默契保持核心论点一致性，而研究工作的多元化差异则更多体现在分析过程的论据多样性方面，包括文献筛选、案例解析，以及官方意识形态阐释等。

由于研究路径方面的局限性，造成国外学界的中泰关系研究成果不少，但客观全面准确的较为有限，难以为理解和把握百年未有之大变局下的中泰关系提供借鉴。反观国内学界，国别与区域研究方兴未艾，中泰关系研究尚处于起步阶段，既有研究多为历史/文化研究或情势/对策研究，并且经常成为中国—东盟关系研究的附属/分支议题，缺乏有针对性的深入系统研究。

近年来，随着"一带一路"尤其是中国—中南半岛经济走廊建设稳步推进，再加上地缘政治风险上升，中泰关系相较于以往更为微妙和重要。作为美国军事盟国、中南半岛唯一新兴工业化国家、老东盟创始国、坐拥克拉地峡的印太交界国，泰国在次区域、区域，甚至跨区域层面都相当有影响力，因此是百年变局下推动"周边命运共同体"建设不可或缺的重要助力。

为了更好地理解和把握百年变局下的中泰关系，本书力求构建体现中国视角的研究路径，以习近平外交思想为指引，贯彻命运共同体理念，立足于泰国基本国情，通过历史和地域比较研究，辨析中泰关系面临的机遇与挑战，并在此基础上对深化中泰战略合作开展可行性分析。

具体来看，主要体现在以下方面。

（一）立足泰国国情，结合中国经验，秉持命运共同体理念

中泰关系客观上具有非对称性，但泰国却不是可以被轻易忽视的地区小国（见表0.1），而是在次区域与区域相关议题上都拥有一定话语权的"中等国家"。尤其是在毗邻中国西南的中南半岛，泰国作为该区域唯一的中高收入国家，以及历史上的传统主导力量，更是拥有重要的地缘影响力。此外，泰国地处印太交界区，并且传统文化受印度影响颇深，因此近年来成为印度"东向行动政策"对接东盟的重要桥梁，从而进一步推升了泰国的跨区

域影响力。

表0.1　　　　　　　　　　泰国相关数据统计

类别	数量	全球排名	亚洲排名	东南亚排名
总人口	6678万人	22	11	4
国土面积	51.3万平方千米	49	13	3
国内生产总值	5017亿美元	25	9	2
人均国内生产总值	7189美元	96	19	4

资料来源：世界银行数据库，2022年6月23日检索，https://databank.worldbank.org/source/world-development-indicators#。

更重要的是，相较于在大国博弈的地缘政治压力下，在区域或次区域议题上"讨价还价"的硬实力，泰国在过去一百多年间依托"风中竹"策略在霸权罅隙间顽强求存，不仅屡屡化险为夷，而且获益颇丰的历史记忆与外交经验，有效形塑了泰国从上层精英到底层民众自主自信自强的战略定力，使其面对大国时始终保持低调从容，并以"令各方倍感舒适"的沟通方式，引导和推动"大国间相互掣肘"的复杂局面，借以维护其国家利益。

从实践来看，泰国被誉为"微笑国度"，其外交风格圆滑，常令人如沐春风，但要开展深入合作却仿佛"掌中沙"，很难夯实基础。回顾过去百多年与泰国打交道的大国势力，无论是殖民时期的英法列强，还是第二次世界大战时期的日本，抑或是冷战时期的美国，试图构建单方面强势地位的企图都未能成功，即使一时得势也转瞬即逝，难以像在其他发展中国家那样予取予夺。

作为有着八百多年历史，两度被外族灭国但都旋即复国，并数次称雄中南半岛的传统民族国家，泰国拥有建立在本国国情基础上、相当稳定的国家/社会运行传统规范。任何大国势力如果无视泰国国情，试图强行介入甚至改变其运行规范，都会受到"软磨硬抗"的排斥与抵制。例如，日本曾试图在双边关系上建立单方面强势地位，但从第二次世界大战时期"大东亚共荣圈"失利，到冷战前中期引发大规模"抵制日货"运动，日本在泰国屡屡受挫，直到冷战中后期日本转变立场，立足泰国国情，改善对泰工作方式，才逐步站稳脚跟，并成为当前备受泰国社会各界接受与认可的大国势力。

中泰关系从两国建交以来长期保持健康稳定发展，近年来更成为发展中国家合作共赢典范，并被誉为"中泰一家亲"。之所以有此良好局面，一是中国始终坚持"大小国家一律平等"原则，从未在双边关系上谋求单方面强势地位；二是中泰两国长期民心相通，尤其是在泰华人华侨成为两国沟通的重要桥梁和纽带；三是中泰经贸互补，形成了"增量发展"的合作共赢局面。

因此，百年变局下的中泰关系研究，首先要立足泰国国情。唯有深入理解泰国权力运作与资源配置的传统规范、现实流程与底层逻辑，才有可能在落实全面战略合作伙伴关系过程中，规避结构性利益冲突，降低既得利益群体的不满情绪，并以"增量红利"团结和引领更多力量参与推动中泰合作。

其次要结合中国经验。中泰关系当前面临诸多机遇和挑战，其中有些属于中泰双边关系的特有现象，但也有不少对中泰关系而言属于新现象，但在中国与其他国家关系中却是得到了妥善处置的老问题。因此，以习近平外交思想为指导，将有助于更好把握中泰关系的发展走势，避免战略误判。

最后要秉持命运共同体理念。中泰关系当前面临的最大杂音是美西方主流思想的"国强必霸"理念。从殖民时期到第二次世界大战时期,再到冷战时期,美西方长期奉行"国强必霸"的行为准则,对泰国形成了深刻的观念烙印。中泰关系研究的核心要务,就是从观念层面纠偏,依托中国和平发展实践,铲除"国强必霸"落后认知,代之以"命运共同体"先进理念,从而为中泰关系"更上一层楼"夯实意识形态根基。

(二)以政治权力集团为切入点,开展结构化的系统研究

随着中泰全面战略合作伙伴关系深化发展,中泰关系涉及领域也朝着纵深拓展,从政治、经济、社会到安全和意识形态,各类议题和因素都开始成为影响中泰关系健康稳定发展的相关甚至关键变量。

与此同时,由于泰国从20世纪90年代开始的第四次国家发展模式转型屡屡受挫,在原本稳定的国家/社会运行系统下,通常保持相对独立运作的经济系统与政治系统相继动荡,并产生联动效应,使得曾被誉为"不粘锅"的泰国经济在21世纪初"红黄大战"的政治/社会冲突中备受打击。2016年,长期以来被视为"稳定器"的拉玛九世驾崩,更是直接动摇"泰式民主"的官方意识形态根基,从而造成泰国陷入前所未有的"经济—政治—意识形态"三大支柱的风险联动困境。

这就意味着,百年变局下的中泰关系研究,必须秉持全局视野,更重视对多领域联动的理解与把握。传统上,由于泰国各领域运作稳定且独立,因此采取单一领域路径既有助于提高效率,又不会影响准确性,但在当前各领域风险联动的不确定性状态下,单一领域路径的局限性就日益凸显,难以有效剔除系统性的多领域变量扰动。为此,本书将引入"发展中国家多元权力互动"模型(见图0.1),并以政治权力集团为切入点,对百年变局下的中泰关系进行结构化的系统研究。

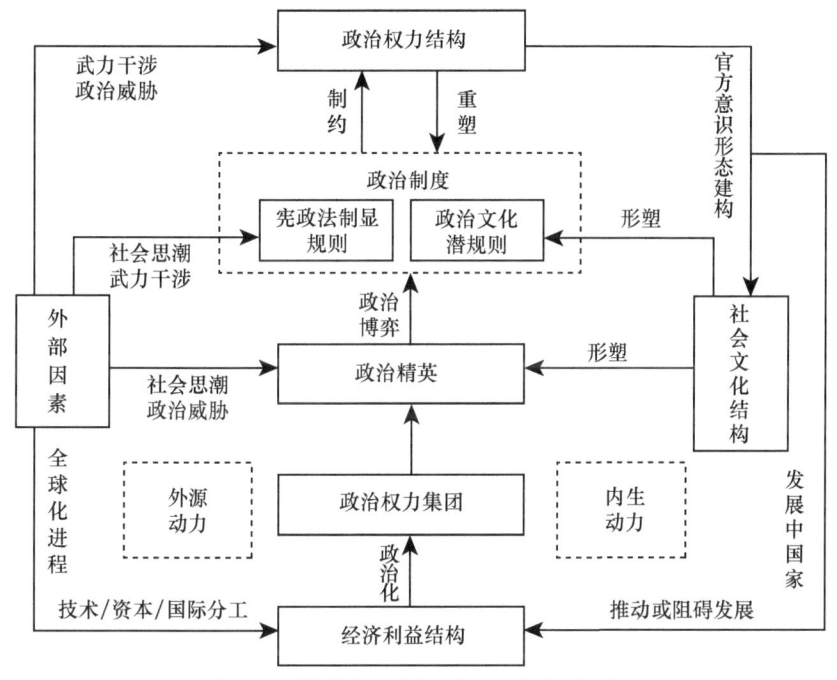

图 0.1 "发展中国家多元权力互动"示意图

所谓"政治权力集团",是指由多元身份认同相似的社会公众组成的、拥有政治自觉意识并能以可持续的方式有组织地参与政治权力博弈以实现其利益诉求的社会聚合体。目前,泰国较活跃的政治权力集团主要包括军人集团、王室—保皇派、曼谷政商财阀、地方豪强集团、技术官僚集团、城市中产阶级、新兴资本集团、极左翼学生群体等。

对于政治权力集团的概念与特征,有必要从以下方面加以理解和把握。①

其一,社会公众的身份认同是动态的多元标识序列组。

---

① 周方冶等:《东亚五国政治发展的权力集团研究》,中国社会科学出版社2016年版,第2—16页。

"身份认同"是在社会交往的互动过程中，用以区别我者与他者，进而规范个体行为规范的主观意识。通过塑造身份认同，有助于社会个体更明确地判断和把握自身在社会关系网中所处的位置、所承担的责任、所享有的权利，并在社会交往中保持恰如其分的行为举止和态度立场。

从存在形式来看，社会公众的身份认同并不是静态的单一标识，而是动态的多元标识序列组。相较于传统社会相对简单的人际关系，现代社会的关系网随着社会分工细化变得日趋复杂，衍生属性不断涌现，从而使社会个体的身份认同也日趋多元化和复杂化。其中，起决定作用的主要有以下两类属性。

一类是体现社会经济地位的社会属性，包括职业归属、教育水平、财产状况等直接影响个体生存状态的社会属性。对社会个体而言，经济能力与社会声望是其开展社交的前提条件，因此在很大程度上制约着社会个体的视野范围、理解能力、行动意图。

另一类是体现意识形态的社会属性，包括政治立场、宗教信仰、族群意识等会对个体的行为方式产生实质性指导和制约的社会属性。尽管并不是所有社会个体都会形成自觉的意识形态，更多的不过是自发的模糊偏好，但如果拥有明确的意识形态，则必然成为其身份认同的首要标识，甚至会超越体现其社会经济地位的社会属性。

其他类型的多元社会属性的重要性不及上述两类，因此经常处于隐性状态，但如果有意外事态引起社会个体相关社会属性的应激反应，有可能改变社会个体的多元标识排序，从而影响个体的既有身份认同。不过，此类社会属性的应激性显化通常不可持续，将随着事态平息而重归沉寂，从而在中长期并不会改变前述两类社会属性的基准作用。

其二，社会聚合体是多元身份认同相似的社会公众组成的松散群体。

社会聚合体的形成与发展，取决于社会个体在相似的身份认同基础上产生的群体认同，其表现形式是社会个体的多元标识序列组中的部分标识及其排序方式与社会聚合体相契合。由于社会个体的多元标识序列组中存在复数的标识，因此在多重契合情况下，社会个体有可能同时归属于复数的社会聚合体。对此，有以下四点内容值得留意。

一是社会个体对社会属性的认同会随着排序依次减弱，因此社会个体与社会聚合体相契合的社会属性的排序越靠前，则其产生的群体归属感也就越强烈，从而有助于提高社会聚合体的凝聚力。

二是社会个体的身份认同是多元标识共同作用的结果，因此社会个体与社会聚合体相契合的社会属性的数量越多，则其产生的群体归属感也就越强烈。但随着多重契合的数量增加，符合要求的社会个体数量将呈下降趋势，从而对社会聚合体的规模产生影响。

三是社会个体的身份认同在很大程度上取决于标识排序，因此除非排序一致，否则即使社会个体与社会聚合体存在多重的相同社会属性，也难以形成有效共识。

四是社会个体的多元标识序列组并不是静态存在，而是会在社会交往中持续调整，因此如果相关社会属性或排序方式有所改变，就有可能弱化社会个体对社会聚合体的认同感与归属感，并促使其寻求更契合的社会聚合体。

其三，政治权力集团需要满足组织、话语、资金三大要件。

社会聚合体为政治权力集团的形成提供了关键性的前置条

件，即具有群体认同感与归属感的人员储备，但要进一步转化为政治权力集团，还必须满足三大要件，否则难以拥有开展政治权力斗争所必需的行动力与执行力。

首先是组织要件，主要包括动员力，即能否以本集团的政治诉求为目标导向，组织发动集团成员参与政治权力斗争；以及自制力，即能否约束和引导本集团成员，避免与其他集团发生无谓的摩擦与冲突。

其次是话语要件，主要包括凝聚力，即通过特性话语塑造，进一步强化本集团与成员间相契合的多元标识及其排序方式，增进本集团成员认同感与归属感；以及感召力，即通过共性话语塑造，增进社会公众的理解与认可，化解疏离感与对立感，降低本集团掌权的政治成本。

最后是资金要件，主要包括稳定的资金来源，即拥有可持续筹资渠道，避免因资金短缺而对政治权力斗争产生影响；以及有序的分配规则，即通过集团内部的制度建设，避免因派系的摩擦与争端，弱化甚至瓦解政治权力集团竞争力。

其四，政治权力集团在博弈中呈现"同心圆"式的政治权力结构。

对于政治权力集团而言，登上政治舞台参与博弈的目的在于提高政治权力地位，以获取更多的社会经济利益。所谓"政治权力"，是指政治权力集团依托国家机器贯彻政治意志、提高社会地位、争取经济利益的强制性支配能力。其主要表现为对事关国计民生的基本国策的决定性影响力。其作用对象主要是国家资源，既包括政府直接垄断的国有资源，例如财政税收、国有土地、林木矿藏等，也包括政府通过国家政策所能影响的非国有资源，例如民族产业在贸易保护政策下所享有的国内市场份额等。其作用效果表现为参与对国家资源的分配和再分配，前者主要通过制定重大政策法规的方式实现，例如行业准入、矿藏开发、产业保护等政策法规，有可能形成中长期影响；后者主要通过政令决议的方式达成，例如财政预算分配、税率水平调节等，通常在短期内发挥作用。

政治权力结构，是指政治系统中的政治权力集团在国家权力竞争与分配过程中的相对地位与相互关系。其形成与发展，主要取决于政治权力集团的博弈与妥协。通过"核心—边缘"的同心圆模型，将有助于更直观理解政治权力结构的表现形式（见图0.2）。

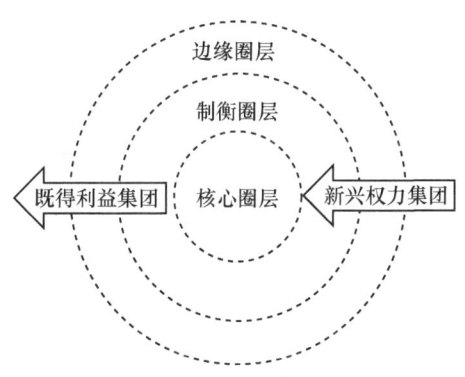

图0.2 政治权力结构的同心圆模型

政治权力结构的同心圆模型包括三个圈层，从内到外依次是核心圈层、制衡圈层、边缘圈层，其政治权力地位逐级递减，越靠近中心区域所掌握的政治权力越多，越接近外围区域所拥有的政治权力越少，甚至有可能被彻底边缘化。

核心圈层的政治权力集团在政治博弈中处于强势地位，掌握国策主导权，能够自主制定新政策，或是修订或废止既有政策，并通过国家机器予以贯彻执行。

制衡圈层的政治权力集团在政治博弈中拥有常规否决权，能够以拒绝继续提供政治支持的方式，通过合法或不合法的渠道施加压力，迫使核心集团更改或放弃所提出的国策主张。

边缘圈层的政治权力集团在政治博弈中处于弱势地位，仅有非常规否决权，通常是被动的政策接受者，但在核心集团所提出的国策主张严重侵害其既得利益的特殊情况下，能通过暴力或准暴力的非常规渠道施加压力，迫使核心集团更改或放弃所提出的国策主张。

从发展视角来看，政治权力结构并不是静态固化的存在，而是动态演进的过程。各派政治权力集团在同心圆模型中所处的圈层，将会随着彼此势力的消长而变化更替。新兴政治权力集团在拥有相应的社会经济影响力后，势必要求相应的政治话语权。其目的一方面旨在维护其既得的社会经济利益免受不正当的侵害，另一方面旨在利用政治权力争取更多的社会经济利益，以满足进一步发展的客观需要。如图0.2所示，新兴权力集团的政治权力要求，将对处于同心圆核心圈层的既得利益集团产生"替代效应"，从而引发新旧利益集团之间的摩擦和冲突。

本书以政治权力集团的中观概念为切入点，主要基于以下考量。

第一，泰国外交政策变化主要取决于各派政治权力集团的诉求与博弈。

尽管从表象来看，泰国外交政策的直接决策者是极少数活跃在"前台"的政治精英，因此短期而言，部分主政者尤其是强势领袖的个人意志有可能在一定程度上影响甚至决定泰国外交走势，但中长期而言，任何政治精英都难以背离"幕后"政治权力集团的利益诉求，否则就会面临持续上升的代言人替代压力。故而，以政治权力集团为切入点，理解各派势力在对外关系尤其是对华关系上的利益诉求，把握各派势力在博弈后形成的利益共识，将有助于更准确研判泰国外交政策的中长期趋势。

第二，政治权力集团兴衰直观体现"政治—经济—意识形态"结构调整。

泰国正处于国家发展模式的重要转型关口，无论是底层的经济利益结构，还是上层的政治权力结构，抑或是长期相对稳定的社会文化结构，都在发生持续性的变动和调整。通常情况下，"政治—经济—意识形态"结构调整过程相当复杂，充满了晦涩难解的不确定信号，再加上三者间风险联动引发的相互纠缠与扰动，使得直接感知三大结构调整的总体走势相当困难。

政治权力集团是根植于"政治—经济—意识形态"三大结构的政治行为体。各类政治权力集团分别代表着"经济利益分配—政治权力地位—社会文化/意识形态归属"的不同组合，因此其兴衰也就在很大程度上折射了三大结构调整的发展态势。通过观察和评估政治权力集团的此消彼长，将有助于及时准确把握泰国的三大结构调整进程，以及其可能的演化方向。

第三，针对关键性政治权力集团施加影响是调适双边关系的有效手段。

从泰国多元权力运作来看，理论上有可能影响其外交政策的路径并不少，但事实上，多数路径成本高、见效慢、不确定性强，难以成为调适双边关系的可选手段。因此，除了"点对点"开展高层外交，提升与主政者尤其是强势领袖的个人关系，以关键性政治权力集团为对象开展工作，也就成为影响外交政策成效比最高的可选手段，并且在稳定性与可持续性方面的优势尤为明显。

例如，冷战期间美国以军人集团与王室—保皇派为重要抓手，扶持保守阵营建构"泰式民主"模式，从而有效推升了美泰同盟关系，为其在中南半岛的地缘战略布局提供了重要支撑；又如，中泰两国建交后，中国以在泰华人华侨群体为统战对象，并与曼谷政商集团积极合作，从而为双边关系发展提供了重要助力，以正大集团为代表的曼谷政商集团更是成为对华投资和中泰经贸合作的先行者。

（三）兼顾历史与国别比较研究，从普遍性中辨识特殊性

中泰关系的演化发展存在一定特殊性，尤其是两国长达千年的友好往来历史，以及深度融入泰国社会的华人华侨群体，都使得两国关系与众不同；但从比较视角来看，中泰关系同样呈现"大国—小国"关系、邻国关系、南南合作关系等国家间关系的普遍性特征。

百年未有之大变局下，中泰关系面临诸多不确定性变数。国家间关系的普遍性，将在很大程度上影响中泰关系的宏观趋势；而两国间关系的特殊性，则将决定中泰关系的微观动向，并有可能走出"独立行情"，甚至发挥表率作用，有助于推动宏观趋势朝着更积极的方向发展。

为更好地理解和把握百年未有之大变局下中泰关系的普遍性与特殊性，尤其是在普遍性中辨识特殊性，有必要从两方面开展比较研究。这一方面是历史纵向比较，旨在以史为鉴，从中泰关系的历史演进过程，尤其是关键节点的转折变化过程，辨析各类影响两国关系走势的核心要素，并以此为参照，研判相关要素对当前中泰关系的利弊作用。

另一方面是国别横向比较，旨在厘清中泰关系与两国其他对外关系的差异性，其中既包括中国与其他东南亚国家的关系，也

包括泰国与其他大国尤其是与美国的关系,进而通过双向交叉比对,理解和把握中泰关系在地区间国家关系中的相对位置,并以此为参照,评估地缘政治博弈对当前中泰关系的走势影响。

三 研究框架与结构

针对百年未有之大变局下的中泰关系,本书将从四个方面开展研究,分别是中泰关系的历史与现状、外部影响因素、内生影响因素,以及民心相通工作。

(一)对中泰关系的历史与现状进行全方位多层次的梳理评估

这是开展中泰关系研究的前提与基础。唯有全面准确客观把握中泰关系"从哪里来""当前在哪里",才能更好研判中泰关系"往哪里去"。

为此,第一章主要讨论了以下四个议题。

首先是历史层面研究,着眼于"中泰一家亲"传统友好关系的形成与发展,回溯了中泰关系的源起、盛衰、复兴以及屡创新高的曲折过程,尤其是对冷战期间的中泰关系转折给予了重点关注。

其次是区域性研究,以定性与定量相结合的研究方式,从地理历史、经贸合作、军事安全、政治信任、社会文化五项指标,对中国与其他东南亚国家以及泰国与其他大国的关系加以评估,从而在交叉对比中进一步把握中泰关系在本区域国家间关系中的相对位置。

再次是跨区域研究,立足"一带一路"倡议,从"五通"合作出发,探讨中国推动的全球新发展议程对中泰关系的促进作用,尤其是其为何对当前泰国国家发展模式转型而言是一个重要契机。

最后是次区域研究，以澜湄合作为视角，分析中泰关系在次区域合作发展层面的积极作用与新增长点，尤其是在生物多样性保护方面的创新动力。

(二) 基于泰国地缘诉求探讨中美战略竞争下的中泰关系趋势

中美战略竞争已成为东南亚地区最重要的地缘政治风险，深刻影响着包括中泰关系在内的各类双多边关系发展。泰国在地缘上既是"中泰一家亲"的中国地理邻国，又是"美国传统友邦"的军事盟国，再加上其作为东南亚唯一非殖民地国家的历史记忆以及"中等国家"的综合国力，使其在一定程度上既有意也有力开展"对冲"策略，旨在获取更多地缘政治博弈的主动权。

为此，第二章主要讨论了以下三个议题。

首先是有关泰国对印太战略的地缘政治认知。作为美国在东南亚唯二的军事盟友，泰国在印太战略中扮演着重要角色。面对印太战略引发的地缘政治风险，中泰关系何去何从，将取决于中泰双方共同努力。为更好推动中泰关系发展，前提条件就是要厘清泰国方面对印太战略的看法及其应对逻辑。

其次是在"地缘引力"模型下评估泰国的地缘平衡策略。随着中美战略竞争持续升级，东南亚地区已成为大国博弈的角力场。通过引入"地缘引力"模型，将有助于更直观地理解泰国在大国罅隙间的平衡策略，即一来保持中泰与美泰的动态平衡，二来增强日泰与印泰关系，三来依托东盟提升地缘风险应对能力。

最后是对泰国在中美之间"非中性"对冲的特征与成因的分析。尽管泰国在外交策略上坚持大国平衡，但近年来明显在中美之间采取了"友华疏美"举措，从而使中泰关系屡创新高。不过，随着印太战略推进，有关美泰关系回摆的预期也日益增强。那么，泰国当前"非中性"对冲的成因何在？是否具有可持续性？对此，通过引入"大国外因—小国内因"互动的泰国对外关系模型,将有助于打开单一国家行为体"黑箱",从而更准确理解和把握泰国"非中性"对冲策略的行为逻辑。

(三)探讨泰国发展模式变革的不确定性对中泰关系的机遇与挑战

泰国当前正处于国家发展模式变革的重要关口,并在经历两轮改革尝试失利的连续冲击后,开始陷入"经济—政治—意识形态"三大支柱联动衰退的严峻困境。对中泰关系而言,当前泰国国家发展模式变革的不确定性兼具机遇与挑战,既有可能在变革中化解长期以来制约双边关系发展的结构性障碍,甚至形成新的增长动力源泉,但也有可能改变传统上曾经行之有效的合作路径与工作模式,甚至在短期内对中泰关系形成一定负面影响。

为此,第三章主要讨论了以下三个议题。

首先是从历史视角,对20世纪中后期以来的泰国国家发展模式变革过程加以回顾,并基于"政治体制—经济道路"互动模型,探究泰国发展模式变革的动力与路径,并在此基础上分析当前泰国面临的结构性难题及其根本原因。同时,探讨如何在经济层面积极回应泰国当前的"增量改革"诉求,从而进一步深化中泰经济合作。

其次是从政党政治视角,以政治权力集团为切入口,基于政治权力结构的"同心圆"模型,探究泰国国家权力/资源分配模式从"泰式民主"到"西式民主"的转型过程,以及近年来"泰式民主"再度复兴的背景与原因。同时,探讨如何在政治/社会层面拓展交流渠道,以改善中泰传统合作依赖"自上而下"模式的局限性。

最后是从保革冲突视角,通过对当前泰国政治结构多元化与政治冲突极化的案例分析，评估泰国政治转型面临的现实困境，尤其是传统"泰式民主"意识形态衰落引发的迷惘与动荡。同时，探讨如何在意识形态领域进一步以"中泰命运共同体"观念塑造合作共识。

（四）从中泰关系现实挑战出发探讨深化民心相通的创新路径

无论是中泰关系曲折发展的历史经验，还是当前泰国政治/社会多元化转型的现实风险，都充分表明民心相通在保证中泰关系健康稳定发展过程中的重要作用。民心相通既是"安全带"，有助于在关系遇冷时发挥兜底保障功能，防范难以挽回的关系破裂，又是"催化剂"，有助于在关系升温时进一步激发合作活力，催生新的增长点。尽管中泰关系源远流长，民心相通有着深厚传统底蕴，但相较于近半个世纪以来美西方在泰国的深耕细作，当前中泰民心相通依然存在不少短板，有待进一步提升完善。

为此，第四章主要讨论了以下三个议题。

首先是针对主流媒体的国家形象塑造问题，从中泰民心相通的国际传播路径出发，探讨了在国家形象塑造过程中面临的"形象传播"的点面结合难题，"纠偏释疑"的风险防控难题，以及"群体区分"的精准分类难题等严峻挑战，并以《曼谷邮报》《新闻报（英文版）》《民意报》《泰叻报》《每日新闻》5份泰国主流报刊涉华敏感报道为对象开展实证分析，评估了美西方在泰国主流媒体的话语影响力及作用机制，进而提出了精细化讲好"中国故事"的对策建议。

其次是针对社交媒体的新生代信息传播问题，从泰国社交媒体发展现状出发，探讨了社交媒体的信息传播规律及特点，并以所谓的"奶茶联盟"事件为例，分析了中泰民心相通面临的社交媒体新挑战，进而提出了构筑新生代信息传播"新高地"的对策建议。

最后是针对智库国际传播能力建设问题，从智库国际传播能力建设的概念与特征出发，以亚洲基金会、人权观察、大赦国际在泰活动为例，探讨了美西方非政府组织在资金运作、项目设置、人才培养等方面的经验与模式，进而提出了构建官产学联动的新型智库网络的对策建议。

第一章　中泰关系的历史与现状

中泰传统友好关系源远流长，但其发展演进过程并非一帆风顺，而是充满了各式各样的曲折与意外。综观千年以来的中泰关系史，诸如地理交通、经贸合作、国际局势、周边安全、国内政治等因素相互交织，共同影响着双边关系的盛衰起伏；而筑基于人文交流之上的民心相通，则是久经历史考验的最坚韧纽带，引导中泰关系穿越艰难困苦，迎来一个又一个繁荣时期，形塑了两国关系的螺旋式上升格局。

当前中泰关系正处于历史最好时期，但也面临百年未有之大变局的新机遇、新挑战。"一带一路"倡议的"五通"合作为中泰关系新阶段的发展指明方向，而以澜湄合作为代表的周边次区域合作，则为中泰关系提供了新的着力点与增长极，有助于"中泰一家亲"的双边关系更上一层楼。

第一节 "中泰一家亲"的传统友好关系

从历史周期来看，中泰关系曾经历多个上行和下行波段，其中既有过元、明、清三朝的屡攀波峰，也有过近现代双边关系一波三折反复下探波谷。从历史大趋势来看，中泰关系主要包括三个阶段：首先是传统兴盛期，其时间跨度从汉唐到明清，演化动力主要是建立在平等互利基础上的人文交流、商贸往来、地区安全等共同诉求；其次是近现代调适期，其时间跨度为从19世纪殖民时期到20世纪冷战时期的百余年，演化动力主要是在殖民主义、霸权主义、民族主义等内外因素影响下的救亡图存诉求；最后是当代复兴期，起始于1975年中泰建交，迄今虽不足半个世纪，但在现代化、全球化、多元化等合作共赢的发展诉求下，两国关系在政治经济文化安全等领域都取得显著成效，并呈现蓬勃进取的盛世气象。

一 源远流长的中泰传统关系

（一）起始于汉唐时期

中泰交往有着长达千年的悠久历史。早在泰国出现统一国家之前，中泰双方就已有一定交流与沟通。据《汉书·地理志》记载，由于古代航海技术相对落后，因此当时从中国南方出发前往南印度的汉朝使节，通常先要紧靠海岸线乘船航行，而后弃船登岸，途经马来半岛北部、湄南河流域以及伊洛瓦底江流域，历时数月方可抵达目的地。[①] 随着中国汉唐时期对外政治和商贸交往

---

① 班固：《汉书》卷28（下），中华书局1962年版，第1671页。

发展，坐落于中印两大文明交通要道上的诸多古国，逐渐进入中国官方视野，并成为中泰交往的最早见证者和亲历者。

从古籍记载来看，今泰国境内与中国有过交往的古国主要包括以下几个。

1. 金邻国，位于湄南河流域，其故地或在今泰国素攀府乌通。《太平御览》记载："金邻一名金陈，去扶南可二千余里，地出银，人民多好猎大象，生得乘骑，死则取其牙齿。"① 三国时期吴国曾派遣康泰与朱应等出使扶南国（故地在柬埔寨一带），归国后所著《扶南异物志》等书中多有金邻国见闻。

2. 狼牙修，位于马来半岛北部，其故地或在今泰国洛坤府、北大年府、宋卡府一带。《梁书》记载："狼牙修国，在南海中。其界东西三十日行，南北二十日行，去广州二万四千里。"据记载，南北朝时期，狼牙修曾于公元515年、531年、568年三度遣使来华。②

3. 盘盘国，位于马来半岛北部，其故地或在今泰国素叻他尼府。《旧唐书》记载，该国是佛教国家，"人皆学婆罗门书，甚敬佛法"。③ 从史料来看，盘盘国从南北朝至唐初，曾经多次遣使来华，敬献象牙、佛塔、沉香、檀香、画塔、舍利、菩提树叶等物。

4. 投和国，亦称"堕罗钵底"，位于湄南河流域，其故地或在今泰国佛统府一带。据记载，该国盛产豆蔻与犀象，并从南北朝开始遣使来华。④ 唐初，该国于贞观十二年（638）、二十三年

---

① 《太平御览》卷790，中华书局1960年版，第3502页。
② 姚思廉：《梁书》卷2，中华书局1973年版，第55页；姚思廉：《梁书》卷3，中华书局1973年版，第75页；姚思廉：《陈书》卷4，中华书局1972年版，第69页。
③ 《旧唐书》卷197，中华书局1975年版，第5273页。
④ 姚思廉：《陈书》卷6，中华书局1972年版，第110页。

（649）先后两次遣使，敬献象牙与火珠，唐太宗则回赠了好马。[①]

5.赤土国，位于马来半岛北部，其故地或在今泰国宋卡府、北大年府一带。据《隋书》记载，隋炀帝于大业三年（607）派遣常骏与王君政出使赤土国。赤土国王以国礼接待隋使，并赤土王子那邪迦随同回访。大业六年（610），赤土王子在弘农（今河南灵宝）觐见隋炀帝，成为隋朝对外交往史上的重要事件。[②]

此外，据史料记载，其他古国——诸如哥罗国，亦称哥罗富沙罗，位于马来半岛北部克拉地峡一带；哥罗舍分国，故地或在今泰国叻丕府一带；参半国，故地或在今泰国碧差汶府一带——也都曾在唐朝先后遣使来华，成为早期中泰交往的积极力量。

（二）兴起于宋元时期

中泰交往在宋元时期开始步入全面发展阶段，并在元朝出现了一个波峰。从历史动因来看，中泰关系在这一时期的加速发展，主要是受三方面要素影响。

首先是地缘政治因素。尽管海上丝绸之路早在汉朝就已开通，并且初唐时期就在广州设立了历史上的首个市舶司管理海上贸易，但在相当长时期内，陆上丝绸之路始终是最主要的中国对外交往与商贸通道。中唐之后，尤其是两宋时期，由于游牧民族盘踞北方，使得陆上丝绸之路受阻，再加上中国经济中心南移，使得海上丝绸之路日益兴盛。北宋时期，曾先后在广州、临安府（杭州）、庆元府（明州，今宁波）、泉州、密州板桥镇（今胶州营海镇）、嘉兴府（秀州）华亭县（今松江）、镇江府、平江府（苏州）、温州、江阴军（今江阴）、嘉兴府澉浦镇（今海盐）和嘉兴府上海镇（今上海市区）等地设立市舶司。元朝时期，虽曾四

[①] 《旧唐书》卷197，中华书局1975年版，第5273页。
[②] 《隋书》卷3，中华书局1973年版，第71—72页、第75页。

次禁海以抵御倭寇，但历时较短，并随后复置广州、泉州、广元（宁波）市舶提举司，其中泉州更成为与埃及亚历山大港齐名的"东方第一大港"。随着海上丝绸之路的日益兴盛，丝路沿线诸国与东西方关系持续深化，从而有力助推了中泰交往。

其次是中国影响力因素。尽管中国与中南半岛地区交往由来已久，但在元朝以前更多是民间经贸文化或官方礼仪的沟通交流。西南少数民族政权的地理隔断作用，使得从南诏到大理国的数百年间，中原王朝很难与中南半岛诸国形成更紧密的直接联系。所谓"玉斧划界"的历史传闻——赵匡胤在平定后蜀后，曾挥动玉斧在地图上沿着大渡河划界，并称"自此以外，朕不取"——颇为戏剧化地演绎了中原王朝对于西南少数民族地区缺乏影响力的客观事实。但从元朝开始，中原王朝影响力逐渐深入西南少数民族地区，并开始直接或间接地影响中南半岛诸国的地缘格局。例如，元朝忽必烈时期，曾先后出兵征伐占城与安南，从而在很大程度上改写了当地历史进程，并为泰族兴起提供了重要契机。

最后是泰族崛起因素。1238年，泰族人建立了历史上的第一个独立王朝——素可泰王朝，定都素可泰（即今泰国北部素可泰府一带）。素可泰一词在泰语中意为"幸福的黎明"，旨在表达从吴哥王朝独立出来的自豪与憧憬。尽管存在争议，但史学通说认为，素可泰即为中国古籍记载的"暹国"。[①]据《元史》记载，仅在1292年至1323年间，暹国就曾先后9次遣使来华，元朝也特别赏赐了暹罗国王"金缕衣"，赏赐了暹罗世子"虎符"。[②]亦有传

---

① 汪大渊：《岛夷志略校释》，中华书局1981年版，第157页。
② 宋濂等：《元史》卷210，中华书局1962年版，第4664页；《元史》卷20，中华书局1962年版，第425页。

闻素可泰国王兰甘亨曾亲自来华，并带回工匠研发出驰名东南亚的宋加洛瓷器。除了暹国，故地或在今泰国华富里府一带的罗斛国，以及今泰国北部的兰纳王国（史称"八百媳妇国"），也都与元朝保持着密切联系。

（三）繁盛于明清时期

中泰交往在明清时期步入繁盛阶段，两国关系更是两度攀升到传统时代波峰。据《明实录》和《明史》记载，有明一朝，中泰保持着密切交往。明朝在1370年至1482年间，曾先后22次遣使赴阿育陀耶王朝，而后者在1371年至1643年间，曾先后114次遣使来华，最多的时候甚至是一年6次。清朝建立后，阿育陀耶王朝积极发展与清朝的朝贡关系。尽管面临缅甸入侵的动荡局面，暹罗在1664年至1766年间，还是先后16次遣使来华。18世纪中后期，泰国在历经缅甸入侵与阿育陀耶王朝覆灭的剧烈动荡后，随着吞武里王朝与曼谷王朝先后建立，再次与清朝恢复密切交往。据记载，1782年至1852年间，曼谷王朝曾先后35次遣使来华，其中拉玛一世（1782—1809年在位）遣使15次，拉玛二世（1809—1824年在位）遣使9次，拉玛三世（1824—1851年在位）遣使9次，拉玛四世（1851—1868年在位）遣使2次。

从历史动因来看，中泰关系在这一时期远胜前朝，主要有以下三方面原因。

首先是中国成为地区和平与发展的基石。明清时期，中国成为地缘政治的重要稳定力量，不仅综合国力在亚洲地区首屈一指，而且对周边国家而言，更是和平与发展的重要支持力量。明朝初年，明太祖朱元璋就在洪武二十八年（1395）重定的《皇明祖训》中将暹罗列为"不征之国"，从而为中泰关系的和平发展奠定了坚实基础。明成祖朱棣派遣郑和7次下西洋，更是多次途经暹罗，有力促进了双方的政治互信、经贸合作与文化交流。时至今日，泰国依然流传着诸多有关郑和的遗迹传说。清朝时期，基本延续了长期以来的对外关系原则，始终扮演着地区秩序维护者的角色。18世纪中后期的郑信王率众击退缅军，成功复国，很大程度上也得益于乾隆年间的清缅战争，使得贡榜王朝元气大伤。因此对泰国而言，当时发展对华关系有百利而无一害。

其次是商贸合作红利显著。明清时期，中国是亚洲最富庶区域，不仅拥有丰富物产，而且拥有大市场，有能力为周边国家的特产品提供超额利润。因此，"朝贡贸易"也就成为阿育陀耶王朝与曼谷王朝积极发展对华关系的重要驱动因素。朝贡本是中国古代诸侯定期朝见天子，贡献方物以示诚敬臣服的制度，但明朝的朝贡制度却成为周边各国的重要官方贸易形式。明朝初年施行"海禁"，严禁非官方的海外贸易往来，但使者进贡时所携货物不在此限，而且贡使还能享受贸易"俱免抽分"的免税待遇。此外，明朝为彰显其大国威仪，还会对朝贡之物一律加倍恩赏回赠。于是，为获得官方垄断贸易中的巨额红利，阿育陀耶王朝的"朝贡贸易"规模很大。据《明实录》记载，洪武二十年（1387）阿育陀耶王朝一次朝贡的贡品中就有胡椒一万斤，洪武二十二年（1389）贡使所携货物中仅苏木、胡椒、降香三项合计就达17万多斤。明朝中后期，海禁废弛，朝贡贸易才逐渐被民间贸易所替代。清朝初年再行"海禁"，使得"朝贡贸易"随即复兴。据记载，曼谷王朝初期的"朝贡贸易"利润高达百分之三百，所以当时几乎每年都有贡船来华，甚至一年数次，除正贡船外，还有副贡船和探贡船等。后来随着海禁逐渐解除，民间贸易往来也逐年增加，其中大米贸易还得到清朝官方的鼓励与支持。据统计，拉玛二世时，曼谷王朝外贸商品约有86%销往中国，而前往暹罗的中国商船也超过其他所有外国商船之和。

最后是传统政治秩序的意识形态诉求。泰国在拉玛五世改革前,长期保持着基于萨迪纳土地分封制度的"曼陀罗式"政治权力结构。无论是阿育陀耶王朝,还是曼谷王朝,端坐中央的国王们始终面临王公贵族与地方豪强的离心离德压力。于是,依托中国(中央王朝)"朝贡体系"的地区秩序,将有助于构建嵌套式的"宗藩关系",借助"中国—泰国"形式上的等级秩序合法性,进一步固化国王对封臣和藩臣的宗主权,从而实质上提升国王的政治影响力。明洪武年间,阿育陀耶王朝曾因王位继承权问题,各方竞相来华朝贡,试图争取明太祖朱元璋的法理支持。[①]清乾隆年间,拉玛一世在取代郑信王上位,建立曼谷王朝后,为延续清朝对吞武里王朝的册封,特自称为郑信王之子郑华,并成为惯例。此后的官方文书中,拉玛二世称郑佛,拉玛三世称郑福,拉玛四世称郑明。此举促使清朝于1786年承认了曼谷王朝,并在1823年赐给拉玛二世"永奠海邦"匾额以示嘉许。

二 近现代中泰关系演化转折

从19世纪中后期到20世纪中后期,中泰两国在殖民主义与帝国主义压迫下,相继开始从传统到现代的艰难转型。中泰关系经历了从波峰到波谷的震荡下行,并在长达半个多世纪的时间里未能建立官方外交关系,进而严重影响了双方正常的交流与沟通。

(一)清末时期的中泰传统关系瓦解

1840年鸦片战争后,清王朝国力衰败,但曼谷王朝还是先后4次遣使来华,勉强维持着"朝贡贸易"的宗藩关系。不过,随

[①] 余定邦、陈树森:《中泰关系史》,中华书局2009年版,第31—37页。

着1851年拉玛四世继位,以及1855年被迫签署《鲍林条约》(亦称《英暹条约》),曼谷王朝停止了对清王朝的朝贡活动,从而事实上终结了延续数百年的中泰传统关系。

尽管在相当长时期里,曼谷王朝在停止朝贡活动的官方表述上,都强调是由于"贡道受阻",即传统上在广东登岸后陆路进京朝贡的方式不安全,尤其是1852年发生贡使归途被劫的恶性事件,但细究起来,此举不过是应付清王朝要求恢复朝贡活动的外交托词,或有其因,却不足为凭。

事实上,从主客观因素来看,曼谷王朝停止朝贡活动的根本原因,主要有以下三个。

首先是地缘政治因素。从鸦片战争开始,清王朝面对殖民主义列强屡战屡败,并签下丧权辱国条约,甚至无力维护本国主权独立与领土完整,更遑论为周边国家提供和平与发展保障。于是,曼谷王朝在面对侵吞缅甸的英国与抢占印度支那的法国之时,唯有采取"以夷制夷"策略周旋于西方列强之间以求自保,而不再认可曾经的地区主导力量清王朝。

其次是商贸替代因素。"朝贡贸易"曾是曼谷王朝王室及权贵们的重要收入来源。①但在《鲍林条约》签署后,其他西方列强也接踵而至,迫使曼谷王朝订约通商,从而在根本上改变了原有王室垄断对外贸易的传统格局。随着泰国被纳入殖民主义的全球商贸网络,曾经被王室垄断的对华贸易比重持续下降,不再具有国家层面的政策意义。据统计,1890年泰国的进口货物中,来自新加坡的占66%,来自中国香港的占29%,来自中国内地的仅占1.5%;出口货物中,运往中国香港的占57%,运往新加坡的占

---

① 余定邦、陈树森:《中泰关系史》,中华书局2009年版,第180页。

34%，运往欧洲的占4%，运往中国内地的仅占2%。①

最后是现代化改革的意识形态因素。从拉玛四世时期启蒙，到拉玛五世时期初步达成的现代化改革，很重要的就是改变前现代的分封体制，并在中央集权的君主专制基础上构建主权独立的民族国家，并借此跻身国际社会，尽可能以平等立场与西方列强交流与沟通，争取摆脱不平等条约和半殖民地困境。因此，曾经为曼谷王朝先王提供了等级秩序合法性的朝贡体系，从意识形态角度而言已不合时宜，难以适应泰国的民族国家建构诉求。

不过，值得留意的是，虽然中泰官方外交关系在19世纪中后期已经事实上中断，两国民间交往却持续增加，特别是大批中国劳工移民泰国，为泰国社会经济建设做出了重要贡献。据统计，仅1900年到1906年间，就有至少24万潮州人到达泰国。此外，中泰思想文化交流也相当密切。例如，中国民主革命先行者孙中山就曾多次赴泰宣传三民主义，并为中国革命筹款。这在很大程度上激发了当地民众的革命意识——黄花岗七十二烈士之一的周华，即为泰国华侨；而1912年泰国未遂政变参与者中，也有不少青年华裔军官是三民主义思想的追随者。

（二）民国时期的中泰关系磨合与调整

1911年的辛亥革命结束了清王朝统治，但中泰关系并未迎来转机，而是在此后30多年间一直处于非正常化状态，直到民国末期才于1946年正式建交。究其原因，一方面是国际和地区局势使然，另一方面则深受中泰两国内政影响。

民国初年，中国南北分立，内有军阀混战，外有帝国主义侵略与威胁，依然深陷半殖民地半封建国家的发展困境。与此相对，

---

① 瓦·尼·烈勃里科娃：《泰国近代史纲》，商务印书馆1974年版，第256页。

泰国在拉玛五世改革后，境况有所好转，尤其是拉玛六世在第一次世界大战后期参加协约国阵营作战，得以以战胜国身份在战后加入国际联盟，并借此与西方列强重订通商条约，促使各国相继放弃了在泰国的治外法权与经济特权，从而有效提升了泰国的国际政治地位。

尽管当时孙中山领导的南方革命政府，以及以北方军阀为首的北洋政府，都曾试图推动中泰两国建交，但均未能得到泰国方面的积极回应。从形式上来看，泰国方面的推诿理由一是中国南北分立令其无所适从，二是泰国当务之急系与西方国家修约，因此建交事宜当缓行。但就实质而言，很重要的原因是王室—保皇派对中国革命的惊惧不安，尤其是在泰国存在大量华侨的情况下，疑虑中国民主革命的意识形态会对曼谷王朝君主专制统治产生负面影响。

1932年泰国民主革命后，曾为中泰建交提供了重要窗口期。一方面，泰国"民党"推翻君主专制统治，扫清了意识形态层面的建交阻力；另一方面，中国在北伐成功和东北易帜后，国民政府形式上统一全国，具有了对外建交的合法性。双方在商贸领域率先取得重要进展，以互派商务专员方式，解决了未建交情况下的进出口领事签证货单问题。但在正式建交问题上，由于华侨权益保护尤其是双重国籍问题，却始终未能取得实质性进展。

20世纪30年代中后期，地缘政治中的日本因素持续上升。1937年七七事变后，中国全面抗战爆发；而泰国在1938年銮披汶出任总理后，开始了对外施行亲日政策，对内奉行"大泰族主义"，推行同化政策，侵害华人华侨权益。这就使得中泰关系再次落入波谷。

第二次世界大战结束后，中泰建交再次迎来了重要窗口期。

一方面，中国作为战胜国，成为联合国创始成员国与安全理事会常任理事国，从而在国际和地区事务上再次拥有一定话语权，而泰国为摆脱第二次世界大战时期追随日本的不利后果，迫切需要得到中国支持；另一方面，军人集团被压制，坚持抗日的"自由泰"运动上台执政，从而一定程度上缓和了长期"排华"的狭隘民族主义氛围。

1946年1月24日，泰国与中国国民党政府正式建立外交关系。① 不过，中泰关系却未能就此步入稳定健康发展的"快车道"，反而在泰国保守派"排华反共"运动中深陷泥潭。1946年至1949年解放战争时期，泰国在美国推动下爆发了左右翼政治冲突，并引发1947年政变，推翻了"自由泰"比里—探隆左翼政府。对华友好的左翼领袖比里·帕侬荣被迫流亡海外，并一度侨居中国长达21年；而军人领袖披汶·颂堪，则在美国的支持与纵容下重返政坛，并与王室—保皇派组建了新的保守政治联盟。②

（三）新中国成立后的中泰建交努力

新中国成立初期，中国把积极发展同亚非民族独立国家的友好关系作为外交工作的指导方针之一，并一直努力建立与发展同泰国的友好关系。但是，从1949年新中国成立到1975年中泰建交的20多年里，由于受到国际与地区局势以及泰国国内政局的负面影响，中泰关系长期处于对立状态，严重影响两国友好关系的建立与发展。具体来看，其过程主要包括以下四个阶段。

首先是披汶复出后的关系恶化阶段。从1948年二度拜相，到

---

① 战后泰国政局动荡，时任中国代表团团长李铁铮为防生变，来不及等候民国外交部正式批复，即与社尼政府签约建交。随后，李铁铮出任中华民国首任驻暹罗特命全权大使。参见李铁铮《敝帚一把》，湖南人民出版社1984年版，第317—318页。

② 周方冶：《王权·威权·金权：泰国政治现代化进程》，社会科学文献出版社2011年版，第93—104页。

1955年万隆会议，披汶·颂堪主要秉持"亲美反共排华"的强硬立场。1950年朝鲜战争爆发，披汶政府积极响应美国号召，不仅宣布承认李承晚政权，而且派遣四千多名官兵参加美国拼凑的所谓"联合国军"赴朝作战。1951年，披汶政府响应美国对华经济制裁，宣布对华全面禁运。1954年，泰国与美国、英国、法国、澳大利亚、新西兰、菲律宾、巴基斯坦7国签订《马尼拉条约》，成立"东南亚集体防务条约组织"，并将总部设在泰国首都曼谷。与此同时，披汶政府还在国内大肆打压华社、华报、华校，严重侵害在泰华人华侨的正当权益。

其次是万隆会议后的关系回暖阶段。披汶·颂堪执政末期，内政外交陷入困境，开始试图"以变求存"。一方面，美国在签订朝鲜停战协定后，转而插手越南事务，将战火烧到中南半岛，使得披汶政府面临严峻的周边安全形势；另一方面，泰国国内各派势力分歧扩大，王室—保皇派、极右翼军人集团、左翼阵营等的政治冲突加剧，使得披汶政府难以为继。于是，随着1955年万隆会议召开，中泰关系开始出现转机。

万隆会议期间，周恩来总理与泰国外交部部长旺·威泰耶康亲王进行了会晤，实现了新中国成立后中泰两国政府间的第一次正式接触。周总理向旺亲王建议，泰国可以根据中国和印度尼西亚解决双重国籍问题的原则，解决泰国华侨的国籍问题，并邀请旺亲王到中国访问。1955年12月，泰国经济文化代表团秘密访华，得到中国领导人的亲切接见，并签订《中泰贸易会谈纪要》。与此同时，中泰两国政府代表在缅甸仰光密会，并在和平共处五项原则基础上签署了共同声明。尽管鉴于当时的特殊情况，共同声明并未公开发表，却为中泰友好交往提供了重要支持。从1956年至1958年，泰国各界访华代表团多达24个，从而有效增进了泰国社会对新中国的理解与认知;同期,随着披汶政府放松禁运,中泰贸易额也从1955年的57万美元,猛增到1958年的995万美元。

再次是军人独裁时期的关系低谷阶段。20世纪50年代末,泰国军人集团在美西方支持下政变夺权,并通过与王室—保皇派政治结盟,建构"泰式民主"体制,开始长达15年的军人独裁统治。从沙立政府到他侬—巴博政府,泰国在美西方授意下采取对华强硬立场。1959年,沙立政府通过"革命团"53号法令,禁止一切新中国商品进入泰国。1962年,美泰签署《塔纳特—腊斯克公报》,泰国成为印度支那战争重要基地。与此同时,泰国军人政府还在国内打压华人华侨及"友华"左翼人士,并在国际上顽固反对新中国重返联合国。这使得从1958年至1972年间,中泰两国政府与民间的往来全部停止,两国关系处于极不正常状态。

最后是三年民主实验的关系重建阶段。20世纪70年代,中泰关系再次迎来窗口期。从国际局势来看,美苏争霸转为"苏攻美守"态势,中美苏大三角关系开始出现重要调整。1972年尼克松访华的破冰之旅后,中美关系明显改善。从地缘政治来看,1973年美军全面撤离越南后,泰国面临日益严峻的地区安全风险。从中国影响力来看,随着第二十六届联合国大会以压倒多数通过2758号决议,决定恢复中华人民共和国在联合国的一切合法权利,中国在国际与地区的影响力进一步上升。从泰国政局来看,军人集团对国家权力的长期垄断,引起盟友王室—保皇派、新兴势力曼谷政商财阀及地方豪强势力的强烈不满,再加上左翼势力的日益兴起,使得政治求变趋势明显。

1972年,泰国接受亚洲乒乓球协会邀请,派遣乒乓球代表团赴北京参加亚洲乒乓球锦标赛。中泰两国中断了14年的民间交往开始恢复,此举也被泰国社会各界誉为"乒乓外交"。1973年"10·14"事件后,他侬—巴博政府倒台,泰国步入"三年民主实验"时期,摒弃了向美国一边倒的外交政策,开始独立自主的多边外交,从而为中泰建交铺平了道路。

1974年,泰国受世界性石油危机的影响,经济出现困难。为帮助泰国渡过难关,中国以低于国际市场的价格向泰国提供原油,受到泰国各界的称颂。同年,泰国国会通过决议,允许泰中两国开展直接贸易。1975年3月15日,泰国总理克立·巴莫在国民议会上公布泰国外交政策时宣布,泰国决定承认中华人民共和国,并与中华人民共和国建立外交关系。同年6月30日,克立·巴莫总理应邀访华。同年7月1日,中泰两国政府在北京签署了建交联合公报。

从建交联合公报来看,一方面针对中国关切强调指出:"泰王国政府承认中华人民共和国政府为中国的唯一合法政府,承认中国政府关于只有一个中国,台湾是中国领土不可分割的一部分的立场,并决定在本公报签字之日起一个月内从台湾撤走一切官方代表机构。"

另一方面针对泰方关切也明确指出:"中华人民共和国政府宣布他们不承认双重国籍。双方政府认为任何中国籍或中国血统的人在取得泰国国籍后都自动失去了中国国籍。对自愿选择保留中国国籍的在泰国的中国侨民,中国政府按照其一贯政策要求他们遵守泰王国法律,尊重泰国人民的风俗习惯,并与泰国人民友好相处。他们的正当权利和利益将得到中国政府的保护,并将受到泰王国政府的尊重。"

通过建交联合公报,中泰两国解决了长期悬而未决的问题,表达了两国在和平共处五项原则基础上发展友好合作关系的愿

第一章 中泰关系的历史与现状   39

望,从而为中泰关系迈入新阶段铺平道路。

三 当代中泰关系蓬勃发展

中泰建交近50年来,两国在友好、平等、互利、互惠基础上,稳步发展了多层次、多领域、全方位的友好合作关系,政治领域互信共存、和睦相处,经济领域互利共赢、共同发展,安全领域互助共济、团结合作,文化领域互鉴共进、兼收并蓄,有力推动了"中泰一家亲"和谐关系的传承与发展。

在政治领域,两国高层互访频繁,从而有效地加深了双方的政治理解与互信。江泽民主席(1999年)、李鹏委员长(1999年、2002年)、胡锦涛副主席(2000年)、朱镕基总理(2001年)、胡锦涛主席(2003年)、温家宝总理(2003年、2009年、2012年)、吴邦国委员长(2010年)、习近平副主席(2011年)、全国政协主席贾庆林(2012年)、李克强总理(2013年、2014年、2019年)、全国政协主席俞正声(2015年)等中国领导人先后访泰或赴泰出席会议。2000年,泰国诗丽吉王后代表普密蓬国王对中国进行访问。哇集拉隆功王储(时任)、诗琳通公主、朱拉蓬公主等王室成员多次访华,历任总理、国会主席和军队领导人亦曾访华。[①]

在安全领域,两国军方长期保持友好交往,领导人经常互访,军事院校定期互换学员培训。2001年6月,中方接受泰国总理建议,同意举行中泰年度国防会谈,并于同年12月举行首次会谈。此后,中泰两国国防会谈每年举行,并就"相互观摩军事演习""恢复对泰国军备出售""进行军事教育交流""举行联合训练和军事演习"四个方面达成一致。从2002年起,中国开始派遣军事观察员参与美泰"金色眼镜蛇"联合军演。从2003年起,泰

---

① 资料来源:中国外交部网站,http://www.mfa.gov.cn。

国开始派遣军官参与中国的"北剑"军演和"铁拳"军演。2005年9月,中泰两国海军在暹罗湾举行"中泰友谊—2005"联合军演,成为中国海军与东南亚海军之间的首次联合军演。从2007年起,中泰两国开始举行代号为"突击"的陆军特种部队反恐联合训练,到2010年已成功举行三次。[1]2010年和2012年,中泰两国先后两次成功举行代号为"蓝色突击"的海军陆战队联合反恐演习。[2]

在经贸领域,两国合作不断深化和提高。1985年,两国成立部长级经贸联委会。2003年,两国决定将经贸联委会升格为副总理级,迄今已举行六次会议。2004年,泰国承认中国完全市场经济地位,双边经贸合作进入快车道。2021年,中泰双边贸易总额突破千亿美元大关,达到1312亿美元。中国现已成为泰国最大贸易伙伴,而泰国则是中国在东盟国家中第三大贸易伙伴。与此同时,投资与服务合作也蓬勃发展。截至2021年,中国对泰累计各类投资总额129.6亿美元,中国企业在泰共签订承包合同额465.9亿美元,完成营业额300.2亿美元。[3]

与此同时,中泰两国在文化、技术、教育、卫生、司法、环保等领域,也都开展了广泛深入的双边合作与交流,并随着相关政府间协议签署,正朝着制度化、规范化、体系化的方向迈进(见表1.1)。1999年2月,中泰两国签署了《关于二十一世纪合作计划的联合声明》,从而为"进一步拓展双方之间睦邻互信的全方位合作关系"制定了应当遵循和实施的框架和方针。2001年8月,两国政府发表联合公报,就推进中泰战略性合作达成共识。

---

[1] 《中泰陆军特种部队反恐联训圆满结束》,《解放军报》2010年10月20日。

[2] 《"蓝色突击-2012"中泰海军陆战队联合训练落幕》,央视网,2012年5月26日,http://news.cntv.cn/20120526/115096.shtml。

[3] 资料来源:中国驻泰国大使馆网站,http://www.chinaembassy.or.th。

2012年4月,两国建立全面战略合作伙伴关系。2013年10月,两国政府发表《中泰关系发展远景规划》。2017年9月,两国签署《关于共同推进"一带一路"建设谅解备忘录》。

表1.1　　　　　　中泰两国建交以来签订的主要合作协议

年份	协议名称
1978	《科技合作协定》
1979	《海运协定及两个补充议定书》
1980	《民用航空运输协定和对方全权证书》
1985	《促进和保护投资协定》
1986	《避免双重征税和防止偷漏税协定》
1993	《旅游合作协定》 《引渡条约》
1994	《民商事司法协助和仲裁合作协定》
1996	《文化合作谅解备忘录》
1997	《卫生医学科学和药品领域合作谅解备忘录》 《贸易经济和技术合作谅解备忘录》
1999	《关于高等教育合作谅解备忘录》
2000	《关于加强禁毒合作的谅解备忘录》
2001	《文化合作协定》 《双边货币互换协议》
2003	《刑事司法协助条约》
2004	《全面开放中泰国际航空运输市场的秘密谅解备忘录》
2005	《环境保护合作谅解备忘录》
2007	《关于相互承认高等教育学历和学位的协定》
2009	《教育部教育合作协议》 《扩大和深化双边经贸合作的协议》

续表

年份	协议名称
2011	《关于可持续发展合作谅解备忘录》 《双边货币互换协议》
2012	《中泰战略性合作共同行动计划（2012—2016）》 《经贸合作五年发展规划》
2014	《关于在泰国建立人民币清算安排的合作谅解备忘录》 《双边货币互换协议》（续签）

资料来源：中国外交部网站，http://www.mfa.gov.cn。

综观过去近半个世纪的中泰交往，最值得留意的成功经验在于，两国始终在探索和践行互利合作新动力，从而在不断发展变化的国际国内局势下，有效保证了双边关系的持续上行态势，塑造了当前中泰关系正处于历史最好时期的有利格局。具体而言，迄今主要经历了以下四次合作动力的阶段性转换。

首先是以地区安全议题为动力的中泰建交初期。时值冷战中后期，越南侵柬的地方安全议题成为推动中泰关系发展的重要合作动能。从地缘政治来看，随着美国撤出东南亚，中国成为地区安全的唯一支柱。客观上，中国对越自卫反击战很大程度上化解了泰国面临的严峻安全形势，使得越南被迫放弃西进计划，避免了泰越战争风险。这一时期，除了经贸与文化合作，中泰军事安全合作成效尤为明显，有力提升了两国政治互信。

其次是以对华商贸投资为动力的冷战后初期。随着冷战结束与越南侵柬问题得到妥善解决，地区安全不再是中泰关系的核心议题。时值美西方大肆鼓吹"中国威胁论"，试图通过制裁迫使中国重蹈苏东覆辙。对此，泰国秉持独立自主原则，对接中国对外开放"引进来"的战略布局,积极开展对华商贸投资。其中,以正大集团为代表的泰国华裔资本,更是发挥了"先锋队"作用,并获得了丰厚回报。《正大综艺》也成为颇具代表性的时代记忆。

再次是以双向经贸合作为动力的21世纪初期。1997年亚洲金融危机爆发,使得泰国经济的高增长进程戛然而止,并陷入"中等收入陷阱"难以自拔。与此同时,中国经济则在加入世贸组织后呈现出爆炸性的增长活力。21世纪初期,中泰经济落差持续缩小并逐渐反转。2000年,中泰两国的人均国内生产总值分别是959美元与2007美元;2013年,则反转为7050美元与6168美元。中泰经贸合作,也从泰国对华投资,逐渐转变为中国"引进来"与"走出去"的双向并行。

最后是以"一带一路"为动力的百年变局时期。从2010年超越日本成为全球第二大经济体开始,中国责无旁贷肩负起在百年未有之大变局下,引领改革完善全球治理体系,推动各国携手共建人类命运共同体的历史重任。随着中国提出"一带一路"倡议,中泰战略合作开始拥有明确方向指引。近年来,尽管国际与地区局势风云变幻,再加上疫情等不确定性风险冲击,但泰国政府始终积极对接"一带一路",从而有力推动了中泰战略合作提质升级,并为新时期中泰关系"更上一层楼"创造了有利条件。

第二节　中国—东南亚视角下的中泰关系评估

从纵向的历史维度来看,中泰关系正处于历史最好时期,尤其在过去十年里,中泰战略合作成效显著,直观诠释了"中泰一家亲"的新时代内涵。但要更全面客观把握中泰关系的现状与特征，还必须从横向的地缘维度加以评估，将中泰关系置于中国与东南亚国家关系以及泰国与大国关系的参照系下进行交叉对比，从而深化对中泰关系的相对性认知。

21世纪以来，随着中国综合国力持续上升，特别是"新时代"周边外交理念的贯彻落实，东南亚国家的地缘战略地位显著上升，成为实践"亲诚惠容"理念、塑造"周边命运共同体"意识的重要"试验田"，以及"一带一路"建设的"起跳板"。不过，中国与东南亚国家在经历21世纪初的"黄金十年"发展后，面临严峻的地缘战略压力。从"重返亚太"到"亚太再平衡"，再到"印太战略"，美西方对华遏制力度不断升级，从而在相当程度上影响到中国与东南亚国家关系的有序发展。

因此，为了从横向的地缘维度更准确评估中泰关系现状，本节将采取定性与定量相结合的评估方式，以中美两国为主轴，以"印太战略"参与方日本、印度、澳大利亚等为辅轴建立参照系，并在东南亚国家中选取泰国、缅甸、柬埔寨、老挝、越南等陆上东南亚国家，以及新加坡、马来西亚、菲律宾、印度尼西亚等海上东南亚国家为参照物，从一个客观常量即地理历史指标、两个客观变量即经贸合作指标与军事安全指标、两个主观变量即政治信任指标与社会文化指标出发，有效兼顾时间与空间、常量与变量、客观与主观等方面的周延与均衡，构建中国与东南亚国家关系的评估体系。

一 地理历史指标

从双边关系的影响因素来看，地理位置与历史传统是关键性的客观常量，不仅在很大程度上直接影响两国关系，而且会对其

第一章　中泰关系的历史与现状

他领域的互动关系形成重要制约。如果两国在地理上接近且历史上存在深刻羁绊，那么双方就更容易形成密切的双边关系；反之亦然，如果双方在地理上相去甚远，或在历史上缺乏羁绊，那么双方要形成密切的双边关系就要付出更多努力，尤其是试图改善关系的大国将要承担更多战略资源，以应对"鞭长莫及"的不利态势。为此，本指标体系将地理历史作为一级指标，并将地理位置与历史传统作为权重相同的二级指标。

不过，如何评估地理位置指标，却是颇具争议的选择难题。例如，常见研究方案将地理位置评估转化为两国首都之间的直线距离。诚然，此举比较可操作且具有一定合理性，但考虑到东南亚复杂的地形结构，却有所不妥。例如，从中国首都北京出发，到菲律宾首都马尼拉直线距离约为2851千米，而到柬埔寨首都金边直线距离约为3351千米。如果仅从直线距离来看，似乎前者在地理位置方面更有利于加强对华关系，但事实上，前者是隔海相望，后者是陆上邻国，从而使前者在地理位置方面受到明显制约。

因此，本书将地理位置分为四类：陆上接壤邻国、陆上非接壤邻国、区域内邻国、域外国家，并相应给予3至0的四级赋值，可以得到表1.2的赋值情况。其中，需要指出的是澳大利亚的地理位置界定问题。尽管澳大利亚属于大洋洲，但其与印度尼西亚隔海相望，以现代航海技术来看相去不远。此外，从北京到雅加达直线距离为5219千米，而从雅加达到澳大利亚首都堪培拉直线距离为5396千米，两者相差无几。因此，本指标体系将澳大利亚视为区域内邻国。

表1.2　　　　各国与东南亚国家的地理位置（二级）指标

	中国	美国	日本	印度	澳大利亚
印度尼西亚	1	0	1	1	1
马来西亚	2	0	1	2	1
菲律宾	1	0	1	1	1
泰国	2	0	1	2	1
缅甸	3	0	1	3	1
柬埔寨	2	0	1	2	1
老挝	3	0	1	2	1
越南	3	0	1	2	1
新加坡	1	0	1	1	1

至于历史传统的指标评估，更是面临诸多争议。对此，本指标体系将采取较具共识且可操作的方式，从古代与近代两个时段进行分类赋值，将其分为四类：古代属于相同文化圈或近代存在长期殖民统治；古代有长期文化交流与人员往来（受文化圈影响）；古代有文化交流与人员往来或近代存在短期殖民统治；前现代基本缺乏文化交流与人员往来；并相应给予3至0的四级赋值，可以得到表1.3的赋值情况。其中要指出的是，新加坡的情况较特殊，从历史来看，该地区深受印度文化圈影响，但近代以来华人移民大量增加，特别是其建国时华人占到总人口的3/4以上，因此通常将其归入中华文化圈。

表1.3　　　　各国与东南亚国家的历史传统（二级）指标

	中国	美国	日本	印度	澳大利亚
印度尼西亚	1	0	1	2	0
马来西亚	1	0	1	2	0

续表

	中国	美国	日本	印度	澳大利亚
菲律宾	1	3	1	1	0
泰国	2	0	1	2	0
缅甸	2	0	1	2	0
柬埔寨	2	0	1	2	0
老挝	2	0	1	2	0
越南	3	0	1	1	0
新加坡	3	0	1	1	0

通过对权重相同的表1.2与表1.3赋值的合并处理，可以得到表1.4的地理历史指标赋值情况。

表1.4　　　　各国与东南亚国家的地理历史（一级）指标

	中国	美国	日本	印度	澳大利亚
印度尼西亚	1	0	1	1.5	0.5
马来西亚	1.5	0	1	2	0.5
菲律宾	1	1.5	1	1	0.5
泰国	2	0	1	2	0.5
缅甸	2.5	0	1	2.5	0.5
柬埔寨	2	0	1	2	0.5
老挝	2.5	0	1	2	0.5
越南	3	0	1	1.5	0.5
新加坡	2	0	1	1	0.5

二　经贸合作指标

全球化时代，跨国经贸合作对任何国家而言都具有重要影响，更是大国（或中等强国）增进双边关系的重要纽带。本书在经贸合作指标的选取上，采用的是三个权重相同的货物贸易、直接投资、跨境旅游的二级指标。前两者都是较为传统的标准度量指标，选取跨境旅游则是因为在东南亚地区的大国博弈特殊性。全球人口排名前三的中国、印度、美国等都是地缘战略博弈的重要参与者，尤其是前两国正处于中产阶级规模扩张期，对海外旅游的需求相当旺盛，而东南亚国家又普遍将旅游业作为经济增长的（潜在）引擎。尽管在新冠疫情期间，东南亚国家普遍面临跨国旅游大幅下降的严重冲击，尤其泰国更是损失惨重，原先多达每年4000多万的海外旅客下降近九成，中国游客更是近乎归零；但从中长期看，随着新冠疫情结束，跨国旅游将会迎来修复甚至新一轮增长。故而，兼具经济收益与人文交流的旅游业，始终都是有利于深化双边关系的重要环节。

从货物贸易来看，根据世界银行数据库的统计数据，测算东南亚各国2017—2019年对各大国（或中等强国）的货物出口额占其国内生产总值的比重均值，可以得到表1.5所示数据。本指标体系选取出口额占国内生产总值的比重作为衡量标准，主要基于两个原因：一是相对而言，出口额较能体现中小国家对大国（或中等强国）的单方面依存性；二是通过与国内生产总值对比，有助于直观体现国家体量对双边经贸关系影响力的稀释（如印度尼西亚）或提升（如新加坡）。

表1.5　东南亚国家对各国出口额占国内生产总值平均比重　　　　　单位：%

	出口总额占比	中国占比	美国占比	日本占比	印度占比	澳大利亚占比
印度尼西亚	15.51	1.80	1.74	1.73	1.08	—
马来西亚	62.87	7.88	6.43	5.06	—	—

续表

	出口总额占比	中国占比	美国占比	日本占比	印度占比	澳大利亚占比
菲律宾	18.47	2.03	2.84	3.83	—	—
泰国	52.23	5.77	5.95	4.97	—	—
缅甸	18.07	7.38	—	1.03	1.61	—
柬埔寨	50.30	2.62	12.58	4.13	—	—
老挝	19.77	7.14	—	0.37	—	—
越南	86.02	10.69	18.74	7.15	—	—
新加坡	106.80	14.01	7.19	—	—	—

注："—"表示数据缺失或比重过轻予以忽略。
资料来源：笔者根据世界银行数据库资料测算。

根据表1.5的数据分布情况，本书将东南亚国家在货物贸易领域与各大国（或中等强国）的关系分为四类：比重在0—1%为很弱；在1%—3%为较弱；在3%—10%为较强；在10%以上为很强；并相应给予0—3的四级赋值，可以得到表1.6的赋值情况。

表1.6　　　　各国与东南亚国家的货物贸易（二级）指标

	中国	美国	日本	印度	澳大利亚
印度尼西亚	1	1	1	1	0
马来西亚	2	2	2	0	0
菲律宾	1	1	2	0	0
泰国	2	2	2	0	0
缅甸	2	0	1	1	0
柬埔寨	1	3	2	0	0
老挝	2	0	0	0	0
越南	3	3	2	0	0
新加坡	3	2	0	0	0

从直接投资来看,根据世界银行数据库的统计数据,测算各大国(或中等强国)2018年在东南亚国家的直接投资存量占东南亚各国国内生产总值的比重,可以得到表1.7所示数据。近年来,中国在东南亚国家的直接投资呈高增长态势,但依然处于起步阶段,因此与长期将东南亚地区作为投资目的地的日本相比,差距相当明显。此外,欧盟与东盟国家间的直接投资,也是东南亚各国的重要投资来源。

表1.7　各国直接投资存量占东南亚各国国内生产总值比重　　单位:%

	直接投资存量总额占比	中国占比	美国占比	日本占比	印度占比	澳大利亚占比
印度尼西亚	21.72	1.23	1.07	2.92	—	—
马来西亚	42.53	2.34	3.79	4.64	—	—
菲律宾	25.08	0.25	2.31	4.39	—	—
泰国	44.11	1.18	3.50	13.66	0.21	1.16
缅甸	43.11	6.43	—	—	—	—
柬埔寨	96.62	24.31	0.67	—	—	—
老挝	48.27	46.28	—	—	—	—
越南	59.20	2.29	0.96	6.93	—	—
新加坡	41.13	13.87	60.60	21.74		

注:"—"表示数据缺失或比重过轻予以忽略。
资料来源:笔者根据世界银行数据库资料测算。

根据表1.7的数据分布情况,本书将东南亚国家在直接投资领域与各大国(或中等强国)的关系分为四类:比重在0—3%为很弱;在3%—10%为较弱;在10%—25%为较强;在25%以上为很强;并相应给予0—3的四级赋值,可以得到表1.8的赋值情况。

表 1.8　　　　各国与东南亚国家的直接投资（二级）指标

	中国	美国	日本	印度	澳大利亚
印度尼西亚	0	0	0	0	0
马来西亚	0	1	1	0	0
菲律宾	0	0	1	0	0
泰国	0	1	2	0	0
缅甸	1	0	0	0	0
柬埔寨	2	0	0	0	0
老挝	3	0	0	0	0
越南	0	0	1	0	0
新加坡	2	3	2	0	0

从跨境旅游来看，根据世界旅游观光协会（World Travel & Tourism Council）的统计数据，测算各大国（或中等强国）2019年对东南亚国家旅游及相关产业贡献额占东南亚各国国内生产总值的比重，可以得到表1.9所示数据。值得留意的是，尽管近年来中国成为东南亚国家海外旅客增长主要动力，但东南亚国家间的次区域旅游依然占据重要作用，成为支撑区域认同的重要黏合剂。例如，印度尼西亚和马来西亚的最大海外客源国是新加坡，分别占比0.8%与5.29%；而缅甸与老挝的最大海外客源国则是泰国，分别占比2.21%与4.09%。此外，较特别的是菲律宾，其最大海外客源国是韩国，占比高达6.07%，远超中美日三国。

表 1.9　　各国对东南亚国家旅游及相关产业贡献占其国内生产总值比重

单位：%

	旅游及相关产业占比	中国占比	美国占比	日本占比	印度占比	澳大利亚占比
印度尼西亚	5.70	0.74	—	0.28	—	0.68
马来西亚	11.50	1.04				

续表

	旅游及相关产业占比	中国占比	美国占比	日本占比	印度占比	澳大利亚占比
菲律宾	25.30	3.80	3.80	2.28	—	1.01
泰国	19.70	5.32	—	0.79	—	—
缅甸	4.60	1.15	0.09	0.14	0.14	—
柬埔寨	26.40	6.34	—	—	—	—
老挝	9.10	1.46	0.09	—	—	—
越南	8.80	2.46	0.44	0.53	—	—
新加坡	11.10	2.33	—	—	0.89	0.67

注："—"表示数据缺失或比重过轻予以忽略。

资料来源：笔者根据世界旅游观光协会数据库资料测算，https://wttc.org/Research/Economic-Impact/Data-Gateway。

根据表1.9的数据分布情况，本书将东南亚国家在跨境旅游领域与各大国（或中等强国）的关系分为四类：比重在0—1%为很弱；在1%—3%为较弱；在3%—10%为较强；在10%以上为很强；并相应给予0—3的四级赋值，可以得到表1.10的赋值情况。

表1.10　　各国与东南亚国家的跨境旅游（二级）指标

	中国	美国	日本	印度	澳大利亚
印度尼西亚	0	0	0	0	0
马来西亚	1	0	0	0	0
菲律宾	2	2	1	0	1
泰国	2	0	0	0	0
缅甸	1	0	0	0	0
柬埔寨	2	0	0	0	0
老挝	1	0	0	0	0
越南	1	0	0	0	0
新加坡	1	0	0	0	0

通过对权重相同的表1.6、表1.8、表1.10赋值合并处理，可以得到表1.11经贸合作指标赋值情况。

表1.11　　　　各国与东南亚国家的经贸合作（一级）指标

	中国	美国	日本	印度	澳大利亚
印度尼西亚	0.33	0.33	0.33	0.33	0
马来西亚	1	1	1	0	0
菲律宾	1	1	1.33	0	0.33
泰国	1.33	1	1.33	0	0
缅甸	1.33	0	0.33	0.33	0
柬埔寨	1.67	1	0.67	0	0
老挝	2	0	0	0	0
越南	1.33	1	1	0	0
新加坡	2	1.67	0.67	0	0

三　军事安全指标

对于地缘战略博弈而言，军事安全始终是最核心的竞争领域。美国"印太战略"的重要意图就是组建以美日印澳为首的"小北约"，以形成对华遏制态势。从东南亚条约组织开始，美国就从未放弃在东南亚地区的军事存在，即使冷战后战略收缩，也保持着美泰与美菲的军事盟国关系，以及美新的准同盟关系。近年来，美国在"印太战略"框架下，持续加入与东南亚国家的军事安全合作力度。目前来看，由于美国将南海问题作为对华遏制的"抓手"，因此正着力拉拢南海主权声索国。对此，美国《印太战略报告》强调，除了既有军事盟友，也要"进一步增强与越南、马来西亚、印度尼西亚等东南亚伙伴国的安全合作"。[①]

---

① "Indo-Pacific Strategy Report: Preparedness, Partnerships, and Promoting a Networked Region", The Department of Defense, U.S.A., June 1, 2019, p.21.

为此，本指标体系将军事安全作为一级指标，并将军售关系与联合军演作为权重相同的二级指标。尽管有关军事安全的观察视角不少，除了军售与联演，高层互访、基层培训、军事援助等也都具有重要价值，但从稳定性来看，军售与联演更能体现军事安全关系的中长期发展态势。

此外，尽管美国在"印太战略"框架下推动美日印澳"四边机制"，试图促使日印澳等国在对华遏制方面承担更多责任，而后者特别是日本也趁势扩充与东南亚国家的军事安全合作；但从地缘政治格局来看，军事安全具有很强的主轴特征，也就是主要体现为中美双方的地缘博弈，其他侧翼国家并不在同一量级。根据斯德哥尔摩国际和平研究所的统计数据，2019年全球军费开支排名中，美国以7320亿美元高居榜首，占到全球军费开支总额的38%，中国以2610亿美元紧随其后，占到全球军费开支总额的14%。[①] 相较于中美，印度以711亿美元排名第三，占3.7%；日本以476亿美元排名第八，占2.5%；澳大利亚以259亿美元排名第十三，占1.4%。因此，本指标体系在军事安全的指标测算上，将以中美两国为主。

从军售关系来看，根据斯德哥尔摩国际和平研究所的统计数据，可以得到如表1.12所示近20年各国对东南亚国家的军售占比情况。值得留意的是，2014年政变后泰美关系趋冷，从而有力促进了中泰关系的深化发展。但从中长期来看，美国对泰军售的优势依然相当明显。此外，俄罗斯也在对东南亚国家的军售中扮演着重要角色。

---

① Nan Tian, et al., "Trends in World Military Expenditure, 2019", SIPRI Fact Sheet, April 2020, p.2, https://www.sipri.org/publications/2020/sipri-fact-sheets/trends-world-military-expenditure-2019.

第一章 中泰关系的历史与现状

表1.12　　　1999—2018年各国对东南亚国家的军售占比　　　单位：%

	中国	美国	日本	印度	澳大利亚	其他主要军售国
印度尼西亚	4.8	12.0	—	—	1.9	俄罗斯15.7
马来西亚	0.1	2.6	—	—	—	俄罗斯24.2
菲律宾	0	38.6	0.6	—	1.6	韩国21.5
泰国	11.0	21.4	—	—	—	瑞士13.5
缅甸	44.2	—	—	1.9	—	俄罗斯43.0
柬埔寨	45.2	—	—	—	—	乌克兰21.4
老挝	37.0	—	—	—	—	乌克兰36.2
越南	—	0.7	—	—	—	俄罗斯84.3
新加坡	—	54.1	—	—	0.7	法国20.2

注："—"表示数据缺失或比重过轻予以忽略。

资料来源：笔者根据斯德哥尔摩国际和平研究所（Stockholm International Peace Research Institute）的军售数据库（SIPRI Arms Transfers Database）相关数据测算，https://www.sipri.org/databases/armstransfers/。

根据表1.12的数据分布情况，本指标体系将中美与东南亚国家的军售关系分为四类：军售占比在0—5%为很弱；在5%—15%为较弱；在15%—35%为较强；在35%以上为很强；并相应给予0至3的四级赋值，可以得到表1.13的赋值情况。

表1.13　　　中美与东南亚国家的军售关系（二级）指标

	中国	美国
印度尼西亚	0	1
马来西亚	0	0
菲律宾	0	3
泰国	1	2
缅甸	3	0
柬埔寨	3	0

续表

	中国	美国
老挝	3	0
越南	0	0
新加坡	0	3

从联合军演来看，近年来，中国参与双多边联合军演频次呈显著上升趋势。根据战略与国际研究中心（Center for Strategic and International Studies）统计，2003年至2018年，中国与63个国家开展了310次军事演习，其中2013年至2018年，中国年均开展44次联合军演，相较2003年至2012年提高7倍以上。[①]其中，中国与东南亚国家的联合军演从2003年至2016年合计91次，且主要是在2013年之后。[②]

不过，中国开展的各类联合军演在规模、强度与复杂度等方面都不尽相同，既有中方参演人数多达数千名士兵，与俄罗斯的双边战斗演习；也有中方参演人数仅为十几名士兵，与美国开展的多边非战斗演习。因此，如果仅看频次而不考虑军演形式差异，很可能产生联合军演的指数测算偏差。

此外，值得留意的是，联合军演具有较明显的边际收益递减特征。尽管高频次的联合军演有助于提高士兵配合度和武器互操

---

① "How is China Bolstering its Military Diplomatic Relations?", CSIS China Power Project, Center for the Study of Chinese Military Affairs, Institute for National Strategic Studies, National Defense University, https://chinapower.csis.org/china-military-diplomacy/.

② Kenneth Allen, Phillip C. Saunders, & John Chen, "Chinese Military Diplomacy, 2003-2016: Trends and Implications", China Strategic Perspectives, No. 11, Center for the Study of Chinese Military Affairs, Institute for National Strategic Studies, National Defense University, July 2017, p.48.

第一章　中泰关系的历史与现状　　57

性，形成更为统一的指挥系统，但就地缘战略博弈来看，联合军演的数量累加并不能引发质量升级。例如，泰国作为中国排名前五的军事外交伙伴，中泰双方在2003年至2018年开展了合计约20次联合军演；与此相比，泰国作为美国军事盟友，美泰双方依托冷战时期建立的美泰联合军事顾问小组（JUSMAGTHAI）——位于泰国皇家武装部队设施内，其负责人兼任泰国国防部高级官员——的组织协调，每年开展的联演联训多达60余次。[1]虽然中泰与中美在联合军演的频次方面相去甚远，但就现实观察而言，却并不意味着美国在军事安全方面就拥有压倒性优势。

基于上述两方面原因，本书在联合军演的指数测算方面，将采取门槛标准对联演关系进行分类：双方不开展任何形式的联合军演为很弱；仅共同参与多边联合军演为较弱；定期开展有代号的双边联合军演为较强；存在高频次的双边联演联训为很强；并相应赋予0—3的四级赋值。

表1.14　　　　中美与东南亚国家有代号的定期双边联合军演情况

	中国	美国
印度尼西亚	—	"对抗西方"，空军 "哥鲁达盾牌"，陆军 "海上合作战备与训练"（CARAT），海军 "善行的回声"，参谋人员联席会议
马来西亚	"和平友谊"，始于2014年	"海上合作战备与训练"（CARAT），海军 "对抗台风"，空军 "马来短剑打击"，救灾 "贝尔萨马勇士"，联合指挥所 "克里斯打击"，专家交流 "猛虎一击"，救援救灾

---

[1] "What is JUSMAGTHAI?", Joint United States Military Advisory Group Thailand, http://www.jusmagthai.com/main.html.

续表

	中国	美国
菲律宾	—	"萨马",海军 "萨拉克尼布",陆军 "海上航空支援"（MASA），海军 "联合交流训练"（JCET），特种部队
泰国	"鹰击",空军,始于2015年 "蓝色突击",海军,始于2010年 "联合·突击",特种部队,始于2019年	"守护海",海军 "海上合作战备与训练（CARAT）",海军 "哈奴曼卫士",陆军
缅甸	—	—
柬埔寨	"金龙",始于2016年	—
老挝	—	—
越南	—	—
新加坡	"合作",陆军,始于2009年	"突击吊索",空军 "虎油",陆军 "海上合作战备与训练"（CARAT），海军 "勇敢标志",海军陆战队 "太平洋狮鹫",海军

注："—"是指近三年内缺乏有代号的定期双边联合军演相关信息。

资料来源：《美国在亚太地区的军力报告（2020）》，中国南海研究院，2020年6月，第73—92页；国务院新闻办公室：《新时代的中国国防》白皮书，新华社，2019年7月24日，http://www.mod.gov.cn/regulatory/2019-07/24/content_4846424.htm；"Annual Report to Congress: Military and Security Developments Involving the People's Republic of China 2019", Office of the Secretary of Defense, May 2, 2019, p.25。

由于中美两国近年来都与东盟开展了联合军演，因此均跨过赋值为1的指数门槛；不过，符合高频次联合军演标准的仅有（准）盟友关系的美泰、美菲、美新。故而，联演关系的指数测算关键在于是否存在定期的双边联合军演。根据表1.14的情况统计，可以得到表1.15的赋值情况。

表1.15　　　　中美与东南亚国家的联演关系（二级）指标

	中国	美国
印度尼西亚	1	2
马来西亚	2	2
菲律宾	1	3
泰国	2	3
缅甸	1	1
柬埔寨	2	1
老挝	1	1
越南	1	1
新加坡	2	3

通过对权重相同的表1.13与表1.15赋值的合并处理，可以得到表1.16的军事安全指标赋值情况。

表1.16　　　　中美与东南亚国家的军事安全（一级）指标

	中国	美国
印度尼西亚	0.5	1.5
马来西亚	1	1
菲律宾	0.5	3
泰国	1.5	2.5
缅甸	2	0.5
柬埔寨	2.5	0.5
老挝	2	0.5
越南	0.5	0.5
新加坡	1	3

四 政治信任指标

从地缘战略博弈"成本—收益"来看，如何争取中小国家政治信任始终是各大国必须考虑的重要议题。尽管在缺乏政治信任的条件下，依托经济利益与武力威慑也有可能构建地缘战略优势，但相关大国就必须为此付出超额成本，难以形成可持续的良性循环。与此相对，如能赢得中小国家政治信任，甚至进一步形成"共同体"认知，那就不仅有助于短期建构地缘战略优势，而且有助于中长期降低维持地缘战略优势的相关成本。

对于国家间政治信任的评估有不少指标可供选择。从客观指标来看，常见的包括国家间高层互访频次、政府间协调层级及磋商频次、官方联合公报用语、半官方交流规模、政府间合作项目数量等，都可以直观体现国家间政治信任。不过，问题在于，前述客观指标所体现的更多是当期的国家间执政派的政治信任。如果对象国的执政派长期掌权，那么相关指标所体现的政治信任就会较为准确，例如长期以来政局稳定的新加坡与柬埔寨；但在政局存在不确定性变数的东南亚国家，相关指标就有可能"偏离"中长期发展态势，例如作为美国的军事盟友，菲律宾在杜特尔特上台后，以及泰国在巴育政变上台后，都出现了对华政治信任的明显提升，但在中长期也存在回摆风险。

有鉴于此，本指标体系在评估各大国与东南亚国家的政治信任过程中，将主要选取主观指标开展分析。目前，全球已有不少研究机构在东南亚国家开展有关大国形象与影响力的民意调查。例如，皮尤研究中心（Pew Research Center）每年都会在部分东南亚国家进行民意调查，以了解对象国民众对中美俄欧盟等各方形象的意见与看法;①战略与国际研究中心（Center for Strategic and International Studies）定期就中美等国的大国形象与影响力进行民意调查，并在此基础上形成政策建议;②新加坡东南亚研究所（ISEAS-Yusof Ishak Institute）从2019年开始就东南亚国家对中美日印欧盟等各方在本地区的形象与影响力开展民意调查，旨在促进地区合作与发展。③

本指标体系将选取新加坡东南亚研究所2020年的民意调查结果，作为政治信任指数的主要测算依据，并以其他民意调查结果作为参照，以避免系统性偏差。这一方面是因为新加坡东南亚研究所的民意调查较完整，避免了皮尤研究中心数据库存在的部分东南亚国家数据缺失问题；另一方面是因为其覆盖面较广，不仅涵盖中美，而且也包括了日本与印度等国，有助于提供更全面的政治信任信息。

从新加坡东南亚研究所2020年的民意调查结果中，本书选取了"该国是否在东南亚地区最有影响力""该国是否在主导维护东南亚地区秩序""该国是否将为全球做出积极贡献"三项调查结果（见表1.17），作为测算政治信任指数的三项权重相同的二级指标。其中，第三项调查结果中的"赞成"与"完全赞成"两栏在表1.17作为"认同"项合并计算。

---

① Pew Research Center, Global Indicators Database, Updated in March 2020, https://www.pewresearch.org/global/database/indicator/24/country/PH.

② Michael Green & Amy Searight, eds., "Powers, Norms, and Institutions: The Future of the Indo-Pacific from a Southeast Asia Perspective, Results of a CSIS Survey of Strategic Elites", CSIS Southeast Asia Program, Center for Strategic and International Studies, June, 2020.

③ Tang Siew Mun, et al., "The State of Southeast Asia: 2020", ASEAN Studies Centre, Singapore: ISEAS-Yusof Ishak Institute, Jan. 16, 2020.

表 1.17　　　　　东南亚国家对各国的认同情况　　　　　单位：%

(1)"该国是否在东南亚地区最有影响力"的认同比例

	中国	美国	日本	印度
印度尼西亚	40.6	32.4	2	0
马来西亚	54.6	25.8	1.2	0
菲律宾	35.8	38.0	3.6	0
泰国	53.1	29.2	1.0	0
缅甸	63.5	16.8	1.6	0
柬埔寨	57.7	26.9	0	0
老挝	65.2	0	13.0	0
越南	56.6	28.3	1.3	0
新加坡	51.8	32.9	0.9	0

(2)"该国是否在主导维护东南亚地区秩序"的认同比例

	中国	美国	日本	印度
印度尼西亚	4.7	16.2	19.6	0.7
马来西亚	3.1	18.4	19.0	1.2
菲律宾	0.7	35.1	15.3	0.7
泰国	6.3	14.6	16.7	0
缅甸	8.6	19.3	33.2	3.7
柬埔寨	0	30.8	26.9	0
老挝	26.1	13.0	34.8	0
越南	4.6	45.4	10.5	2.6
新加坡	6.3	25.7	14.0	0.4

(3)"该国是否将为全球做出积极贡献"的认同比例

	中国	美国	日本	印度
印度尼西亚	12.2	20.3	60.2	12.2
马来西亚	24.6	23.9	56.4	12.2
菲律宾	10.2	55.4	84.6	32.8
泰国	16.7	19.8	55.2	10.4
缅甸	12.7	28.7	58.6	19.7
柬埔寨	38.5	34.7	69.3	7.7

续表

(3)"该国是否将为全球做出积极贡献"的认同比例

	中国	美国	日本	印度
老挝	39.1	21.8	39.2	13.1
越南	3.3	51.3	59.9	22.4
新加坡	21.6	25.2	57.2	8.6

资料来源：Tang Siew Mun, et al., "The State of Southeast Asia: 2020", ASEAN Studies Centre, Singapore: ISEAS-Yusof Ishak Institute, Jan. 16, 2020。

根据表1.17的数据分布情况，本书将东南亚国家与各国政治信任的二级指标分为四类：认同比例在0—5%为很弱；在5%—20%为较弱；在20%—40%为较强；在40%以上为很强；并相应给予0—3的四级赋值，可以得到表1.18的赋值情况。

表1.18　　　东南亚国家对各国政治信任的二级指标

(1)"该国是否在东南亚地区最有影响力"的认同比例

	中国	美国	日本	印度
印度尼西亚	3	2	0	0
马来西亚	3	2	0	0
菲律宾	2	2	0	0
泰国	3	2	0	0
缅甸	3	1	0	0
柬埔寨	3	2	0	0
老挝	3	0	1	0
越南	3	2	0	0
新加坡	3	2	0	0

(2)"该国是否在主导维护东南亚地区秩序"的认同比例

	中国	美国	日本	印度
印度尼西亚	0	1	1	0

续表

(2)"该国是否在主导维护东南亚地区秩序"的认同比例

	中国	美国	日本	印度
马来西亚	0	1	1	0
菲律宾	0	2	1	0
泰国	1	1	1	0
缅甸	1	1	2	0
柬埔寨	0	2	2	0
老挝	2	1	2	0
越南	0	3	1	0
新加坡	1	2	1	0

(3)"该国是否将为全球做出积极贡献"的认同比例

	中国	美国	日本	印度
印度尼西亚	1	2	3	1
马来西亚	2	2	3	1
菲律宾	1	3	3	2
泰国	1	2	3	1
缅甸	1	2	3	1
柬埔寨	2	2	3	1
老挝	2	2	2	1
越南	0	3	3	2
新加坡	2	2	3	1

通过对表1.18中权重相同的三项二级指标合并处理，可以得到表1.19的政治信任指标赋值情况。

表1.19　　东南亚国家与各国政治信任（一级）指标

	中国	美国	日本	印度
印度尼西亚	1.33	1.67	1.33	0.33
马来西亚	1.67	1.67	1.33	0.33

第一章 中泰关系的历史与现状 | 65

续表

	中国	美国	日本	印度
菲律宾	1	2.33	1.33	0.67
泰国	1.67	1.67	1.33	0.33
缅甸	1.67	1.33	1.67	0.33
柬埔寨	1.67	2	1.67	0.33
老挝	2.33	1	1.67	0.33
越南	1	2.67	1.33	0.67
新加坡	2	2	1.33	0.33

五 社会文化指标

"国之交在于民相亲",社会文化的理解、包容与互鉴不仅有助于直接增强双边关系,而且有助于发挥催化剂作用,促进大国与中小国家间政治、经济、安全等领域的交流与合作,避免不必要的猜疑与误解。

近年来,国内学术界开展了不少有关东南亚地区中国国家形象与社会文化影响力的民意调查。不过,相关调查报告通常都聚焦于中国,较少开展大国间的横向比较。这就使得相关调查结果普遍较乐观,呈现中国社会文化影响力的持续上升态势,但难以把握社会文化领域的大国博弈态势。

为此,本指标体系将选取新加坡东南亚研究所2020年的民意调查结果,作为社会文化指数主要测算依据,并以其他民意调查结果作为参照。具体来看,本书选取了"高等教育留学""旅游目的地""外语学习"三项调查结果(见表1.20)作为测算社会文化指数的三项权重相同的二级指标。

表1.20　　　各国社会文化对东南亚国家影响力情况　　　单位：%

(1)"高等教育留学"的偏好比例

	中国	美国	日本	印度
印度尼西亚	0	26.3	6.8	0
马来西亚	1.8	21.5	14.1	0
菲律宾	1.5	32.1	9.5	0
泰国	7.3	36.4	7.3	0
缅甸	2.1	25.0	19.7	0.8
柬埔寨	0	26.9	3.9	0
老挝	13.0	13.1	13.0	0
越南	0.7	38.1	3.3	0.7
新加坡	8.1	41.0	0.9	0

(2)"旅游目的地"的偏好比例

	中国	美国	日本	印度
印度尼西亚	0.7	8.8	27.0	0.7
马来西亚	1.8	9.2	23.3	0.6
菲律宾	0.7	8.8	24.8	0.7
泰国	3.2	10.4	39.6	1.0
缅甸	1.2	14.8	22.5	0.4
柬埔寨	0	7.7	15.4	0
老挝	13.0	0	21.7	0
越南	4.6	23.0	19.1	2.6
新加坡	2.3	6.7	38.7	0.9

(3)"外语学习"的偏好比例

	中国	美国	日本	印度
印度尼西亚	38.5	98.7	14.9	1.3
马来西亚	49.7	92.0	17.8	3.1
菲律宾	24.1	97.1	15.3	0.7
泰国	40.6	96.9	13.5	3.1
缅甸	18.0	100.0	12.7	1.6
柬埔寨	23.1	96.2	11.5	0

续表

（3）"外语学习"的偏好比例

	中国	美国	日本	印度
老挝	21.7	95.7	8.7	0
越南	26.3	98.7	9.2	0.7
新加坡	73.4	87.4	18.5	4.5

资料来源：Tang Siew Mun, et al., "The State of Southeast Asia: 2020", ASEAN Studies Centre, Singapore: ISEAS-Yusof Ishak Institute, Jan. 16, 2020。

尽管构成"留学""旅游""外语"选择偏好的影响因素相当多元，但交叉覆盖了决定社会文化影响力的三项核心因素"引领性""亲和性"以及"泛用性"。

首先是引领性，指的是中小国家民众对相关大国社会文化在全球创新发展进程中所处前沿地位的感知。通过高等教育留学的选择偏好，可以较直观反映中小国家民众看法。从早期的荷兰，到后来的英国与欧洲，再到现在的美国，后发国家通常都会选择最具社会文化引领性的大国作为留学目的地，以促进个人与国家的跨越式发展。

尽管在调查问卷中有东盟、欧盟、英国与澳大利亚等选项，所以一定程度上分散了偏好比例，但美国显而易见占据优势，而中国仅略好于印度。根据表1.20数据分布情况，本书将东南亚国家对各国社会文化引领性认知的二级指标分为四类：偏好比例在0—5%为很弱；在5%—15%为较弱；在15%—30%为较强；在30%以上为很强；并相应给予0—3的四级赋值，可以得到表1.21的赋值情况。

表1.21　　东南亚国家对各国社会文化引领性认知（二级）指标

	中国	美国	日本	印度
印度尼西亚	0	2	1	0
马来西亚	0	2	1	0
菲律宾	0	3	1	0
泰国	1	3	1	0
缅甸	0	2	2	0
柬埔寨	0	2	0	0
老挝	1	1	1	0
越南	0	3	0	0
新加坡	1	3	0	0

其次是亲和性，指的是中小国家民众对相关大国社会文化更易于亲近、体悟、分享的非功利性好感。通过旅游目的地选择偏好，可以较客观反映中小国家民众立场。作为个体消费项目，旅游目的地选择的功利性通常较小，更多遵循的是社会文化的舒适度体验，既可以是亲切的同质文化，也可以是奇特的异质文化，但都会自觉不自觉地规避存在负面观感的社会文化。

从调查结果来看，长期在东南亚深耕细作的日本在亲和性方面占据明显优势，不仅远高于中国与印度，而且也要比美国高一个层级。根据表1.20数据分布情况，本书将东南亚国家对各国社会文化亲和性认知的二级指标分为四类：偏好比例在0—5%为很弱；在5%—15%为较弱；在15%—30%为较强；在30%以上为很强；并相应给予0—3的四级赋值，可以得到表1.22的赋值情况。

表1.22　东南亚国家对各国社会文化亲和性认知（二级）指标

	中国	美国	日本	印度
印度尼西亚	0	1	2	0
马来西亚	0	1	2	0
菲律宾	0	1	2	0
泰国	0	1	3	0
缅甸	0	1	2	0
柬埔寨	0	1	2	0
老挝	1	0	2	0
越南	0	2	2	0
新加坡	0	1	3	0

最后是泛用性，指的是中小国家民众对相关大国社会文化在全球特别是本国适用范围的感知与预期。通过外语学习的选择偏好，可以较宏观反映中小国家民众认知。语言是社会交往的关键工具，对发展中国家民众而言，外语学习具有很强的功利意图，因此通常会选择适用范围最广、"成本—收益"最高的外语。

从调查结果来看，英语无疑占据绝对优势。尽管英语所代表的是盎格鲁—撒克逊社会文化的泛用性，但美国作为其最主要支柱，可以视为其影响力的当代承接者。与此相比，中日印等国的社会文化泛用性就相形见绌。根据表1.20数据分布情况，本书将东南亚国家对各国社会文化泛用性认知的二级指标分为四类：偏好比例在0—10%为很弱；在10%—30%为较弱；在30%—70%为较强；在70%以上为很强；并相应给予0—3的四级赋值，可以得到表1.23的赋值情况。

表1.23　　　东南亚国家对各国社会文化泛用性认知（二级）指标

	中国	美国	日本	印度
印度尼西亚	2	3	1	0
马来西亚	2	3	1	0
菲律宾	1	3	1	0
泰国	2	3	1	0
缅甸	1	3	1	0
柬埔寨	1	3	1	0
老挝	1	3	0	0
越南	1	3	0	0
新加坡	3	3	1	0

通过对权重相同的表1.21、表1.22与表1.23赋值的合并处理，可以得到表1.24的社会文化指标赋值情况。

表1.24　　　东南亚国家对各国社会文化认知（一级）指标

	中国	美国	日本	印度
印度尼西亚	0.67	2	1.33	0
马来西亚	0.67	2	1.33	0
菲律宾	0.33	2.33	1.33	0
泰国	1	2.33	1.67	0
缅甸	0.33	2	1.67	0
柬埔寨	0.33	2	1	0
老挝	1	1.33	1	0
越南	0.33	2.67	0.67	0
新加坡	1.33	2.33	1.33	0

六　中泰关系评估：基于多维度量化比较

根据前文对东南亚国家与各大国（或中等强国）关系的表1.4、

表1.11、表1.16、表1.19、表1.24所示指标，可以形成表1.25的国别指标列表，并在此基础上，选取中美两国指标可得图1.1所示的国别示意图。

表1.25 东南亚国家与各国关系指标

印度尼西亚					
国家名称	地理历史	经贸合作	社会文化	政治信任	军事安全
中国	1	0.33	0.67	1.33	0.5
美国	0	0.33	2	1.67	1.5
日本	1	0.33	1.33	1.33	—
印度	1.5	0.33	0	0.33	—
澳大利亚	0.5	0	—	—	—

马来西亚					
国家名称	地理历史	经贸合作	社会文化	政治信任	军事安全
中国	1.5	1	0.67	1.67	1
美国	0	1	2	1.67	1
日本	1	1	1.33	1.33	—
印度	2	0	0	0.33	—
澳大利亚	0.5	0	—	—	—

菲律宾					
国家名称	地理历史	经贸合作	社会文化	政治信任	军事安全
中国	1	1	0.33	1	0.5
美国	1.5	1	2.33	2.33	3
日本	1	1.33	1.33	1.33	—
印度	1	0	0	0.67	—
澳大利亚	0.5	0.33	—	—	—

泰国					
国家名称	地理历史	经贸合作	社会文化	政治信任	军事安全
中国	2	1.33	1	1.67	1.5
美国	0	1	2.33	1.67	2.5

续表

泰国

国家名称	地理历史	经贸合作	社会文化	政治信任	军事安全
日本	1	1.33	1.67	1.33	—
印度	2	0	0	0.33	—
澳大利亚	0.5	0	—	—	—

缅甸

国家名称	地理历史	经贸合作	社会文化	政治信任	军事安全
中国	2.5	1.33	0.33	1.67	2
美国	0	0	2	1.33	0.5
日本	1	0.33	1.67	1.67	—
印度	2.5	0.33	0	0.33	—
澳大利亚	0.5	0	—	—	—

柬埔寨

国家名称	地理历史	经贸合作	社会文化	政治信任	军事安全
中国	2	1.67	0.33	1.67	2.5
美国	0	1	2	2	0.5
日本	1	0.67	1	1.67	—
印度	2	0	0	0.33	—
澳大利亚	0.5	0	—	—	—

老挝

国家名称	地理历史	经贸合作	社会文化	政治信任	军事安全
中国	2.5	2	1	2.33	2
美国	0	0	1.33	1	0.5
日本	1	0	1	1.67	—
印度	2	0	0	0.33	—
澳大利亚	0.5	0	—	—	—

越南

国家名称	地理历史	经贸合作	社会文化	政治信任	军事安全
中国	3	1.33	0.33	1	0.5
美国	0	1	2.67	2.67	0.5

续表

越南

国家名称	地理历史	经贸合作	社会文化	政治信任	军事安全
日本	1	1	0.67	1.33	—
印度	1.5	0	0	0.67	—
澳大利亚	0.5	0	—	—	—

新加坡

国家名称	地理历史	经贸合作	社会文化	政治信任	军事安全
中国	2	2	1.33	2	1
美国	0	1.67	2.33	2	3
日本	1	0.67	1.33	1.33	—
印度	1	0	0	0.33	—
澳大利亚	0.5	0	—	—	—

通过表1.25与图1.1，可以更直观地理解和把握中泰关系在横向的地缘维度中的相对性。具体来看，相较于中国与其他东南亚国家或其他大国（或中等强国）与泰国的关系，中泰关系呈现如下特征。

（一）中泰关系在东南亚各国中位于中等水平，正处于提质增效的有利阶段

从图1.1来看，雷达图中通过顺次连接五个核心指标——地理历史、经贸合作、社会文化、政治信任、军事安全——可以得到黑线/虚线五边形，其面积大小直观体现了中国/美国与对象国的双边关系程度及大国影响力。

通过比较可见，中美两国与东南亚国家的双边关系呈现明显的非均衡分布特征。其中，在老挝、柬埔寨、缅甸三国是中国影响力占优，在泰国、马来西亚、越南三国是中美影响力相对均衡，在新加坡、印度尼西亚、菲律宾三国则是美国影响力占优。

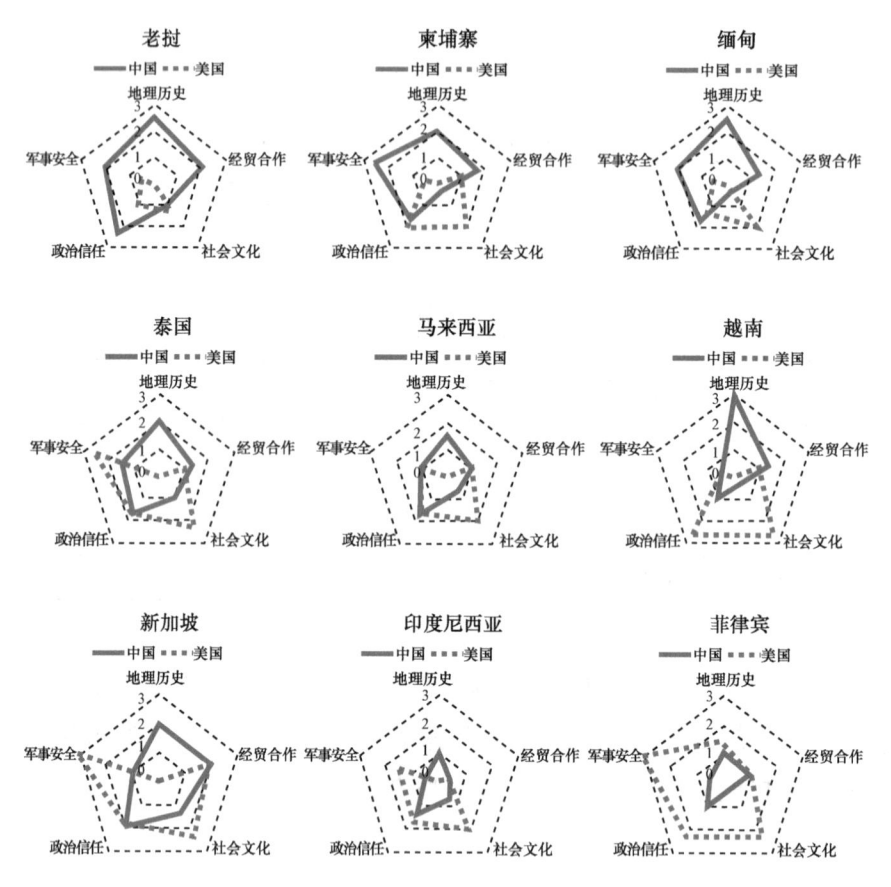

图1.1 中美与东南亚国家关系指标示意图

如果将其投射到东南亚地图，大体上可以形成从南海到马六甲海峡的区位分界线。其中，老挝、柬埔寨、缅甸三国位于分界线左上方，都属于陆上东南亚国家，老挝更是很典型的"陆锁国"，不仅与中国接壤，而且与南海主权争议或马六甲困境无涉；新加坡、印度尼西亚、菲律宾三国位于分界线右下方，都属于海上东南亚国家，近代以来一直深受西班牙、荷兰、英国等海权强国压迫，迄今也未能摆脱美国的海权影响；泰国、马来西亚、越南三国则位于背陆面海的分界线上，正处在陆权与海权的交界区域。

从大国与东南亚关系来看，中泰关系与中马关系较为相似，不仅总体上位于中等水平，而且还都处于双边关系提质增效的有利阶段。其原因有三。

其一，相较于中国优势明显的三国，泰国与马来西亚各项指标都处于中等水平，无论军事安全，还是经贸合作，短期内都还有较大的拓展空间，有助于避免老挝、柬埔寨、缅甸三国面临的边际收益递减问题。此外，新加坡也面临同样的边际收益递减问题。

其二，相较于越南，泰国与马来西亚在各项指标上相对均衡，有助于避免在越南可能面临的失衡问题。

其三，相较于美国优势明显的菲律宾与印度尼西亚，中国在泰国与马来西亚的影响力根基相对坚实，有助于避免政府更迭引发关系逆转的不确定性风险。

（二）泰国对外关系方面，经济上"增量"靠中国，安全上"存量"靠美国

近年来，随着"一带一路"稳步落实，中国与东南亚国家的经贸合作呈现高增长态势，从而使得有关东南亚国家"安全靠美国，经济靠中国"的说法流传甚广。不过，从图1.1可见，该说法具有一定道理，但并不完全准确。

从军事安全指标来看，美国在东南亚的影响力不容忽视，但称得上"安全靠美国"的仅有其盟友菲律宾与泰国，以及准盟友新加坡。其他国家中，老挝、柬埔寨、缅甸三国是中国影响力更明显，马来西亚与越南主要是受俄罗斯的重要影响（见表1.12），至于印度尼西亚作为中等强国，其军事安全具有较高自主性，即使军售也呈现明显的多元化特征。此外，即使是军事安全指标呈现强相关性的美泰关系，其军事安全近年来也是以既有"存量"

为主，成长性相对有限。

从经贸合作指标来看，中国在老挝、柬埔寨、缅甸三国优势最明显，并在泰国、马来西亚、越南三国以及新加坡也都具有一定优势；反观美国，基本上在东南亚国家都不具有明显优势，仅在新加坡具有一定影响力。因此，如果仅限于中美之间，"经济靠中国"相对客观，尤其经济"增量"更是主要源于搭中国"顺风车"。但也要看到，如果在美国"印太战略"框架下将日本纳入视野，就会发现日本的经贸合作指标在泰国、马来西亚、越南、新加坡、印度尼西亚、菲律宾等东南亚国家中，都接近甚至是超过中国（见表1.25）。这在泰国表现得相当明显。对中国而言，长期深耕东南亚市场甚至将之视为"后花园"的日本，将是"印太战略"框架下难以规避的重要竞争对手。

（三）社会文化"软实力"是中泰关系短板，有待进一步深化民心相通工作

从图1.1可见，中国与东南亚各国关系的各项核心指标，包括中泰关系在内，普遍呈现客观指标优于主观指标的基本特征。如果与美国相比，中国在主观指标上的"短板"表现得更明显。在菲律宾与越南，美国在政治信任与社会文化的两项主观指标上都占据明显优势；而在新加坡与印度尼西亚、马来西亚与泰国，甚至缅甸与柬埔寨，美国也在社会文化的主观指标上占据优势。如果将日本纳入视野，则会发现在老挝、柬埔寨、缅甸三国以及泰国、马来西亚、越南三国，日本在政治信任与社会文化的两项主观指标上都接近甚至超过中国（见表1.25）。

此外，值得留意的是，从包括泰国在内的中南半岛诸国来看，中国在地理历史指标上相对美国和日本都具有明显优势，从而有助于弥补社会文化的"软实力"短板。不过，随着美国将印

度纳入"印太战略",中国在地理历史维度上的优势将有可能被分化,特别是在老挝、柬埔寨、缅甸三国,以及泰国与马来西亚、印度的地理历史指标都接近甚至超过中国(见表1.25),而这也是印度推动"东进政策"的重要依仗。

从中长期来看,中国影响力在主观维度上存在的"短板",很可能成为中国进一步深化与包括泰国在内的东南亚国家关系的重要拖累,并将成为美国在"印太战略"框架下开展对华遏制的关键切入点。对此,"一带一路"明确提出了民心相通的工作要求,并取得了一定成效,但离弥补"短板"还相去甚远。

其中,较为现实的问题是,相对于长期深耕东南亚国家的美日等西方国家,中国在民心相通工作中的本土化程度明显不足,使得当地民众很难理解"中国故事"的深刻内涵,更遑论在此基础上形成"周边命运共同体"的观念塑造。故而,有必要在促进中泰关系民心相通的工作中,借鉴美日等国经验,更多在当地设置工作站,更多借鉴当地话语,更多启用当地新生代知识精英,引导当地人用当地话讲好"中国故事"的本土化良性循环,从而为"一带一路"构建更有利的民意环境。

第三节 "一带一路"倡议:中泰战略合作新动力

2013年9月和10月,习近平主席在出访中亚和东南亚国家期间,相继提出了共建"丝绸之路经济带"和"21世纪海上丝绸之路"(以下简称"一带一路")重大倡议,并得到泰国政府积极响应。2014年11月,泰国总理巴育在北京参加APEC领导人会议时明确表示,"泰方正在探索走符合国情的发展道路,希望同中方交流互鉴,深化合作,特别是借助丝绸之路经济带和21世纪海上丝绸之路建设，推进农业、铁路合作，促进地区互联互通，扩大泰国农产品对华出口，促进民间交往，加强人才培训"。[①]同年12月，巴育总理再次访华，并在与习近平主席会面时重申"泰方愿意积极参与中方关于共建21世纪海上丝绸之路的倡议，深化铁路、通信、旅游等领域合作，促进区域互联互通，朝着建立亚太自由贸易区的目标迈进"。[②]2017年9月，两国签署《关于共同推进"一带一路"建设谅解备忘录》，从而为中泰战略合作注入了新动力。

战略合作具有很强的共识性与协同性特征。参与各方需要在国家利益层面对战略合作的必要性与可行性达成共识，并在此基础上形成互信与互利的主观意愿，方能协同推进战略合作的贯彻落实，否则就很难取得预期成效，所谓"战略合作"也将成为外事交往的礼节性修饰。

对中国而言，依托"一带一路"推动中泰关系深化发展具有重要战略意义。泰国地处中南半岛腹地，自古以来就是东西方交流的重要枢纽。从19世纪末到21世纪初，泰国一直是全球霸权力量在东南亚进行地缘政治博弈的重要"棋眼"。时至今日，美国依然将美泰军事同盟关系作为东南亚的重要锚点。因此，2014年泰国军方政变上台后，美国一方面高举"民主"与"人权"大旗对巴育政府施压，时任美国助理国务卿丹尼尔·拉塞尔甚至傲慢斥责"泰国在国际友人和伙伴中正逐渐失去信誉"，结果引起巴育政府强烈不满[③]；另一方面却坚持与泰国举行"金色眼镜蛇"

---

① 《习近平会见泰国总理巴育》，新华网，2014年11月9日，http://www.xinhuanet.com//politics/2014-11/09/c_1113175705.htm。

② 《习近平会见泰国总理巴育》，新华网，2014年12月23日，http://www.xinhuanet.com/politics/2014-12/23/c_1113751588.htm。

③ 《泰军政府不满美国抨击戒严令，警告不要干涉内政》，中国新闻网，2015年1月29日，http://www.chinanews.com.cn/gj/2015/01-29/7015212.shtml。

年度联合军演，努力避免政治立场影响美泰军事同盟关系。

从地缘政治博弈来看，进一步深化中泰关系，不仅有助于增进中国与周边地区的睦邻友好关系，推进中国—中南半岛国际经济走廊建设，为构建中国西南经中南半岛进入印度洋的陆路大通道创造有利环境，而且有助于促进中国与东盟国家互信互利合作，切实缓解美国在东南亚地区对中国的战略遏制压力，形成对美西方"印太战略"的有效反制。

对泰国而言，依托"一带一路"倡议，不仅有助于更好贯彻传统的外交平衡策略，从而在中国、美国、日本、印度等大国的地缘政治博弈中争取更多生存空间与发展利益，而且有助于在泰国国家发展模式变革过程中，通过引入外部资源，促成存量改革到增量改革的根本转变，从而切实缓解变革引发的社会分裂与政治冲突。

1997年亚洲金融危机爆发，不仅使泰国社会经济遭受重挫，而且宣告了20世纪90年代形成的以"选举民主体制—全面自由化道路"为核心架构的国家发展模式并不适合泰国国情，从而促使泰国各派力量围绕国家发展模式的"政治体制—经济道路"架构，于21世纪初开始了新一轮"权力—利益"博弈，以期在全球化背景下有效应对贫富分化、城乡分化、地区分化的社会经济发展瓶颈。[1]但是，20世纪90年代国家发展模式的歧路选择，使得泰国失去了增量改革的有利时机，开始面临存量改革的现实难题。1987年到1995年间，泰国年均经济增长率高达9.94%，而1997年到2015年间，年均经济增长率仅为3.11%。[2]这就使得泰

---

[1] 周方冶：《20世纪中后期以来泰国发展模式变革的进程、路径与前景》，《东南亚研究》2015年第5期。

[2] 数据来源，泰国中央银行网站，2023年6月15日检索，https://www.bot.or.th/en/statistics.html。

国各派力量在国家改革的成本负担与收益分配问题上产生难以调和的矛盾分歧，并引发"反他信"与"挺他信"阵营的严重社会分裂与持续政治冲突。①

2014年泰国军人集团政变夺权后，明确表示将以"和平"与"秩序"为前提主导泰国国家改革。尽管在军人集团的高压态势下，泰国政治局势与社会氛围都有明显缓和，但巴育政府主导的传统政治秩序重构能否取得预期成效，却存在很大不确定性。关键不在于以"军人集团—王室·保皇派"政治联盟为权力核心的传统政治秩序在形式上是否符合西方民主标准，而在于其是否契合泰国国情，是否有助于解决存量改革难题。国家发展模式是"政治体制—经济道路"的有机结合。作为权力结构的直观体现，政治体制必须契合经济道路的客观发展需求，方能通过"本土性检验"，形成稳定有序的良性互动关系，否则随着军人集团"还政于民"，就很有可能再次引发各派力量的政治冲突，陷入新一轮的权力结构调整。②

由于在存量改革条件下，泰国很难依托本土资源实现经济结构调整，于是，引入外部资源，促使泰国从存量改革转变为增量改革，也就成为巴育政府掌权后的当务之急。事实上，无论是20世纪60年代的军人威权时期，还是20世纪80年代的半民主时期，军人集团都是通过引入外部资源方式渡过国家发展模式变革难关，进而推动社会经济的高速增长。③中国提出"一带一路"倡

---

① 周方冶：《泰国政治权力结构调整的动力、路径与困境》，《东南亚研究》2011年第2期。

② 周方冶：《20世纪中后期以来泰国发展模式变革的进程、路径与前景》，《东南亚研究》2015年第5期。

③ 周方冶：《20世纪中后期以来泰国发展模式变革的进程、路径与前景》，《东南亚研究》2015年第5期。

议为巴育政府提供了难得的历史机遇,使得泰国有可能在对华战略合作的基础上,顺利推动国家发展模式变革。

泰国巴育政府对"一带一路"建设做出积极响应,正是基于国家利益诉求的战略选择,也因此获得了丰厚的战略合作红利。从2015年到2019年,泰国名义国内生产总值由4013亿美元猛增至5443亿美元,名义年均增长率高达8.9%。这在很大程度上得益于对接"一带一路"的"五通"积极效应。

一 政策沟通落实合作共识

政策沟通有助于更有效落实中泰战略合作共识,并为双边政策协调提供开放的多边框架,从而促使泰国更好搭乘中国经济"顺风车"。

从20世纪末到21世纪初,中泰两国在政治高度互信的基础上,始终保持着密切的交流与合作。中泰两国在经贸、文化、技术、教育、卫生、司法、环保等领域,都开展了广泛的双边交流与合作,并随着相关政府间协议签署,正朝着制度化、规范化、体系化方向积极迈进。相较于其他周边国家,中泰两国在双边合作的政策协调方面优势明显。这在很大程度上得益于"中泰一家亲"的政治互信。尽管如此,目前中泰两国的政策协调也还是很难满足进一步落实中泰战略合作的客观需要。

对于泰国政府而言,随着中国经济进入"新常态",搭乘中国经济"顺风车"的难度明显增加,迫切需要更为有效的政策协调。1997年亚洲金融危机后,泰国经济的复苏与发展很大程度上得益于中国经济高速发展的外溢效应,特别是迅猛增长的中泰双边贸易与中国赴泰游客。但在经过十余年的发展后,无论贸易还是旅游都开始面临瓶颈,再加上中国在转型过程中的经济增速放缓,使泰国很难再依循传统方式分享中国高速发展红利。不过,在中国经济发展进入新常态,向形态更高级、分工更优化、结构更合理阶段演化的进程中,泰国也同样面临重要的发展机遇。泰国国家研究院中泰战略合作研究中心副主任阿克颂茜女士（Aksornsri Phanishsan）强调指出,中国经济"新常态"对泰国而言既是挑战,更是机遇,关键在于如何与中国社会经济转型有效对接,特别要重视"一带一路"多边框架下进行政策沟通的有利条件。①

长期以来,泰国传统"外交平衡"策略始终是制约中泰两国深化政策协调的重要影响因素。作为地处东南亚枢纽地带的中等强国,泰国的地缘政治身份远不止"中泰一家亲"的好邻居好伙伴,而是包括美国的军事盟国、日本的重要投资对象国、"老东盟"六国唯一的佛教国家、中南半岛唯一的中等收入国家等多重属性。这就使得泰国在对外合作方面会始终将"平衡"放在首位,而且不仅是在中、美、日、印、俄等大国间保持双边关系平衡,更是要在次区域的中南半岛国家关系以及区域的东盟国家关系中保持平衡,从而以次区域和区域合作为依托,进一步增强泰国在大国博弈中的话语权。因此,尽管泰国重视中泰战略合作发展,但在政策协调方面始终有所保留,努力避免过于密切的中泰双边关系影响到泰国外交的多边关系平衡。

"一带一路"倡议具有开放的合作框架,不仅强调双边合作,而且重视多边合作,鼓励参与方积极利用现有双多边合作机制,促进区域合作蓬勃发展。这就为泰国在多边合作框架下,积极深化中泰双边合作提供了重要契机。在"一带一路"框架下,中泰战略合作无论是形式上还是实质上,都不再具有排他性,而是会

---

① 2016年3月28日在泰国法政大学举行的"中国十三五规划"学术研讨会中,阿克颂茜女士在会议发言中提出该观点。

对其他的双多边合作产生明显的示范效应与促进作用，从而为泰国传统的"外交平衡"策略提供更为有利的地区环境。

二 设施联通完善产业布局

设施联通有助于泰国进一步完善地区产业布局，促进生产资源更加合理有效配置，从而为泰国缓解地区发展失衡提供有利条件。

20世纪中后期，泰国经济实现了成功腾飞，并在20世纪90年代初跻身中等收入国家行列，曾被誉为"亚洲小虎"。不过，泰国经济发展具有明显的地区差异性，其经济中心主要集中在首都曼谷及其周边，使得曼谷及其所在的中部地区经济发展水平与其他地区特别是北部和东北部地区差异显著，社会保障水平也相去甚远。[1]这不仅在很大程度上直接影响到泰国社会经济均衡发展，而且成为21世纪初泰国政局动荡特别是"红衫军"运动的重要社会根源。[2]

对于地区发展失衡问题以及在很大程度上与此直接相关的贫富分化与城乡差距问题，泰国政府并不是视而不见。事实上，20世纪80年代军人总理炳执政时期，泰国就以外府农村地区发展作为重要施政目标，并将其列入泰国社会经济发展五年规划。此后，历届政府也高度重视外府发展与农村建设，并相继出台了诸多扶持政策。其中，泰国投资促进委员会的"投资促进鼓励区"政策就颇具代表性。该政策将泰国76个府根据收入和基础服务设施等

---

[1] "Thailand Human Development Report 2014", United Nations Development Program, 2014, pp.138-141.

[2] 周方冶：《泰国政治持续动荡的结构性原因与发展前景》，《亚非纵横》2014年第1期。

经济因素划分为3个投资区域，并规定划入第三区的58个低收入府均为投资促进鼓励区，享受免缴机械设备进口税、免缴八年法人所得税、用于生产出口品所需进口原料免缴五年进口税等政策优惠。

尽管泰国政府始终强调地区均衡发展，但从20世纪中后期外府农村地区的建设来看，成效却是不尽如人意。究其原因，就在于泰国政府未能解决制约外府农村地区发展的基础设施瓶颈。对于地处内陆的泰国外府农村而言，交通与水电等基础设施的建设水平始终是招商引资的重要前提。20世纪90年代是泰国社会经济高速发展阶段，也是推动外府农村地区基础设施建设的有利时机，但在"选举民主体制—全面自由化道路"为核心架构的国家发展模式引导下，泰国"小党林立"的联合政府更迭频繁，忙于贿选拉票的掮客政党既无心也无力推动外府农村的基础设施建设，再加上主流话语也更强调市场配置而不是国家调控，从而使得外府农村地区错过了重要的发展机遇期。

21世纪初，新资本集团他信派系在中下层民众支持下胜选上台，开始推行有利于外府农村地区发展的"草根政策"。但是，泰国经济在1997年亚洲金融危机后出现的严重衰退，使得他信派系在扶持外府农村地区发展方面显得有心无力。尽管他信派系"草根政策"的初衷是兼顾输血与造血，但从政策效果来看，更多的还是体现在直接增加福利的输血方面，未能在提升生产能力的造血方面取得明显成效。这在很大程度上是由于泰国在存量改革状态下，已难以有效满足外府农村地区发展的基础设施建设需求，从而使"草根政策"中旨在促进外府农村地区产业发展的举措未能奏效。

2014年军人集团政变夺权后，巴育政府面临的根本难题就是如何进一步推动外府农村地区发展，否则，无论如何进行政治体制重构，都很难有效弥合外府农民"红衫军"与曼谷中产阶级"黄衫军"的社会分裂，从而成为新一轮政治冲突的导火索。相较往届政府，巴育政府在外府农村地区发展问题上面临更严峻形势。这不仅是在全球经济衰退与国内政治动荡影响下，政府财政更加捉襟见肘，而且是在老龄化社会影响下，面临本土劳工紧缺与工资上涨引起的招商引资竞争力下降。

据统计，泰国从2005年左右步入老龄化社会（Aging Society）。2014年巴育政变上台时，60岁以上人口占总人口比重已达14%，65岁以上人口占总人口比重9.4%，泰国政府从而面临"未富先老"的严峻社会难题。2019年军人集团"还政于民"，巴育连任民选总理时，泰国60岁以上人口已超过1160万人，占到总人口的17.5%。[1]据测算，从2023年起，泰国将步入老龄社会（Aged Society），每年60岁以上人口增长超百万，并在2035年前后步入超老龄社会（Super-Aged Society），届时60岁以上人口将占总人口28%以上。[2]

由于外府农村地区廉价劳动力优势不复存在，因此泰国投资促进委员会于2014年年底批准执行"七年投资促进战略（2015—2021）"，最终放弃了长期以来的"投资促进鼓励区"政策，开始以投资产业而不是地区作为政策优惠的主要条件，并且同时推出了"边境经济特区"的优惠政策，旨在依托邻国缅甸、老挝、柬埔寨等国廉价劳动力优势，推动泰国边境各府的社会经济发展。

---

[1] 数据来源：泰国国家统计局网站，2023年6月15日检索，http://statbbi.nso.go.th/staticreport/page/sector/en/index.aspx。

[2] Elena Glinskaya, Thomas Walker, Thisuri Wanniarachchi, "Caring for Thailand's Aging Population", World Bank, 2021, Washington, DC, https://openknowledge.worldbank.org/handle/10986/35693.

对于正在失去廉价劳动力优势的泰国外府农村地区而言，基础设施建设的重要性开始变得日益突出。

"一带一路"倡议的设施联通，将为泰国基础设施建设特别是临近中国的北部和东北部地区的基础设施建设提供重要发展契机。对泰国而言，依托"一带一路"推动基础设施特别是铁路网建设，将获得三方面利好。首先是资金与技术方面。源自中国的资金与技术，将有效弥补泰国在基础设施建设方面的资金缺口和技术短板，从而使泰国绸缪多年的全国基础设施升级改造工程得以付诸实施。2015年9月，时任泰国驻华大使醍乐堃·倪勇作为政府全权代表在北京签署了《亚洲基础设施投资银行协定》，从而使泰国成为第52个签署方。泰中文化经济协会秘书长、巴育政府高级顾问蔡百山（Paisal Puechmongkol）强调指出，"一带一路"建设是泰国全面提升基础设施水平的有效途径与重要契机，泰国政府应积极主动参与协商与合作，切不可错失发展机遇。[①]

其次是成本控制方面。基础设施建设特别是交通基础设施建设具有显著规模效应，随着建设经验积累与人才储备，边际成本会呈下降趋势。作为全球第二大经济体，中国在基础设施建设方面拥有丰富建设经验和雄厚技术储备，不仅有助于泰国"一步到位"分享基础设施建设的规模效应，而且有利于泰国在共建过程中通过"干中学"的方式，进一步完善国内基础设施建设技术人才储备，从而在中长期切实降低基础设施的运营、维护与新建成本。

最后是外府发展方面。基础设施特别是交通基础设施建设具有明显的外溢效应，可以有效提升当地产业发展潜力，为招商引

[①] 2016年4月11日笔者赴泰中文化经济协会调研，与蔡百山秘书长访谈。

资创造有利条件。联通泰国曼谷与中国西南地区的铁路网建设，将有助于改变泰国北部与东北部沿线地区长期以来的半边缘状态，有效提升曼谷经济核心区对落后地区的辐射能力，切实推动跨国跨地区的资源配置与市场融通，从而为泰国北部与东北部地区开拓广阔的发展前景。

三 贸易畅通突破发展瓶颈

贸易畅通有助于在中短期突破中泰贸易发展瓶颈，并在中长期有效改善中泰营商环境，从而为泰国社会经济发展提供持续动力。

中泰双边贸易总额在21世纪初期呈现高增长态势，从1999年的43.3亿美元猛增到2012年的640亿美元，翻了近四番，年均增幅高达23.7%，成为1997年亚洲金融危机后泰国社会经济复苏的最重要推动力。与此同时，中泰贸易也开始成为泰国社会经济发展的重要支柱。1996年，中泰贸易总额仅占泰国外贸总额的2.99%，不仅与泰国对日贸易占比23.27%存在显著差距，而且也远落后于泰国对东盟国家贸易（16.96%）、泰国对欧盟国家贸易（16.06%）、泰国对美贸易（14.88%）。2007年，中国超过美国成为泰国第四大贸易伙伴；2009年，中国超过欧盟成为泰国第三大贸易伙伴；2013年，中国超过日本成为仅次于东盟的泰国第二大贸易伙伴。[①]

不过，中泰贸易在经过了近20年的高速增长后，开始面临发展瓶颈，特别是随着中国经济步入"新常态"，更是对中泰贸易进一步增长形成明显压力。2013年到2015年，中泰贸易年均增长

[①] 数据来源，泰国中央银行网站，2023年6月15日检索，https://www.bot.or.th/en/statistics.html。

率仅为0.44%，尽管在泰国对外贸易年均负增长4.4%的背景下依然具有重要的积极意义，但与以往相比明显表现乏力，特别是对华出口增长率从2011年起连年下跌，甚至在2014年与2015年持续负增长。[①]低迷的国际环境与庞大的贸易基数，使得在原有贸易环境下，如果缺乏新契机，将很难期望中泰贸易合作出现突破性进展。

"一带一路"倡议为中泰贸易突破瓶颈，提供了重要契机。具体来看，主要有以下三方面。

首先是减少非关税壁垒。"一带一路"倡议有助于促进中泰两国在双多边框架下进一步加强信息互换、监管互认、执法互助的海关合作以及检验检疫、认证认可、标准计量、统计信息等方面的部门合作，从而切实增进贸易便利化。

其次是降低运输成本。"一带一路"倡议将推动交通基础设施互联互通，使得中泰两国的货物运输成本得到进一步控制，从而为双边贸易提供更多的竞争优势与盈利空间。

最后是创新贸易方式。作为新兴商业形态，跨境电子商务等拥有广阔发展前景，有助于进一步拓展贸易领域和优化贸易结构。"一带一路"倡议为跨境电子商务等新兴商业形态提供更好的发展环境，特别是有效改善通信、物流、金融、保险、法律等各项前提条件，从而使跨境电子商务等新兴商业形态的跨越式发展成为可能。对此，泰国正大管理学院中国东盟研究中心主任谢捷魁（Pisnu Rienmahasarn）强调指出，"一带一路"建设将为跨境电子商务提供前所未有的发展机遇，泰国企业应改变传统思维，积极参与创新，把握"一带一路"建设契机，努力开拓广阔的中

---

① 数据来源，泰国中央银行网站，2023年6月15日检索，https://www.bot.or.th/en/statistics.html。

国大市场。①

得益于泰国巴育政府积极对接"一带一路"倡议，中泰双边贸易总额从2014年的635.8亿美元，猛增到2018年的802.2亿美元，年均增长率高达6.5%；新冠疫情暴发后，中泰贸易不仅未受影响，反而逆势呈现高增长，并于2021年突破千亿美元关口，双边贸易总额达到1038.2亿美元。中国现已成为泰国最大贸易伙伴，而泰国则是中国在东盟国家中的第三大贸易伙伴。

四 资金融通增强风控能力

资金融通有助于泰国增强金融风险防控能力，提高跨境金融服务水平，从而为泰国社会经济的转型升级提供有力支撑。

泰国金融市场曾经在20世纪90年代的经济自由化政策影响下繁盛一时，但终因缺乏有效监管而在1997年亚洲金融危机中遭受重挫。这不仅使泰国将曼谷打造成东南亚金融中心的期望落空，而且也在很大程度上拖累了产业结构升级。

尽管得益于亚洲金融危机后重建的金融监管与风险防范机制，2008年国际金融危机并未对泰国金融业产生结构性冲击，但在全球经济衰退情况下，泰国金融市场始终面临日益严峻的外部风险。近年来，泰国积极参与双多边金融合作，旨在进一步增强金融风险抵御能力，并在此基础上推动国内金融市场发展。

对泰国而言，深化中泰金融合作有两个层面的重要意义：其一是通过两国央行与监管机构合作，在政府层面进一步增强金融风险的防范与调控能力。其中最具代表性的是本币互换安排。2011年，中国人民银行与泰国（中央）银行签署《本币互换协

---

① 2015年9月2日笔者赴泰国正大管理学院调研，与谢捷魁主任访谈。

议》，互换规模为700亿元人民币/3200亿泰铢，有效期三年，从而为泰国政府提供了应对突发性金融风险的有效政策手段。2014年，两国央行续签《本币互换协议》，进一步增强了相关合作安排的规范性与可持续性。

其二是通过两国商业性金融机构合作，依托对华贸易与投融资的规模效应，在市场层面进一步改善金融环境，提高跨境金融服务水平，促进金融市场的稳健有序发展，从而为泰国社会经济转型升级特别是产业结构调整提供有力支撑。早在1994年，中国银行就已在曼谷开设分行。21世纪以来，中泰两国在银行、证券、保险、租赁等诸多领域都有商业合作。2005年，泰国第三大商业银行泰华农民银行与中国银联合作，成为泰国首家开通银联卡业务的商业银行。2010年，中国工商银行通过要约收购的方式并购ACL银行，正式进入泰国市场。不过，由于中泰两国金融政策协调尚处于起步阶段，因此商业性金融机构合作的规模、领域与层次都有诸多局限性，难以有效满足中资企业在泰国的贸易与投融资需求。

"一带一路"倡议为中泰金融合作深化发展指明了前进方向，特别是在顶层设计方面为商业性金融机构合作提供了有利条件。泰国开泰银行研究中心主任黄斌（Huang Bin）强调指出，中泰两国的商业性金融机构合作在"一带一路"框架下拥有广阔的发展前景，特别是人民币国际化进程更是泰国金融业复兴的重要契机，需要加强沟通协调，进一步拓展和深化相关合作，提高泰国跨境金融服务水平。[①]2014年，中国人民银行与泰国（中央）银行签署建立人民币清算安排的合作备忘录。2015年，中国工商银

---

① 2016年1月13日笔者赴泰国开泰银行研究中心调研，与黄斌主任访谈。

行（泰国）股份有限公司宣布正式启动人民币清算行服务，泰国及其相关国家商业银行可通过在工银泰国开立的账户直接办理人民币业务。2016年，中国银联国际与盘谷银行、泰京银行、开泰银行、汇商银行等四家泰国最大的商业银行共同宣布，以银联为标准的泰国支付网（Thai Payment Network）正式上线。这不仅有效拓展了银联卡在泰国的适用范围，而且也使得泰国成为境外首个采用银联标准作为本地统一芯片卡标准的国家。银联国际首席执行官蔡剑波强调指出，参与泰国支付网建设具有重要意义，意味着中国银联与泰国银行的合作已不仅停留在业务层面合作，而是上升到参与境外市场的支付基础设施建设和产业升级。①

随着"一带一路"倡议深化落实，中国对泰直接投资呈现高增长态势。泰国投资促进委员会高级投资顾问钟宝芬（Donlaporn Ajavavarakula）女士指出，"一带一路"倡议对中国企业的海外投资行为产生了重要的引导和促进作用，结合泰国政府新推出的"七年投资促进战略（2015—2021）"，将会产生"1+1＞2"的积极效果，有助于推动中国对泰直接投资持续增长。②据统计，从2015年到2021年，中国对泰直接投资存量从32亿美元增到83亿美元，在外国对泰直接投资存量总额中占比也从1.6%增至2.9%。③尽管与长期位居前三位的外资来源国日本（32%）、新加坡（18.8%）以及美国（6.3%）相比，中国投资在存量方面还有明显差距，但在增量方面表现出强劲的发展潜力。

对于正处在国家发展模式变革过程中的泰国而言，外国直接

---

① 《银联国际与泰国四大银行合作完成本地银行卡支付系统》，新华网，2016年2月24日，http://www.xinhuanet.com/world/2016-02/24/c_1118148674.htm。
② 2016年1月5日笔者赴泰国投资促进委员会调研，与钟宝芬女士访谈。
③ 数据来源：泰国中央银行网站，2022年8月1日检索，https://www.bot.or.th/English/Statistics/EconomicAndFinancial/Pages/StatInternationalInvestmentPosition.aspx。

投资的意义不仅在于提高国内产能和增加就业岗位，从而缓解存量改革压力，更重要的在于促进产业结构调整，从而为社会经济发展开拓前进道路。于是，鼓励研发创新、保持地区均衡与可持续发展、增强国际竞争力、提高产业链价值等也就成为泰国新投资促进政策的内在要求。[①]不过，如果在既有国际投资格局下，泰国要达成既定目标将面临结构性难题。长期以来，泰国始终在全球价值链低端徘徊，其中部分原因在于泰国自主创新能力不足，难以有效承接高新技术产业转移，但更本质的原因在于不合理的国际分工体系限制了泰国的产业结构调整。

"一带一路"建设有助于在根本上推动构建更加合理的国际分工体系，从而为泰国提供更有利的经济改革环境，特别是通过更紧密的中泰投资合作，将有效促进两国间的经济要素有序自由流动、资源高效配置和市场深度融合，成为泰国中长期可持续发展的重要动力。泰国朱拉隆功大学亚洲研究所中国研究中心主任利德森（Vorasakdi Mahatdhanobol）强调指出，泰国必须深刻理解"一带一路"建设对改善国际分工体系的积极作用，并在此基础上通过中泰双边合作，努力提升泰国在全球价值链中的相对地位，进而摆脱"中等收入陷阱"的发展困境。[②]

五 民心相通增进理解共识

民心相通有助于增进两国民众的相互理解与认知，促进泰国旅游业进一步开拓中国市场，从而为泰国社会经济复苏提供新的

---

① 泰国投资促进委员会：《关于投资促进政策与准则第2/2557号公告》，第4条，2014年12月3日颁布，2015年1月1日生效。
② 2015年9月3日笔者赴泰国朱拉隆功大学亚洲研究所中国研究中心调研，与利德森主任访谈。

活力。

长期以来，旅游业都是泰国社会经济发展的重要支柱产业。2008年国际金融危机后，随着全球经济衰退，泰国对外贸易增长放缓，旅游业在推动社会经济复苏进程中的重要性变得尤为突出。从2012年到2019年，泰国接待国际旅客人数从2235万人次增至3991万人次，年均增长11.2%；国际旅客创汇从317亿美元增至616亿美元，年均增长13.5%，所占泰国国内生产总值比重也从7.97%上升到11.32%。[①]

随着"一带一路"倡议的有序推进，中泰人员往来日益频繁。新冠疫情暴发前，中国游客赴泰旅游呈高增长态势，成为助推泰国旅游业持续繁荣的重要动力。中国旅客赴泰旅游人数从2012年的278万人次，到2015年猛增至794万人次，到2018年首次突破千万人次大关，再到2019年创下1100万人次新纪录，长期稳居泰国第一大海外客源国。[②]

对于泰国而言，中国游客人数猛增一方面是机遇，有助于在严峻的外部经济环境下，保持国内社会经济的复苏活力，但另一方面也是挑战，将会面临大规模人员流动引发的文化冲突与利益摩擦。近年来，有关中国游客在泰国的负面新闻不绝于耳，其中既有游客个人素质问题，也有利益相关方特别是亲西方势力的刻意炒作，但最根本的原因还在于泰国社会并不适应中国游客的大规模涌入，以及由此产生的文化冲击。事实上，作为国际化大都市，泰国社会新闻中有关西方游客或日本游客的负面新闻并不

[①] 数据来源：泰国国家统计局网站，2022年8月1日检索，http://statbbi.nso.go.th/staticreport/page/sector/en/17.aspx。

[②] 数据来源：泰国国家统计局网站，2022年8月1日检索，http://statbbi.nso.go.th/staticreport/page/sector/en/17.aspx。

少，但很少引起大规模的社会反响，因为相关新闻通常会被界定为游客个人行为，很少会被提升到"国家形象"高度引发广泛争议。

尽管中泰两国的友好交往源远流长，再加上为数众多的华侨华人在泰国落地生根，都使得拥有广泛包容性的泰国社会对中国传统文化的接纳程度相当高，但在长期以来的西方意识形态影响下，泰国社会对中国现代文化特别是中国特色社会主义文化的理解与认知相对浅薄，很容易受到亲西方媒体的蛊惑与误导，从而形成不利于中泰合作的社会舆论氛围。

"一带一路"倡议的民心相通为中泰两国提供了多层次、全方位、宽领域的社会文化交流平台。这一方面有助于泰国民众在交流过程中进一步理解和认知中国现代文化，从而以更包容的平常心态应对中国游客大规模增加引发的社会新现象与新问题，切实避免相关议题的过度争议影响中泰关系；另一方面有助于中国游客更深入地理解和认知泰国社会文化，从而为泰国旅游业深度开发中国市场提供有利条件。

泰国政府在旅游业发展规划方面，不仅强调数量，而且重视质量，力求在保证海外游客数量递增的基础上，进一步提高收益水平与辐射范围。为此，泰国旅游局2016年提出"促进和提高中国旅游市场品质"计划，积极推动蜜月旅游、高尔夫旅游、医疗旅游等高端服务，并将旅游路线从传统的曼谷—帕塔雅—普吉—清迈等地延伸到更多的外府地区，旨在以旅游为杠杆促进外府地区的社会经济发展。①

新冠疫情暴发后，泰国旅游业遭受沉重打击。2020年与2021

---

① 《泰国旅游局五大项目吸引中国游客》，中国新闻网，2016年3月17日，https://www.chinanews.com.cn/hr/2016/03-17/7801276.shtml。

年的国际游客数量断崖式下跌至670万人次与428万人次，中国游客人数更是降至125万人次与近乎清零的1.3万人次。不过，从中长期来看，随着疫情结束，泰国旅游业将会再次复苏，届时在"一带一路"倡议的民心相通引领下，中国旅客将重返"微笑国度"，并再次成为泰国社会经济欣欣向荣的重要助力。

第四节　澜湄合作：深化中泰关系的多边平台

澜湄合作起步以来，中国与泰老柬缅越等五国遵循共商共建共享精神，深化睦邻友好，拓展务实合作，提升民众福祉，共抗疫情冲击，不仅为促进南南合作和落实《联合国2030年可持续发展议程》做出重要贡献，而且有力促进了面向和平与繁荣的澜湄国家命运共同体建设步伐。

澜湄合作是澜湄六国共同参与的次区域多边合作机制，但对中泰合作而言，却有着独特的探路者意义。作为澜湄合作参与方唯二的中等偏上收入国家，中泰两国在次区域合作中发挥着关键性的引导与示范作用，不仅在传统经贸领域有力推动了"一带一路"倡议框架下的中国—中南半岛经济走廊建设，而且持续拓展新的合作领域，推动扶贫开发、生态环保、打击跨国犯罪等多元化合作的新范式，从而在双多边互动过程中，通过正反馈不断为中泰合作注入新的发展活力。

随着澜湄合作步入"金色五年"新阶段，如何在日趋复杂的外部环境下守正创新，进一步推动澜湄国家命运共同体建设走深走实，已成为澜湄合作各方尤其是中泰两国所关切的重要议题。

一 澜湄合作步入全面发展的新阶段

2016年3月23日,"澜沧江—湄公河合作机制"首次领导人会议在三亚举行,李克强总理同湄公河五国领导人共同出席,澜湄合作正式启动。与会六方一致同意共建澜湄国家命运共同体,并且确定了"3+5合作框架",即以政治安全、经济和可持续发展、社会人文为三大支柱,以互联互通、产能、跨境经济、水资源、农业及减贫为五大优先领域。

2018年1月10日,第二次领导人会议在柬埔寨金边举行。与会六方一致同意形成"3+5+X"合作框架,从而在原有基础上,进一步拓展海关、卫生、青年等领域合作。澜湄合作开始从培育期朝着成长期迈进。

2020年8月24日,第三次领导人会议以视频方式举行。与会六方共同打造了水资源合作、澜湄合作与"国际陆海贸易新通道"对接两大亮点,深化了可持续发展、公共卫生、民生等领域合作,为地区发展注入了新的"源头活水"。澜湄合作也从快速拓展期进入全面发展期。

作为首个由流域六国共同创建的新型次区域合作机制,澜湄合作在过去六年里,形成了"发展为先、务实高效、项目为本"的澜湄模式,展现了"天天有进展、年年上台阶"的澜湄速度,培育了"平等相待、真诚互助、亲如一家"的澜湄文化,贡献了区域治理的"澜湄方案"和"澜湄智慧",从而为"金色五年"的全面发展新阶段奠定了坚实基础。

(一)政治安全合作稳步推进

澜湄合作增进了次区域政治互信。六方共同建立了包括领导人会议、外长会、高官会、联合工作组会在内的多层次、宽领域合作架构。到2021年,澜湄合作已举行3次领导人会议、6次外长会、8次高官会和11次外交联合工作组会。各国外交部均成立澜湄合作国家秘书处或协调机构，各优先领域联合工作组也全部建立。

政治互信为安全合作创造了有利条件，地区安全"守望相助"关系明显增强。为更好应对气候变化和洪旱灾害，中国主动与湄公河国家分享澜沧江全年水文信息，共建澜湄水资源合作信息共享平台；为更好维护湄公河航道安全，中国与湄公河国家建立常态化联合巡航机制；为更好维护跨境交流与合作，中国与湄公河国家联合打击恐怖主义、网络赌博、电信诈骗、人口贩卖、非法移民等跨国犯罪活动；为更好开展新冠疫情的公共安全防护，中国与各国开展重大突发公共卫生事件信息通报和联合处置，加强传染病早期预警合作，并优先为湄公河国家提供疫苗。截至2021年年底，中国已通过援助和商采等方式共向湄公河五国提供约1.9亿剂疫苗。

（二）经济与可持续发展合作成果丰硕

澜湄合作推动次区域国家日益呈现出共生共荣的发展态势。中国与湄公河国家贸易额从2016年的1934亿美元增至2019年的2858亿美元，年均增幅16%。2020年以来国际贸易受疫情严重冲击，而中国与湄公河国家贸易额却逆势上扬。2021年，中国与湄公河国家贸易额增至3980亿美元，相较疫情前增长了39.3%。中国现已成为越南、柬埔寨、缅甸、泰国的最大贸易伙伴，老挝的第二大贸易伙伴。

中国对湄公河国家直接投资也稳步推进，投资存量从2016年的239.9亿美元增至2020年的384.3亿美元，年均增幅15%。通过国际产能和装备制造合作专项贷款，以及援外优惠贷款、优惠出口买方信贷等，中国积极支持了柬埔寨暹粒新国际机场、老挝万象电网改造、越南永新燃煤电厂等40多个重大基建项目。同时，中国企业也积极参与柬埔寨西哈努克港经济特区、泰国罗勇工业园区、老挝赛色塔综合开发区建设。中国现已成为柬埔寨、老挝、缅甸和泰国的最大投资来源国。

（三）社会人文合作日益密切

澜湄合作促进了各国间民心相通。2019年，中国与湄公河国家人员往来达5000多万人次，每周定期航班近3000班次。澜湄合作正式启动后的五年间，累计有2万余名湄公河五国学生享受中国政府奖学金在华学习，澜湄职业教育培训基地在云南培训来华务工人员4万余名。澜湄合作专项基金支持开展了500多个惠民项目。

此外，中国与湄公河国家还举行了形式灵活多样的文化交流活动，如澜湄合作媒体峰会、澜湄万里行中外媒体大型采访活动、澜湄国际电影周、澜湄电视周、澜湄旅游城市合作论坛、澜湄职业教育联盟论坛、澜湄高校百名志愿者行动、澜湄国家青年文化交流营、澜湄合作国际海报设计大赛、"锦绣澜湄"摄影大赛等，都得到各方积极响应，有力提升了"澜湄认同"。

二 共建澜湄国家命运共同体的新机遇

作为中南半岛唯一的新兴工业化国家，泰国一直在积极推动次区域合作，并试图借此恢复历史荣光，重返"黄金半岛"（Suwannabhumi）中心地位。20世纪80年代，随着越南侵略柬埔寨问题解决，时任泰国总理差猜·春哈旺提出了"变战场为市场"的口号，旨在推动次区域合作，"不仅希望印支三国和缅甸为其经济发展提供必要的渔业、天然气和石油供给，而且试图通过与邻国建立密切的经贸关系，凭借经济实力成为中南半岛的次区域中心"。①冷战后，泰国进一步提出多个次区域合作方案，其中包括1993年川·立派总理执政时发起的"黄金四角"经济合作倡议，1997年差瓦立·永猜裕总理执政时发起的"环孟加拉湾多领域经济技术合作倡议"，以及2003年他信·西那瓦总理执政时发起的"伊洛瓦底江—湄南河—湄公河三河流域经济合作战略"（ACMECS），但都未能取得预期成效。

随着中国与中南半岛国家交往日益深化，泰国于2012年提出加强澜湄次区域合作设想，并得到中方积极回应。②2014年11月，李克强总理在第17次中国—东盟领导人会议上提出建立澜沧江—湄公河合作，从而在次区域层面为中泰合作提供了新的发展契机。

过去六年的成功实践充分证明，澜湄合作的道路选择正确，发展目标深得本地区各国民众认可与支持，因此全面发展新阶段的"金色五年"成就可期。但也必须看到，澜湄地区整体发展水平较低，现有条件下"低垂果实"都已基本摘取，如果要在新阶段更上一层楼，就必须找到新增长点，形成新增长曲线。对此，作为澜湄合作重要"探路者"的中泰合作，唯有在既有经验基础上，守正创新，开拓新思路，筹谋新方法，出台新举措，方能做到"在危机中育先机、于变局中开新局"，进一步推动澜湄合作深化发展。

（一）进一步激发中小城市参与澜湄合作积极性

湄公河次区域多边合作由来已久。早在冷战结束之初，亚洲

---

① Marc Innes-Brown, Mark J. Valencia, "Thailand's Resource Diplomacy in Indochina and Myanmar", *Contemporary Southeast Asia*, Vol.14, No.4, 1993, p.341.

② 《李克强在澜沧江—湄公河合作首次领导人会议上的讲话》，新华社，2016年3月23日，http://www.xinhuanet.com/world/2016-03/23/c_1118421752.htm。

开发银行就于1992年发起成立大湄公河次区域经济合作机制。21世纪以来，湄公河次区域多边合作步入快车道，各类机制叠床架屋。例如，印度于2000年提出"湄公河—恒河合作倡议"；日本于2008年推动"日本—湄公河合作"；美国于2009年发起"湄公河下游倡议"，并于2020年改组"美国—湄公河伙伴关系"；韩国于2011年落实"韩国—湄公河合作"。但从合作成效来看，总体上却并不令人满意，对次区域发展贡献有限。

与此相比，澜湄合作虽然起步较晚，却在短时期内就发展成为次区域最具活力的合作机制。究其原因，最根本的就在于澜湄合作是以共建澜湄国家命运共同体为宗旨的"行动派"，有别于其他"口惠而实不至"的合作机制，从而有效激发了湄公河国家参与合作的积极性。不过，目前澜湄合作在湄公河国家根基并不厚，无论是深度还是广度，都有进一步拓展空间，将会成为"金色五年"的新增长点。

如果从社会经济发展水平来看，湄公河次区域大体可分为三个圈层。外圈层是沿海或出海口的大城市，诸如缅甸仰光、泰国曼谷、柬埔寨金边、越南胡志明市等，国际化程度高，社会经济发达，并在各类多边合作机制的对接过程中最活跃，通常在经贸投资与社会文化交流过程中受益最明显；内圈层是湄公河沿岸的边远贫困农村，社会经济落后，但在多边合作中却备受重视，通常受益于环保与扶贫开发等民生项目；中间圈层是散布于内陆地区的中小城市，城市化程度较低，对外交往较少，社会经济发展受规模限制缺乏持续动力，青壮年与高素质人才流失严重，通常在多边合作中被忽视甚至无视。

澜湄合作在湄公河次区域的外圈层与内圈层都已扎根，并开始朝着纵深方向延伸，但中间圈层仍处于起步阶段。如何在资源有限的情况下，将珍珠般散落的中小城市串联起来，形成规模效应，曾是困扰各类多边合作的核心难题。但对澜湄合作而言，随着互联互通的稳步推进与数字经济的蓬勃发展，串联湄公河次区域中小城市的历史性机遇已经显现。

随着中老铁路建成通车，以及中泰铁路稳步推进，泛亚铁路渐露曙光，将为串联沿线中小城市提供高性价比的大规模运力支撑，使得人流、物流、资金流朝着内陆地区扩散与渗透成为可能。以5G为代表的信息通信技术与以跨境电商为先导的数字经济，则为内陆地区提供了对外交往的便捷渠道，从而形成可持续的增长动力。

2020年以来的新冠疫情持续蔓延，迫使大量前往沿海大城市务工的内陆地区民众失业返乡，叠加全球经济衰退的不确定性影响，使得长期以来依托沿海大城市辐射的内陆发展难以为继。于是，如果在疫情后社会经济复苏过程中，中泰合作能依托中老泰铁路建设，在对接中国"双循环"基础上为次区域中小城市提供新的增长动力，将会掀起新一轮澜湄合作的参与热潮。

（二）进一步精细化澜湄合作惠民生项目落地

澜湄合作始终坚持以人为本，旨在增进流域人民福祉，尤其是澜湄合作专项基金，更是将重点聚焦于改善民生，迄今为止在卫生、教育、减贫、妇女等领域支持开展了400多个项目，总体上取得了积极成效，赢得澜湄合作各方一致赞誉。

不过，湄公河次区域基层的情势复杂，存在族群矛盾、宗教分歧、领土争议，历史与现实问题纠葛不清，从而使得很多在发展过程中面临的难点、堵点、痛点，都必须具体情势具体分析，并不存在"一刀切"的普适性解决方案。澜湄合作在快速拓展期，采取的是接地气的"推土机"模式。从澜湄合作专项基金来看，为数不少的项目都是以自上而下的方式进行设计和逐级分拨落实，从而在基层"最后一公里"很大程度上依赖于当地政府的执行能力。但是，相较于中国完善的基层治理体系，湄公河国家的基层治理普遍存在短板，再加上美西方扶持非政府组织的歪曲与误导，使得近年来在澜湄合作过程中尤其是环保和水资源开发领域，难免会从基层传来争议和质疑。

泰国作为国际机构与非政府组织最活跃的国家之一，拥有相当丰富的国际双多边项目合作经验。随着澜湄合作步入全面发展期，如果在中泰合作推动项目落实的基础上，通过体制机制创新，立足当地诉求，切实解决项目落地的基层"最后一公里"难题，从而将惠民生项目做细做实，精准破解发展过程中的难点、堵点、痛点，将会有力夯实澜湄合作的社会根基与民意认同。

（三）进一步完善扁平化的澜湄合作沟通机制

澜湄合作能在短期内取得显著成效，很大程度上得益于"领导人引领、全方位覆盖、各部门参与"的澜湄格局，从而依托领导人共识推进合作，避免了其他合作机制的"清谈馆"困境。

不过，随着澜湄合作的持续深化发展，其涉及领域和动员层级都在渐次拓展，使得垂直架构的科层化现象日益明显，开始影响澜湄合作的沟通效率。为此，澜湄合作完善了多元化平台，并已形成联合工作组、合作中心、民间交流机制等多元立体合作平台。

联合工作组主要由各国相关领域部委官员专家组成，每年召开一次或多次会议，促进信息共享和充分协商，为外长会和领导人会议奠定基础。

合作中心作为二轨平台，主要关注具体领域的专业合作，通过更灵活、自由、广泛的方式，细化落实各层级会议达成的合作项目，为各领域工作提供智力支撑和人力支持，目前主要有澜湄水资源合作中心、环境合作中心、农业合作中心、青年交流合作中心、职业教育培训中心，以及全球湄公河研究中心。

此外，根据实际需要成立的各类论坛、商会、博览会等民间交流机制，也都发挥了积极作用，增进了澜湄合作的民心相通。

目前来看，虽然澜湄合作的扁平化沟通机制建设已初见成效，但要满足"金色五年"的全面发展需求，还有待进一步的机制下沉，构建紧贴社会现实的官产学沟通网络，一方面有助于及时发现反馈实际工作中面临的问题与诉求，另一方面也有利于总结经验和塑造共识，从而切实维护来之不易的澜湄效率。

（四）加强地方合作推动澜湄合作走深走实

随着澜湄合作步入"金色五年"的全面发展新阶段，体制机制深化发展面临进一步多元化与扁平化的重要机遇与挑战，迫切需要引入新的合作主体，以保持"源头活水"的持续动力。目前来看，地方政府将是现阶段最为适格的助推力量。

一方面，澜湄六国由于历史与现实原因，通常更重视官方权威，地方政府作为官方合作主体，有利于整合资源和对接协调，避免在体制机制尚不完善情况下商业机构与民间组织难以承担主导作用的现实短板；另一方面，地方政府相较于中央政府更贴近基层，因此在严格遵循领导人共识的总体框架下，有利于发挥地方横向合作的灵活性，缩短反馈决策链条，更及时准确化解合作过程中的堵点、痛点、难点，切实保证澜湄合作蹄疾步稳。

2021年6月8日，澜沧江—湄公河合作第六次外长会发布了《关于深化澜沧江—湄公河国家地方合作的倡议》，鼓励各国地方政府充分发挥各自优势，加强交流合作，积极参与澜湄合作。同时，中国率先发布了《中国相关省区市与湄公河国家地方政府合作意向清单》，从而为湄公河国家提供了方向指引。

不过，对于跨国合作而言，如何有序协调中央/地方，政府/民间，政策/市场等诸多要素的相互衔接，不仅涉及体制机制创新，尤其是法律法规完善，更重要的是找到"切入口"，争取形成"早期收获"成果，从而以增量红利为润滑剂，切实降低深化合作过程中潜在的磨合成本与摩擦风险。

对此，中泰合作正发挥重要"探路者"作用，尤其是近年来泰国东部经济走廊对接中国粤港澳大湾区的战略合作，更是取得显著成效。目前来看，借鉴中泰合作经验，拓展姐妹城市、省际交流等点对点合作，鼓励地方性国企和中小企业发挥基础性作用，扎根基层，因地制宜，精准对接，把握《区域全面经济伙伴关系协定》生效契机，立足中国粤港澳大湾区、长三角、成渝城市群，泰国东部经济走廊等增长极，依托"国际陆海贸易新通道"等创新机制，共建澜湄经济发展带，完善区域产业链供应链，将会成为澜湄合作的重要发展方向。

三　澜湄生物多样性保护的新增长点

澜沧江—湄公河流域生物多样性资源丰富，拥有不少于2万种植物、1200种鸟类、800种爬行和两栖动物，以及430种哺乳动物，并有新物种持续被发现。1997年至2014年，澜湄流域发现新物种多达2216个，相当于每周发现3个新物种。[①]同时，澜湄流域大约80%的人口依靠健康的自然系统（如河流、森林和湿地）维持粮食安全、生计和文化，尤其是其拥有世界上最大的内陆渔业，占到全球淡水捕捞量的25%，为至少6000万人提供生计，从而深刻体现了人类与生态系统福祉的基本联系。

---

① "Magical Mekong: New Species Discoveries 2014", WWF, May 28, 2015.

不过，澜湄流域正处于经济发展和减贫重要时期，环境和生态系统面临沉重压力，尤其是森林覆盖率在过去半个世纪里从55%降至34%，从而引发严峻的生物多样性丧失问题。[①]作为澜湄流域唯二的中等偏上收入国家，中泰两国正积极合作，共同推动澜湄流域生物多样性保护，努力化解保护与发展的结构性矛盾。这也日益成为中泰合作深化发展的新增长点。

近年来，中泰两国在澜湄合作框架下与老挝、缅甸、柬埔寨和越南等国开展了积极的环境保护工作。从2017年成立澜沧江—湄公河环境合作中心，到2019年各国批准通过《澜沧江—湄公河环境合作战略》，生物多样性保护已成为次区域合作重要内容。但要看到，澜湄流域的生物多样性保护方兴未艾，中泰合作任重道远，尤其是在工作模式选择上，很重要的还在于如何将中国经验本土化。

从20世纪中后期开始，尤其是1972年联合国大会决议成立环境规划署以来，生物多样性保护日益受到国际社会重视，并促成一系列双多边合作，但效果一直都不理想。2010年《生物多样性公约》第十次缔约方大会制定了《2011—2020年生物多样性战略计划》及"爱知目标"，旨在为此后十年全球生物多样性保护提供战略框架和行动指南。然而，2020年《生物多样性公约》秘书处评估指出：20个"爱知目标"没有一个完全实现，仅有6个部分实现；60个"爱知目标"具体要素仅有7个实现，38个有进展，9个无进展，2个进展情况不明，4个偏离目标。[②]

相较于全球生物多样性保护困境，中国生态文明建设在生物

---

① 《澜沧江—湄公河环境合作战略（2018—2022）》，澜沧江—湄公河环境合作中心，2019年3月27日。
② 《全球生物多样性展望（第五版）》，生物多样性公约秘书处，蒙特利尔，2020年，第12—17页。

多样性保护方面，则取得了举世瞩目的成就。其中，最显著的首推植树造林。20世纪80年代末以来，中国森林面积和森林蓄积连续30年保持"双增长"。2000年至2017年的全球新增绿地面积中，有25%以上来自中国，中国对全球绿化增量的贡献居全球首位。①此外，从"爱知目标"来看，中国除了未以国家专门立法实施《名古屋议定书》（目标16）以及沿海与海洋保护面积未达10%（目标11）之外，其他目标都已实现或基本实现，成为全球落实"爱知目标"最有成效的国家之一。②

中国之所以能成为全球生物多样性保护工作的优等生，关键是在习近平生态文明思想指引下，开展了全系统根本性的结构性调整，尤其是以"绿水青山就是金山银山"（简称"两山论"）的共识方案，化解了保护与发展的两难困境。习近平总书记指出，"绿水青山和金山银山决不是对立的，关键在人，关键在思路。为什么说绿水青山就是金山银山？'鱼逐水草而居，鸟择良木而栖。'如果其他各方面条件都具备，谁不愿意到绿水青山的地方来投资、来发展、来工作、来生活、来旅游？从这一意义上说，绿水青山既是自然财富，又是社会财富、经济财富。"③"不少地方通过发展旅游扶贫、搞绿色种养，找到一条建设生态文明和发展经济相得益彰的脱贫致富路子，正所谓思路一变天地宽。"④

---

① 《共建地球生命共同体：中国在行动——联合国生物多样性峰会中方立场文件》，中国外交部和生态环境部联合发布，2020年9月21日，http://newyork.fmprc.gov.cn/web/zyxw/t1816597.shtml。

② 薛达元：《中国履行〈生物多样性公约〉进入新时代》，《生物多样性》2021年第2期。

③ 中共中央文献研究室编：《习近平关于社会主义生态文明建设论述摘编》，中央文献出版社2017年版，第23页。

④ 中共中央文献研究室编：《习近平关于社会主义生态文明建设论述摘编》，中央文献出版社2017年版，第30页。

"两山论"本质上是从工业文明迈向生态文明，不仅需要资金、技术与人才储备，而且需要庞大的消费市场支撑产业结构升级。中国经过四十多年改革开放，充分满足了前置条件，方能在习近平生态文明思想的正确指引下，依托"国内大循环"战略布局实现发展阶段的跨越式迈进。但对发展中国家而言，如果在不满足前置条件的情况下贸然行事，就有可会重蹈斯里兰卡的国家破产覆辙。[①]

2021年，联合国《生物多样性公约》第十五次缔约方大会（COP15）在中国昆明召开。作为大会主要成果之一，第一阶段高级别会议正式通过"昆明宣言"承诺确保制定、通过和实施一个有效的"2020年后全球生物多样性框架"，以扭转当前生物多样性丧失趋势并确保最迟在2030年使生物多样性走上恢复之路，进而全面实现"人与自然和谐共生"的2050年愿景。"昆明宣言"不仅为下一个十年指明了方向，而且也为中泰合作推进澜湄流域的生物多样性保护，提供了政策承诺与机制保证，使得澜湄各国有可能借鉴中国生态文明建设的成功经验，依托澜湄合作践行"两山论"，走出不同于西方传统模式的现代化道路。

---

① 《斯里兰卡局势为何陷入动荡》，新华网，2022年7月11日，http://m.xinhuanet.com/2022-07/11/c_1128823137.htm。

第二章　中美战略竞争下的中泰关系

从美国奥巴马政府的"重返亚太"政策到"亚太再平衡"政策，到特朗普政府提出"印太战略"，再到拜登政府全面深化落实印太战略，中美战略竞争在过去十多年里持续升级。作为东南亚唯一的非殖民地国家，泰国在中美地缘政治压力下，遵循传统外交理念一再重申对冲策略。但从中美泰三角关系走势来看，近十年来其战略重心明显朝着"友华"方向偏移。泰国"非中性"对冲源于国内政治权力结构调整的内生张力，呈现"以'泰式民主'保守意识形态为基准，以经济与安全为两翼，以区域／次区域合作为纵深"的基本特征。

第一节　泰国对印太战略的地缘政治认知

近年来，印太战略在美国推动下，开始成为印度洋—太平洋地区各主要国家及部分域外大国的重要议题。日本、澳大利亚、美国、印度、法国等国都相继出台了各有侧重的印太战略（或印太构想）。2019年6月，第34次东盟峰会在轮值主席国泰国首都曼谷闭幕。会议通过《东盟印度洋—太平洋展望》，从而正式阐明了东盟国家的印太共识。[1]对中泰关系而言，厘清泰国对印太战略的看法，具有重要意义。

一　泰国应对印太战略的出发点与立足点

在学术研究中，泰国通常会被列入"小国"范畴，其著名的"风中竹"外交更被视为小国外交典范。[2]但在泰国外交实践中，并不认同"小国"身份，而是将"中等国家"作为国际交往与地缘博弈的出发点。对此，泰国总理巴育在2015年第70届联合国大会开幕式上的讲话中指出："我们经常期望大国帮助小国，但鉴于大国与小国之间差距不断扩大，我们决不能忽视中间力量。中等国家构成了国际社会的大多数……可以成为大国与小国的重要纽带。"[3]

---

[1] "ASEAN Outlook on the Indo-Pacific", 23 June, 2019, https://asean.org/asean-outlook-indo-pacific/.

[2] Peera Charoenvattananukul, *Ontological Security and Status-Seeking: Thailand's Proactive Behaviours during the Second World War*, Routledge, 2020, pp.5–12.

[3] The speech delivered by Prime Minister Prayut Chan-o-cha at the opening of the 70th session of the United Nations General Assembly, Bangkok Post, Oct.1, 2015, https://www.bangkokpost.com/opinion/opinion/713076/prayut-un-speech-full-text.

尽管泰国所指称的"中等国家"并不是像澳大利亚或韩国那样拥有较高综合国力门槛的"中等强国",而是采取了更为宽泛的模糊界定,以使其能被涵盖在内,但其在概念运用过程中所体现的地缘政治能动性与自信心,特别是对"大国/小国"二分法使其在地缘政治博弈中处于被动地位的不满与抵制,却是清晰可见。巴育政府在《国家发展战略总体规划(2018—2037)第二部分·外交事务》中明确提出,在未来20年国际与地区格局面临重大变革的情况下,泰国作为"中等国家"要发挥积极作用,进而维护国家利益,促进地区稳定与发展。①

印太战略是美日印澳等国共同推动的地缘政治博弈"大棋局",其目标旨在跨区域重塑地缘战略格局,因此对泰国而言,无论其是"小国"抑或"中等国家",都无力在印太战略的地缘政治博弈中觊觎主导者的棋手位置,唯有成为审时度势以求在地缘政治变局中趋利避害的"无奈受众"。不过,相对独特的地理位置,以及长期以来积攒的地缘政治筹码,还是有助于泰国避免陷入完全被动的"小国"棋子困境,有可能作为印太战略必要但非关键的次区域支点,保留相当程度的"中等国家"能动性,甚至跻身拥有一定影响力的次级合作者。

具体来看,泰国在印太战略中的立足点主要体现在以下方面。

(一)从地理位置来看,泰国将成为印太战略的必要环节

尽管当前域内外大国(中等强国)都在讨论印太战略,但相关国家对"印太"地区的概念界定却并不完全一致,特别是对"印度洋西部到中东及非洲东海岸"是否涵盖在内,各国存在较大差异。

---

① การประกาศแผนแม่บทภายใต้ยุทธศาสตร์ชาติ (พ.ศ. ๒๕๖๑ – ๒๕๘๐) (๒) ประเด็น การต่างประเทศ[《国家发展战略总体规划(2018—2037)第二部分·外交事务》],泰国总理府,《政府公报》第136卷第51辑,2019年4月18日,第3—4页。

其中，美澳等国主张的是"印度+太平洋"的概念界定。根据美国国防部2019年《印太战略报告》的概念界定，印太地区是指"从美国西海岸到印度西海岸"，并未包括"印度洋西部到中东及非洲东海岸"。①对美国而言，中东地区是其全球战略布局的关键环节，如果在地缘政治上与印太发生联动，就有可能引发不确定性风险，甚至改变中东地区的既有格局。澳大利亚2017年《外交白皮书》的概念界定与美国相近，印太地区是指"通过东南亚连接的印度洋东部到太平洋地区，包括印度、北亚与美国"。②其中，北亚主要包括中国、日本与朝鲜半岛。作为中等强国，印太概念涵盖"印度+太平洋"的广袤地区已经是澳大利亚的影响力极限，其在主客观上既无力也无意将"印度洋西部到中东及非洲东海岸"纳入其战略视野。

与此相对，日本与印度等国倾向于"印度洋+（西）太平洋"的概念界定。对日印两国而言，"印度洋西部到中东及非洲东海岸"在国家战略中占据重要地位，不仅是石油与天然气等战略物资的主要来源地，而且是拓展海外市场的关键目的地。2017年8月，时任日本首相安倍晋三在肯尼亚召开的第六届东京非洲发展国际会议（TICAD VI）上发表开幕式演讲时，正式提出"自由开放的印太"战略设想，明确表示"日本有责任促进太平洋和印度洋以及亚洲与非洲交往，使之成为重视自由、法治和市场经济，不受武力侵扰或威慑的富饶之地"。③2018年6月，印度总理莫迪

---

① "Indo-Pacific Strategy Report: Preparedness, Partnerships, and Promoting a Networked Region", The Department of Defense, U.S.A., June 1, 2019, p.1.

② "2017 Foreign Policy White Paper", Australian Government, Nov., 2017, p.1.

③ Shinzo Abe, "Address by Prime Minister at the Opening Session of the Sixth Tokyo International Conference on African Development (TICAD VI)", August 27, 2016, https://www.mofa.go.jp/afr/af2/page4e_000496.html.

在新加坡召开的第十七届香格里拉对话会上对"印太构想"进行全面阐释时，明确指出印太地区是"从非洲海岸到美洲海岸"的"自然区域"。①

从地理位置来看，泰国地处印度洋与太平洋的两洋交汇之地，东南紧临太平洋海域最西端的暹罗湾，西南直面印度洋海域东部的安达曼海。历史上，泰国南部的克拉地峡曾是连通两洋贸易的重要陆路商道。②尽管随着海上贸易发展，两洋贸易的枢纽早已转移至马六甲海峡，但泰国兼顾两洋的地理位置并未改变。这就使得无论印太战略的范畴是"印度+太平洋"抑或"印度洋+（西）太平洋"，泰国都处在地缘政治博弈的战略要冲，使得泰国无可避免将会成为印太战略的必要环节。

美国在《印太战略报告》中明确指出，"加强与日本、韩国、澳大利亚、菲律宾和泰国的安全合作关系，对于印太地区的和平与安全必不可少"。③对此，泰国有所预判并做出了应对。巴育政府在《国家发展战略总体规划（2018—2037）第二部分·外交事务》中强调指出，未来20年大国力量在本地区的战略博弈很可能进一步加剧，将会对泰国产生日益显著的"站队"压力，必须采取有效举措保持外交平衡战略。④事实上，这也正是泰国在2019年担任东盟轮值主席国期间努力开展外交斡旋，协同印度尼西亚

---

① Narendra Modi, "Prime Minister's Keynote Address at Shangri La Dialogue", Ministry of External Affairs, Government of India, June 1, 2018, https://www.mea.gov.in/Speeches-Statements.htm?dtl/29943/Prime+Ministers+Keynote+Address+at+Shangri+La+Dialogue+June+01+2018.

② 黎道纲：《泰国古代史地丛考》，中华书局2000年版，第3页。

③ "Indo-Pacific Strategy Report: Preparedness, Partnerships, and Promoting a Networked Region", The Department of Defense, U.S.A., June 1, 2019, p.21.

④ การประกาศแผนแม่บทภายใต้ยุทธศาสตร์ชาติ（พ.ศ. ๒๕๖๑-๒๕๘๐）(๒) ประเด็นการต่างประเทศ [《国家发展战略总体规划（2018—2037）第二部分·外交事务》]，泰国总理府，《政府公报》第136卷第51辑，2019年4月18日，第3—4页。

推动东盟国家达成共识，并在此基础上出台《东盟印度洋—太平洋展望》的重要原因。

（二）从陆海分野来看，泰国并不是印太战略的关键要冲

尽管在当前的印太战略影响下，泰国很难置身事外，但与冷战时期作为美国盟友坚守"反共"前沿，从而在越南战争及越南侵柬危机中承受地缘政治重压的被动局面相比，却有显著差异。从地缘政治博弈的侧重点来看，当前的印太战略更多聚焦于海权而不是陆权，海洋权益与海上安全成为各大国（中等强国）的角力关键。[1]从现阶段来看，印太战略在东南亚地区引发的首要风险在南海与马六甲海峡，这就为泰国从容规避地缘政治博弈的风口浪尖提供了有利条件。

泰国在地理上兼顾两洋，但在地缘政治上长期以来都是以陆权为主的半岛国家，海上力量较为薄弱，更多是近海巡逻与防御。泰国海军大约6.6万人，仅为陆军的1/3左右。事实上，从1951年海军支持左翼运动发动"曼哈顿政变"被陆军镇压，甚至旗舰都被炸沉后，海军在军人集团内部就一直处于弱势地位，缺乏话语权。[2]20世纪后期，泰国曾提出打造"蓝水海军"的战略规划，试图将海上力量投射到远洋地区，并为此购置了东南亚迄今为止唯一的航空母舰"差克里·纳吕贝特"号，但在1997年航母交付之时遭遇了亚洲金融危机，从而使财政困顿的泰国被迫放缓了海上力量的现代化进程。"差克里·纳吕贝特"号航母也因为缺乏舰载机而失去军事威慑力，更多的是承担非传统安全的抢险救灾职能。

---

[1] 胡波：《美国"印太战略"趋势与前景》，《太平洋学报》2019年第10期。

[2] David K. Wyatt, *Thailand: A Short History* (2nd Edition), Yale University Press, 2003, pp.25-261.

从当前美日印澳等国推动印太战略的举措来看，海权博弈的拉拢对象更多聚焦于越南、菲律宾、印度尼西亚、马来西亚等南海主权声索国。美国《印太战略报告》强调，除了既有军事盟友，也要"进一步增强与越南、马来西亚、印度尼西亚等东南亚伙伴国的安全合作"。①特朗普政府时期，泰国基本处于印太战略视线之外。美国国会研究服务局在《美国盟友和合作伙伴的印太战略：国会需要解决的问题》报告中，着重分析了印度尼西亚与越南，却很少论及泰国。②美国兰德公司的《日益深厚的亚洲安全合作网络：在印太地区深化美国盟友及合作伙伴的防务关系》报告更是坦言，泰国"确有其地缘意义，但在印太战略视角下缺乏活力与网络合作"，结果成为报告中唯一未被专章讨论的美国亚洲盟友。③拜登政府上台后，从重塑盟友体系的现实需求出发，重新将视线转向泰国，并在2022年的任期内首份《美国印太战略》报告中提出，"深化与澳大利亚、日本、韩国、菲律宾和泰国的五个地区条约联盟"④，但从后续对泰工作来看，依然缺乏必要的战略重视。

由于在地理上与南海和马六甲海峡都保持着安全距离，因此，除非泰国重提开凿克拉地峡修建运河以贯通两洋的百年战略构想，从而主动卷入海上航道的战略要冲博弈，否则在当前印太战略的地缘政治博弈中，其更多的将会是协作方，而不是直面冲突的当事方。于是，巴育政府在2019年出台的《国家安全政策与

---

① "Indo-Pacific Strategy Report: Preparedness, Partnerships, and Promoting a Networked Region", The Department of Defense, U.S.A., June 1, 2019, p.21.

② Ben Dolven & Bruce Vaughn, et al., "Indo-Pacific Strategies of U.S. Allies and Partners: Issues for Congress", Congressional Research Service, R46217, January 30, 2020.

③ Scott W. Harold, et al., "The Thickening Web of Asian Security Cooperation: Deepening Defense Ties among U.S. Allies and Partners in the Indo-Pacific", the RAND Corporation, 2019, p.5.

④ "Indo-Pacific Strategy of the United States", The White House, Washington, Feb. 2022, p.9.

计划（2019—2022）》中，一方面强调指出，本地区存在大国博弈引发冲突的安全风险，另一方面却对地区冲突可能导致的泰国安全风险表现淡然，相关应对政策与计划的优先度排序，不仅赶不上保持国内政局稳定与平息南疆分离运动，甚至还要落后于环境、能源、食品等社会安全问题。①

（三）从功能定位来看，泰国着眼于发挥次区域支点作用

作为东南亚唯一的非殖民地国家，泰国拥有强烈的外交自信，并且坚持在本地区战略格局调整过程中主动应对，力求趋利避害甚至化危为机。这也是泰国从第二次世界大战到冷战再到后冷战时期，始终能在大国博弈的罅隙间求存并取得持续发展的重要原因。对泰国而言，此次在印太战略影响下的跨区域地缘战略格局调整，既是改变现有发展环境的重要不确定性外部冲击，也是提升国际地位，摆脱"中等收入陷阱"的重要契机。为此，巴育政府强调指出，针对国际与地区新形势，外交工作要遵循"5S"原则，通过举国协同（Synergy），整合政府各部门力量，并推动私营部门与学界共同参与，完善国际规则（Standard），提升国际影响力（Status），切实保证泰国安定（Security）与可持续发展（Sustainability）。②

尽管泰国很难超越"中等国家"的综合国力限制，但其7000多万的人口规模、东南亚第二的经济总量、中南半岛唯一的中等收入国家、美国的非北约主要盟国、印度"东进"政策的重要对

---

① นโยบายและแผนระดับชาติว่าด้วยความมั่นคงแห่งชาติ พ.ศ. ๒๕๖๒－๒๕๖๕［《国家安全政策与计划（2019—2022）》］，国家安全委员会办公室，泰国总理府，《政府公报》第136卷第124辑，2019年11月22日，第4页。
② การประกาศแผนแม่บทภายใต้ยุทธศาสตร์ชาติ（พ.ศ. ๒๕๖๑－๒๕๘๐）（๒）ประเด็นการต่างประเทศ［《国家发展战略总体规划（2018—2037）第二部分·外交事务》］，泰国总理府，《政府公报》第136卷第51辑，2019年4月18日，第1页。

接方、日本在东南亚的首要投资目的地，以及首都曼谷作为国际交通枢纽与国际组织聚集地等，还是为其提供了充足"筹码"，从而有助于发挥次区域支点的重要作用。对此，泰国现任政府颇为自信。巴育上将在2019年"还政于民"举行大选并连任总理后的国会施政报告中提出，泰国将在地区和国际舞台上发挥建设性作用，并成为东盟维护地区安定与可持续发展的中心。①

二 多元化背景下泰国对印太战略的利弊认知

印太战略的产生发端于地缘政治与经济变动的客观影响。对此，澳大利亚在2013年的《国防白皮书》中指出，之所以要将"印太"作为单一的地缘战略概念，主要基于三方面原因：一是中国作为全球性大国的持续崛起；二是东亚地区在全球经济与战略中的权重增加；三是印度将随着时间推移崛起为全球性大国的发展趋势，以及受此影响，印度洋正成为战略重要性日益增加的区域。②与此相似，日本从2013年出台的《国家安保战略》到五年后修订的《防卫计划大纲》，都在反复强调中印等新兴大国强势崛起对原有国际与地区格局的深刻改变，以及国际政治经济重心向太平洋及印度洋的持续转移。③

不过，尽管面对相同的地缘变局，但是域内外各大国（中等强国）的主观认知各不相同，因此在确定各自印太战略过程中，

---

① คำแถลงนโยบายของคณะรัฐมนตรี พลเอก ประยุทธ์ จันทร์โอชา นายกรัฐมนตรีแถลงต่อรัฐสภา（巴育·詹欧差总理向国会发表的内阁政策声明），2019年7月25日，第6页。

② "Defence White Paper 2013", Department of Defence, Australian Government, 2013, p.2.

③ 《平成31年度以降に係る防衛計画の大綱について》（2019年防卫计划大纲），国家安全保障会議、閣議決定，2018年12月18日，第2页，https://www.mod.go.jp/j/approach/agenda/guideline/2019/。

难免会在战略目标、布局、手段与方案等方面产生分歧甚至矛盾，并在贯彻落实过程中相互掣肘。对于"中等国家"泰国而言，各大国（中等强国）在印太战略中的非一致性，以及在此基础上形成的多元化背景，使其有可能在大国博弈的罅隙间趋利避害，甚至化危为机。

具体来看，泰国对当前"印太战略"发展趋势的认知主要表现在以下方面。

（一）印太战略的根源是地区秩序重塑，将会增加泰国面临的地区安全风险

尽管从布局来看，美日印澳等国的印太战略都涉及诸多领域，呈现全方位多层次的战略诉求，但就其本质而言，皆根源于在中国崛起背景下对原有地区秩序改变的不确定性担忧。由于地缘政治与经济变动的大趋势难以逆转，因此各大国（中等强国）都试图在地区秩序重塑过程中抢占更有利地位，并在此基础上形成了合作制衡与约束中国的战略共识。

作为原有国际与地区秩序的领导者，美国对自身影响力下降的感受最深刻，其反应也最强烈，因此在对华遏制方面表现得最积极最强硬。2019年，特朗普政府出台的《印太战略报告》在讨论"印太战略"格局面临的挑战时，将中国列为四大挑战首位，指责中国的"军事现代化及强制性行动"，以及"利用经济手段谋求战略利益"，从而将影响甚至取代美国在印太及全球的主导权。[①]2022年，拜登政府《美国印太战略》报告进一步明确指出，"中国正在整合经济、外交、军事和技术力量，在印太地区谋求势力范围，寻求成为世界上最具影响力的大国"，并要求在全球

---

① "Indo-Pacific Strategy Report: Preparedness, Partnerships, and Promoting a Networked Region", The Department of Defense, U.S.A., June 1, 2019, pp.7–10.

"建立有利于美国、盟友及伙伴的影响力平衡,建立有利于我们共享利益与价值观的影响力平衡"。①

日本与澳大利亚作为美国传统盟友,都是美国主导下的原有国际与地区秩序受益者。②对此,澳大利亚在2017年《外交白皮书》中指出,澳大利亚是美国主导国际秩序的重要受益者,支持美国的全球领导地位高度符合澳大利亚的根本利益,因此,澳大利亚要"继续坚定地支持美国的国际领导",并与具有相似观念的国家合作。③不过,作为中等强国,澳大利亚的印太战略更多体现为"保底"立场,避免在地区秩序重塑的进程中被边缘化,而不是觊觎领导地位,再加上对华经贸合作对其而言意义重大,因此在推进印太战略的过程中,特别在对华政策方面是否紧随美国采取强硬立场时,经常表现得摇摆不定,甚至会在政策言论与行动之间存在明显差距。④

相比之下,日本的印太战略则表现出明确且一以贯之的内在逻辑与行动策略。尽管时任首相安倍晋三在2017年正式提出"印太战略"后,又于2018年将表述调整为"印太构想",但这不过是日本在中美两国竞争日趋激烈时所采取的战术调整,并未改变其核心意图。⑤对日本而言,印太战略一方面是要在美日同盟框架下,重塑美国的地区秩序主导地位;另一方面则要在地区秩序的重塑过程中,使其成为以美国为中心的全球同盟体系下衍生的

---

① "Indo-Pacific Strategy of the United States", The White House, Washington, Feb. 2022, p.5.

② 孟晓旭:《日本"印太构想"及其秩序构建》,《日本学刊》2019年第6期。

③ "2017 Foreign Policy White Paper", Australian Government, 2017, p.7.

④ Brendan Taylor, "Is Australia's Indo-Pacific Strategy an Illusion?", *International Affairs*, Vol.96, No.1, 2020, pp.95-109.

⑤ 孟晓旭:《日本"印太构想"及其秩序构建》,《日本学刊》2019年第6期。

第二章　中美战略竞争下的中泰关系

"印太"次级准同盟体系的"二把手",提升其在西太平洋地区的话语权,从而为战略自主打好基础。①因此,日本的印太战略具有应对中国崛起的"特定指向性",以防在美国影响力衰退过程中,中国趁势填补地区权力真空甚至主导"印太秩序"重塑进程,从而呈现明显的战略竞争色彩。②

印度长期坚持独立自主的"大国"地位,并不认同美国主导下的印太秩序,而是试图在地区秩序重塑过程中,借势拓展战略利益和影响力。对此,印度总理莫迪在2018年香格里拉峰会上强调:"印度并未将印太地区视为一个战略、一个排他性的俱乐部,也不是一个寻求支配权的集团。我们也绝不会认为其针对任何一个国家。"③不过,印度对中国崛起引发的印太地区权力转移,以及中国在印度洋的影响力扩大存在深刻疑虑,因此尽管无意与中国发生对抗或战争,但也不愿看到中国主导地区秩序。④这就使得印度"印太构想"与美国"印太战略"在应对中国崛起方面存在趋同。⑤

对于印太战略引发的大国博弈风险,泰国有着清醒认知,甚至有知名学者将之直接解读为"新冷战"。⑥巴育政府在《国

---

① 葛建华:《试析日本的"印太战略"》,《日本学刊》2018年第1期。
② 吴怀中:《安倍政府印太战略及中国的应对》,《日本学刊》2019年增刊,第122页。
③ Narendra Modi, "Prime Minister's Keynote Address at Shangri La Dialogue", Ministry of External Affairs, Government of India, June 1, 2018, https://www.mea.gov.in/Speeches-Statements.htm?dtl/29943/Prime+Ministers+Keynote+Address+at+Shangri+La+Dialogue+June+01+2018.
④ Frederic Grare, "The India-Australia Strategic Relationship: Defining Realistic Expectations", Carnegie Endowment for International Peace, March 2014, p.1.
⑤ 楼春豪:《印度的"印太构想":演进、实践与前瞻》,《印度洋经济体研究》2019年第1期。
⑥ ประภัสสร์ เทพชาตรี(布拉帕德·特普查德利):สงครามเย็น 2020(冷战2020),2020年3月1日,http://www.drprapat.com/%e0%b8%aa%e0%b8%87%e0%b8%84%e0%b8%a3%e0%b8%b2%e0%b8%a1%e0%b9%80%e0%b8%a2%e0%b9%87%e0%b8%99-2020/。

家安全政策与计划（2019—2022）》中强调指出，美国当前正面临来自中国的地缘战略挑战，将在美日印澳"四边对话"（Quadrilateral Security Dialogue，Quad）框架下进一步深化安全合作，从而加剧地区紧张局势，甚至引发冲突与摩擦，使泰国在保持地缘平衡的问题上变得更困难，并会面临更为严峻的不确定性安全风险。①与此同时，巴育政府在《国家发展战略总体规划（2018—2037）第一部分·安全事务》中明确要求，"泰国必须致力于维持与各国特别是超级大国的关系平衡"，应对全球多极化进程中的不稳定性安全风险。②

（二）印太战略有可能为跨区域联通与发展提供动力，从而促进泰国产业结构升级

印太战略的地缘政治博弈，不仅涉及安全领域，而且涵盖经济领域。作为全球最具活力的增长区域，印太地区的发展红利与主导权成为域内外大国（中等强国）的重要目标。近年来，中国"一带一路"倡议有序推进，并日益得到沿线国家的普遍认可与拥护，从而引起美日等国的质疑与忌惮。于是，印太战略也就在很大程度上成为针对"一带一路"倡议开展竞争的博弈手段，尤其是其将基础设施领域的投融资作为主要内容，更是与"一带一路"所倡导的基础设施互联互通存在明显的同质色彩。③

2017年11月，美国贸易和发展署（USTDA）与日本经济产

---

① นโยบายและแผนระดับชาติว่าด้วยความมั่นคงแห่งชาติ พ.ศ. ๒๕๖๒-๒๕๖๕ [《国家安全政策与计划（2019—2022）》]，国家安全委员会办公室，泰国总理府，《政府公报》第136卷第124辑，2019年11月22日，第3—4页。

② การประกาศแผนแม่บทภายใต้ยุทธศาสตร์ชาติ (พ.ศ. ๒๕๖๑-๒๕๘๐) (๑) ประเด็นความมั่นคง [《国家发展战略总体规划（2018—2037）第一部分·安全事务》]，泰国总理府，《政府公报》第136卷第51辑，2019年4月18日，第27页。

③ 陈积敏：《特朗普政府"印太战略"的进程、影响与前景》，《和平与发展》2019年第1期。

业省（METI）签署合作备忘录，旨在合作为印太地区提供高品质能源基础设施解决方案；同时，美国海外私人投资公司（OPIC）、日本国际协力银行（JBIC）和日本出口与投资保险公司（NEXI）签署谅解备忘录，旨在为印太地区提供高品质的美日基础设施投资替代方案。[①]

2018年7月，时任美国国务卿蓬佩奥在美国商会主办的"印太商业论坛"上发表演讲，重申美国政府对印太经济与商业参与的承诺，并宣布提供1.13亿美元作为"美国对印太地区和平与繁荣的新时代经济承诺的定金"，以支持印太地区数字经济、能源和基础设施等一系列项目。具体包括：数字连通和网络安全合作关系倡议（Digital Connectivity and Cybersecurity Partnership），计划从2500万美元初期投资起步，改进伙伴国家的数字连通，扩大美国技术出口；亚洲能源增进发展和增长倡议（Asia Enhancing Development and Growth through Energy），促进安全可持续的印太能源市场；基础设施交易及援助网络（Infrastructure Transaction and Assistance Network），促进符合国际商定原则的印太优质基础设施建设。[②]

2018年11月，美国海外私人投资公司与日本国际协力银行、澳大利亚外交与贸易部（DFAT）以及澳大利亚出口金融与保险公司（EFIC）签署谅解备忘录，旨在落实"印太基础设施投资三边伙伴关系"（Trilateral Partnership for Infrastructure Investment in

---

[①] "President Donald J. Trump's Visit to Japan Strengthens the United States-Japan Alliance and Economic Partnership", Fact Sheets, The White House, November 6, 2017, https://www.whitehouse.gov/briefings-statements/president-donald-j-trumps-visit-japan-strengthens-united-states-japan-alliance-economic-partnership/.

[②] Michael R. Pompeo, "America's Indo-Pacific Economic Vision", Indo-Pacific Business Forum, July 30, 2018, https://www.state.gov/remarks-on-americas-indo-pacific-economic-vision/.

the Indo-Pacific），促进印太地区私人投资，推动新的符合公开、透明与财政可持续等国际标准与发展原则的重大基建项目，提升数字连通性与能源基础设施。[1]

2018年11月，时任美国副总统彭斯在第六届美国—东盟峰会上宣布了新的"美国—东盟智慧城市伙伴关系"（U.S.–ASEAN Smart Cities Partnership）建设项目，首期投资为1000万美元，旨在促进东盟国家城市系统的数字化转型，以及提高美国与东盟在数字经济方面的商业参与度。[2]

与此同时，美国国会于2018年通过《更好利用投资引导开发法案》（Better Utilization of Investments Leading to Development Act），要求美国通过提供信贷、资本及其他金融支持，在欠发达国家促进以市场为基础的私营部门发展和包容性经济增长。根据该法案，美国将海外私人投资公司与国际开发署下属的发展信贷管理局及私人资本与微小企业办公室合并，成立国际开发金融公司（International Development Finance Corporation），从而使美国的国际开发融资规模从290亿美元增至600亿美元，以更好刺激私营部门投资，扩大美国在基础设施领域的影响力。

2021年拜登任美国总统后，美国进一步提出"重建更美好世界"（B3W）和"印太经济框架"，旨在更好抗衡中国"一带一路"倡议。2021年6月，拜登在七国峰会召开期间提出"建设更美好世界"计划，强调西方七国及其他"志同道合伙伴"将加

---

[1] "Joint Statement of the Governments of the United States of America, Australia, and Japan", Statements & Releases, The White House, November 17, 2018, https://www.whitehouse.gov/briefings-statements/joint-statement-governments-united-states-america-australia-japan/.

[2] "Remarks by Vice President Pence at the 6th U.S.–ASEAN Summit", Remarks, The White House, November 14, 2018, https://www.whitehouse.gov/briefings-statements/remarks-vice-president-pence-6th-u-s-asean-summit/.

强协调,通过各自的开发金融机构投资撬动私人资本,聚焦气候变化、卫生健康、数字技术以及性别平等四大领域投资,部分满足全球发展中国家40多万亿美元的基础设施融资需求。①同年10月,拜登在参与东亚峰会线上会议时宣布,美国将发起"印太经济框架",聚焦印太地区贸易促进、数字经济和技术标准、供应链弹性、清洁能源、基础设施及劳工标准等领域。②对此,2022年拜登政府的《美国印太战略》报告进一步阐释了"印太经济框架"的主要内容,即通过制定新的贸易促进规则特别是数字贸易规则,强化供应链安全和弹性,加强与印太盟友及伙伴在新兴科技领域合作,维护美国经济利益。③

作为全球第三大经济体,日本在地缘安全层面的对外战略受到限制,因此在地缘经济方面表现得更是积极和主动。早在2016年5月,日本就在伊势志摩七国集团峰会上提出"高质量基础设施合作伙伴关系:投资亚洲的未来"计划。同年11月,时任日本首相安倍晋三在东盟商务与投资峰会上,进一步提出"高质量基础设施合作伙伴关系"的实施细则。2018年日本《外交蓝皮书》提出"自由开放的印太战略"主要举措时,明确要求"通过基于国际标准的高质量基础设施建设来强化连接性,追求经济的繁荣"。④

---

① "FACT SHEET: President Biden and G7 Leaders Launch Build Back Better World (B3W) Partnership", The White House, June 12, 2021, https://www.whitehouse.gov/briefing-room/statements-releases/2021/06/12/fact-sheet-president-biden-and-g7-leaders-launch-build-back-better-world-b3w-partnership/.

② "Readout of President Biden's Participation in the East Asia Summit", The White House, Oct. 27, 2021, https://www.whitehouse.gov/briefing-room/statements-releases/2021/10/27/readout-of-president-bidens-participation-in-the-east-asia-summit/.

③ "Indo-Pacific Strategy of the United States", The White House, Washington, Feb. 2022, pp.11-12.

④ 《外交青書2018》(外交蓝皮书),日本外务省,2018年,https://www.mofa.go.jp/mofaj/gaiko/bluebook/2018/html/chapter1_00_02.html#s10202。

此外，值得留意的是，尽管国内基建相当落后，但矢志成为"全球大国"的印度在"东进"政策下，同样对基础设施建设的话语权表现积极，并与日本形成积极互动。2016年11月，印度总理莫迪访日期间，双方在联合声明中提出"亚非增长走廊"计划，旨在通过建立保障工业和运输的基础设施，促进包括非洲在内的印太地区经济发展。①2017年5月，第52届非洲发展银行年会在印度召开，莫迪在开幕式致辞中力推"亚非增长走廊"，并重申了推进高质量基础设施建设承诺。②2017年9月，时任日本首相安倍晋三访印时，日印双方在联合声明中再次强调联合推动"亚非增长走廊"计划。③

对泰国而言，印太战略在地缘经济层面特别是基础设施建设领域引发的大国博弈，虽然难免会在一定程度上造成不确定性风险，但至少在当前阶段对中小国家是利好，使其有可能搭乘大国发展的"顺风车"，并在大国博弈的背景下以更优惠条件获得难能可贵的发展资源。巴育政府强调，中国在推动"一带一路"倡议以联通亚非欧经贸与投资，美国及其合作伙伴则推动印太战略，双方都在争取对中小国家的影响力与话语权，泰国要平衡与各方关系，并要积极利用地理优势，将国家经济政策与互联互通相结合，

---

① "India-Japan Joint Statement during the Visit of Prime Minister to Japan", Ministry of External Affairs, Government of India, November 11, 2016, https://mea.gov.in/bilateral-documents.htm?dtl/27599/IndiaJapan+Joint+Statement+during+the+visit+of+Prime+Minister+to+Japan.

② Narendra Modi, "Prime Minister's Speech at the inauguration of the Annual Meeting of the African Development Bank (AfDB), Gandhinagar", Ministry of External Affairs, Government of India, May 23, 2017, https://mea.gov.in/Speeches-Statements.htm?dtl/28478/Prime+Ministers+Speech+at+the+inauguration+of+the+Annual+Meeting+of+the+African+Development+Bank+AfDB+Gandhinagar+May+23+2017.

③ "日印首脑会谈"（日印首脳会談），外務省，2017年9月14日，https://www.mofa.go.jp/mofaj/s_sa/sw/in/page4_003293.html。

从而在地缘政治的大国博弈下获得增长动力与发展契机。①

泰国作为曾经的亚洲"四小虎",其人均国内生产总值在1988年就已超过1000美元,跨入中等偏下收入国家,并在1996年首次超过3000美元,距离中等偏上收入国家门槛仅半步之遥。不过,1997年亚洲金融危机却使得泰国经济遭受重挫且复苏乏力,直到十年后的2007年才得以跻身中等偏上收入国家。时至今日,泰国面临贫富分化严重、环境污染、能源匮乏、老龄化社会、人才与技术储备不足、基础设施陈旧等结构性难题,难以凭借国内资源促成泰国4.0产业升级。对此,巴育政府明确指出,泰国必须抓住地缘经济格局调整的历史机遇,利用大国博弈的相互竞争态势,把握互联互通与地区产业链重塑的契机,引入外部资源,促进创新产业发展,提升区域交通与物流枢纽地位,使泰国成为"未来20年亚洲的贸易和投资中心",进而克服"中等收入陷阱"难题,达成"充足经济理念下的安全、繁荣、可持续的发达国家"发展愿景。②

(三)印太战略试图强化美西方主导的所谓"国际规则",需要泰国灵活应对,趋利避害

美国在特朗普政府时期,曾高举"美国优先"旗号在国际社会相继退出《跨太平洋战略经济伙伴协定》(TPP)、《巴黎协定》、《伊核协议》、联合国教科文组织和人权理事会、万国邮政联盟、《中导条约》等一系列双多边机制。美国单边"退群"行

---

① นโยบายและแผนระดับชาติว่าด้วยความมั่นคงแห่งชาติ พ.ศ. ๒๕๖๒－๒๕๖๕[《国家安全政策与计划(2019—2022)》],国家安全委员会办公室,泰国总理府,《政府公报》第136卷第124辑,2019年11月22日,第4页。
② การประกาศแผนแม่บทภายใต้ยุทธศาสตร์ชาติ (พ.ศ. ๒๕๖๑-๒๕๘๐) (๒) ประเด็นการต่างประเทศ[《国家发展战略总体规划(2018—2037)第二部分·外交事务》],泰国总理府,《政府公报》第136卷第51集,2019年4月18日,第8页。

径，不仅引起包括泰国在内的东南亚中小国家的疑虑，而且也使得日澳等美国传统盟友深感不安。

事实上，日澳等国积极推动印太战略的形成与发展，相当程度上也是试图对美形成引导性约束，避免美国在单边主义道路上渐行渐远。澳大利亚在2017年《外交白皮书》中明确指出，"推动和维护国际规则"是对澳大利亚的安全与繁荣具有根本性意义的重要目标。[1]而日本在国际规则制度化的建构方面，则有更进一步的战略利益诉求，旨在借此协助美国成为印太地区规则的制定者和管理者。[2]

作为发展中大国，印度高度重视依托国际规则体系维护和提升本国利益。莫迪在阐释"印太构想"的讲话中多次提及国际法、国际规范、国际规则等，既包括安全领域航行自由，也涵盖经济领域互联互通和贸易多边主义。[3]2015年印度海军的新版海洋安全战略报告，更是反复强调"国际法和规范"，并特别提及2014年与孟加拉通过仲裁解决海上划界争议。[4]

对于中小国家而言，尽管长期以来在大国主导下形成的国际规则体系并不完善，依然存在诸多不公正不合理的缺陷与弊端，但国际规则的制度化运作，还是会在一定程度上为中小国家提供利益保护，避免其受到霸权国家与强权政治的肆意侵害。巴育政府认为，基于国际法与国际规则的制度化体系是"中等国家"泰

---

[1] "2017 Foreign Policy White Paper", Australian Government, 2017, p.3.

[2] 葛建华：《试析日本的"印太战略"》，《日本学刊》2018年第1期。

[3] Narendra Modi, "Prime Minister's Keynote Address at Shangri La Dialogue", Ministry of External Affairs, Government of India, June 1, 2018, https://www.mea.gov.in/Speeches-Statements.htm?dtl/29943/Prime+Ministers+Keynote+Address+at+Shangri+La+Dialogue+June+01+2018.

[4] "Ensuring Secure Seas: Indian Maritime Security Strategy", Integrated Headquarters, Ministry of Defence (Navy), 2015.

国维护国家利益最重要的"防护装甲"。[1]为此,巴育政府在面对印太战略推进国际规则重塑的情况下,特别强调外交事务中国际规则（Standard）的战略规划:一方面要求国内与国际接轨,敦促国内公私部门遵循国际规则,承担国际义务;另一方面要求主动参与国际规则磋商与制定,提升泰国影响力与话语权,进而在国际规则体系重塑过程中争取有利地位。[2]

第二节 "地缘引力"视角下的泰国平衡策略

从殖民时代以来,泰国就一直奉行"大国平衡"的地缘策略,不仅在英法博弈的罅隙间保持了独立,成为东南亚唯一的非殖民地国家,而且在美日英中等大国间纵横捭阖,渡过了从第二次世界大战到冷战的困难时期,非但未曾遭受严重的战乱或冲突影响,综合国力还稳步提升,并一度成为冷战结束初期的亚洲"四小虎"。于是,面对印太战略引发的跨区域地缘变局,巴育政府理所当然地再次选择了"大国平衡"的传统策略,并试图以"5S"的外交工作原则为指引,发挥地理优势,主动参与地区秩序重塑进程,从而拓展生存空间,为实现"充足经济理念下的安全、繁荣、可持续的发达国家"的中长期愿景谋求更有利的外部条件。

---

[1] การประกาศแผนแม่บทภายใต้ยุทธศาสตร์ชาติ（พ.ศ. ๒๕๖๑ - ๒๕๘๐）（๑）ประเด็นความมั่นคง[《国家发展战略总体规划（2018—2037）第一部分·安全事务》],泰国总理府,《政府公报》第136卷第51辑,2019年4月18日,第27页。

[2] การประกาศแผนแม่บทภายใต้ยุทธศาสตร์ชาติ（พ.ศ. ๒๕๖๑ - ๒๕๘๐）（๒）ประเด็นการต่างประเทศ[《国家发展战略总体规划（2018—2037）第二部分·外交事务》],泰国总理府,《政府公报》第136卷第51辑,2019年4月18日,第1页。

一 泰国外交策略的"地缘引力"模型

为了更直观地把握泰国"大国平衡"策略的行为逻辑与现实状况,本节将通过"地缘引力结构"示意图加以分析。如图2.1所示,在印太战略影响下,以泰国为代表的东南亚国家(中心位置的最小黑色圆圈)当前主要面临中美日印等国的地缘引力(黑色箭头)影响,并在此基础上依托东盟(中心位置的灰色区域)形成动态平衡。

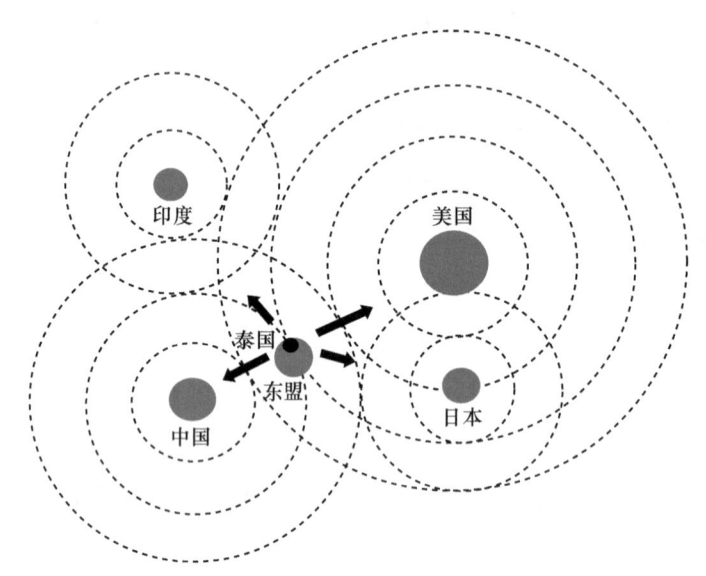

图2.1 印太战略下泰国的"地缘引力结构"示意图

所谓"地缘引力"是指大国(中等强国)在地缘战略博弈中,通过政治、经济、安全、文化等方式与中小国家形成互动,从而持续影响双边关系的结构性牵引状态。对此,有必要从以下方面予以理解。

其一,地缘引力的强度主要取决于双方体量。

作为施力方的大国(中等强国),如果其综合国力越强,那么在地缘引力结构中拥有的体量也就越大，所产生的地缘引力也就越强。如图2.1所示，代表美国与中国的体量较大，其对东南亚国家产生的地缘引力也就更强，而日印等国的地缘引力就要相形见绌。

不过，由于地缘引力是建立在双方互动基础之上，因此作为受力方的中小国家体量，将在很大程度上决定地缘引力的强度上限，尤其是小微国家表现得更为明显。这就使得处于战略要津的小微国家，通常都很难保持立场，因为参与地缘战略博弈的大国，任何一方都能通过施加超越小微国家承受上限的地缘引力，迫使后者改变原有立场。如果大国博弈的地缘引力强度持续上升，甚至有可能产生撕裂效果，导致中小国家的动乱甚至分裂。这一现象在中东、北非相当常见，但在东南亚地区并不明显，仅在冷战期间引发过柬埔寨动荡。究其原因，得益于中国作为地区大国，长期以来奉行睦邻政策，使得东南亚地区在很大程度上避免了大国博弈的直接对抗。

其二，地缘引力存在拉近双方距离的自我强化作用。

如图2.1所示，虚线同心圆代表的是施力方地缘影响力辐射范围，其作用效果从中心到外围逐层递减。如果受力方在地理位置、历史羁绊、经贸合作、安全保障、社会文化等方面越接近施力方，那么所受到的地缘引力作用效果也就越明显。并且，如果受力方并未受到反方向的其他地缘引力影响，那么在施力方的地缘引力作用下，受力方就会沿着虚线同心圆从外围向中心逐渐靠拢，甚至在持续增强的地缘引力作用下，最终形成对施力方的战略依附。

尽管地缘引力产生的是相互作用，但在施力方体量显著大于受力方的时候，相互接近的过程就会表现为受力方加速接近施力方。对于中小国家而言，避免成为大国附庸的方法，除与其他大国形成反方向的地缘引力进行"对冲"之外，就是与其他中小国家"抱团"扩充体量，以缩减自身与施力方的体量差距，从而减缓在施力方地缘引力作用下的相互接近态势。如图2.1所示，最小的黑色圆圈所代表的泰国等东南亚国家，就是通过组建东南亚国家联盟，从而使体量扩充到了灰色圆圈部分，不仅有效缓解了大国博弈压力，而且一定程度上发挥了"地区中心"作用，通过"10+1""10+3""10+6"等合作机制，获得了地缘格局调整的超额红利。

其三，地缘引力的作用效果取决于合力方向。

通常情况下，地缘引力结构下的受力方都会同时面临来自多个施力方的地缘引力作用。如图2.1所示，东南亚国家除了在主轴上面临中美战略博弈的地缘引力相反作用，也同时在侧翼上受到日印等国的地缘引力作用。由于主轴上的大国博弈通常都不会是均衡状态，因此对受力方而言，如果要在地缘引力结构下保持相对稳定的有利状态，就必须依托来自侧翼的地缘引力加以平衡。

因此，如果要在地缘引力结构下准确把握中国与包括泰国在内的东南亚国家的双边关系，不仅要充分理解中国与对象国之间的地缘引力作用，而且要全面把握位于主轴的美国以及位于侧翼的日印等大国（或中等强国）与对象国的地缘引力作用的合力效果。

其四，地缘引力存在结构性的"短板效应"。

地缘引力是施力方与受力方开展全方位多层次宽领域互动的结构性体现，其效果并不完全取决于双方互动过程中的最优环节，而是会受到其他环节，尤其是薄弱环节的"短板效应"影响。因此，对于中国与包括泰国在内的东南亚国家关系的深化发展而言，最为重要的就是通过与其他地缘引力的比较分析，发现和弥补"短板"，以免拖累具有比较优势的合作领域，特别是经贸领域的牵引作用。

从"地缘引力结构"的角度来看，泰国在应对印太战略的地缘政治变局中，采取的是"以中美为主轴，保持地缘平衡；以日印为两翼，分散大国引力；以东盟为根基，提升抗风险能力"的策略选择。

二 保持中泰与美泰的地缘平衡

根据官方表述，美泰两国于1818年建交，并于1833年签订《友好通商条约》，从而开始正式往来。① 2018年，泰美举行了盛大的建交200周年庆典。相较于中泰关系可以上溯到汉代的2000多年交往历史，美泰关系并不算悠久。不过，19世纪美泰关系发端之际，却是中泰关系由盛转衰的变乱之时。从19世纪中叶泰国（时称暹罗）停止对清王朝"朝贡"到1975年中泰建交的120多年间，中泰关系持续走低，甚至在朝鲜战场上兵戎相见。② 与此相对，美泰关系则总体呈上升趋势，尤其在第二次世界大战结束后，曾是日本"盟国"的泰国在美国支持下成功摆脱"战败国"的不利地位，从而有效抵制了英国借严惩泰国之机重返中南半岛的战略意图，并为美泰两国在冷战时期的战略合作铺平道路。

冷战期间，泰国面临来自美国的地缘引力持续增加。在政治领域，泰国在美国引导下，形成了明确的"反共"官方意识形

---

① "U.S. Relations With Thailand: Bilateral Relations Fact Sheet", Bureau of East Asian and Pacific Affairs, United States Department of State, Oct.21, 2019. https://www.state.gov/u-s-relations-with-thailand/.

② 余定邦、陈树森：《中泰关系史》，中华书局2009年版，第180—349页。

态,并成为中南半岛的冷战前沿阵地。在安全领域,作为前东南亚条约组织(SEATO)成员国,美泰两国于1954年签署了《东南亚集体防务条约》(亦称《马尼拉条约》),从而成为军事盟国。尽管东南亚条约组织于1977年解散,但《东南亚集体防务条约》对美泰两国依然有效,并与1962年泰国外长塔纳特(Thanat Khorman)和美国国务卿腊斯克(Dean Rusk)签订的《塔纳特－腊斯克公报》共同构成冷战时期美国对泰国的安全承诺基础。在经济领域,美国为泰国提供了大量援助和投资,其中仅1946年至1966年间,就有约10亿美元用于经济和军事援助。[1]在文化领域,美国开展了有针对性的援助项目。据统计,到1987年,泰国已有超过1.1万名学者和公务员赴美接受深造。[2]

不过,随着越南战争结束,美泰与中泰之间地缘引力强弱走势出现首轮变化。一方面,美国于1976年从泰国撤军,迫使泰国直面中南半岛的越南地缘压力,从而严重影响了泰国对美国的战略信任;另一方面,中泰建交后双边关系回暖,尤其是在应对越南侵柬危机过程中的相互配合,有力提升了两国政治互信。

1997年亚洲金融危机在泰国爆发,促使美泰与中泰之间地缘引力强弱走势出现第二轮变化。美国方面的袖手旁观甚至落井下石,放任西方公司低价掠夺性收购泰国优质资产,引起了泰国社会各界普遍不满;与此相对,中国方面承受重压坚持人民币不贬值的道义担当,以及"中泰一家亲"共克时艰推动经济复苏的历史记忆,则成为中泰关系步入"快行道"的重要助力。

---

[1] Moshe Lissak, *Military Roles in Modernization: Civil-Military Relations in Thailand and Burma*, London: Sage Publications, 1976, p.94.

[2] Robert J Muscat, *Thailand and the United States: Development Security and Foreign Aid*, New York: Columbia University Press, 1990, p.65.

第二章　中美战略竞争下的中泰关系　　133

　　21世纪以来，中泰之间地缘引力持续走强。泰国在东盟国家中最先与中国签署《关于二十一世纪合作计划的联合声明》，最先与中国落实蔬果零关税的早期收获计划，最先设立中国文化中心，最先与中国建立防务安全磋商机制并开展联演联训。与此相对，美泰关系却由于美国对泰国内政的粗暴干涉而持续走低，从而导致美泰与中泰之间地缘引力强弱走势出现第三轮变化。对此，有泰国学者颇为直观地形容道，"今天暹罗小姐（泰国）已经做好准备，离开'山姆大叔'（美国）投身北京'阿哥'（中国）的怀抱"。①

　　目前，美泰与中泰之间地缘引力正处于强弱转换的拉锯阶段。尽管总体而言，中泰关系进一步走强，而美泰关系正处于历史的"十字路口"②，但是，美泰之间的地缘引力存量特别是在安全领域的优势明显，使得中泰之间要依托增量优势改变地缘引力的既有关系格局，依然面临诸多挑战。具体来看，美泰与中泰的地缘引力变化，以及泰国的地缘策略选择，主要表现在以下方面。

（1）政治领域

　　冷战期间作为美泰共识基础的"反共"理念不复存在，当前更多的是泰国政治权力核心的"铁三角"军人集团、王室—保皇派、曼谷政商财阀奉行"泰式民主"③与美国主张"西式民主"之间的结构性分歧。

　　2014年巴育政变上台后，美国对巴育政府采取了强硬的抵制

---

① สุรชาติ บำรุงสุข（素拉差特·邦穆鲁萨克），"ความสัมพันธ์พิเศษ ไทย-จีน ภูมิทัศน์ใหม่การต่างประเทศไทย"（中泰特殊关系：泰国外交新局势），มติชนสุดสัปดาห์（民意周刊），2017年7月6日，https://www.matichonweekly.com/column/article_43670。

② Kitti Prasirtsuk, "An Ally at the Crossroads: Thailand in the US Alliance System", in Michael Wesley ed., *Global Allies: Comparing US Alliances in the 21st Century*, ANU Press, 2017, pp.115-132.

③ 周方冶：《泰国政党政治重返"泰式民主"的路径、动因与前景》，《东南亚研究》2019年第2期。

立场，不仅暂停了国际军事教育和培训（IMT）与外国军事融资（FMF）项目下的数百万美元援助，而且大幅减少了双边高层互访。2015年年初，美国东亚及太平洋事务助理国务卿罗素（Daniel Russell）访泰期间，甚至在朱拉隆功大学演讲中公开批评巴育政府。[1]特朗普上台后，美国在民主人权方面的意识形态立场有所缓和。从2017年开始，美国高级官员接连访泰，重申双边关系重要性，并讨论正常化进程。同年10月，泰国总理巴育应邀访美，从而为美泰关系有序回暖铺平道路。

不过，由于美国在印太战略下并未放弃意识形态与价值观输出，美泰政治互信的裂痕很难彻底弥合。2017年的美国《国家安全战略》报告强调，美国要继续做"全世界自由和机会灯塔"。[2]2018年的《亚洲再保证倡议法案》更是明确授权自2019年至2023年每年拨款2.1亿美元，促进印太地区的民主、公民社会、人权、法治、透明度等。[3]2018年11月，美国政府出台了"印太透明度倡议"，美国国际开发署开始将援助工作重点集中在"促进选举过程的可信度""支持媒体的独立和信息的可信性""保护人权，包括公民权利和政治权利""支持问责和透明，包括反腐败，加强法治"及"加强公民社会"等方面。[4]

---

[1] "Remarks of Assistant Secretary Daniel Russel", Institute of Security and International Studies, Chulalongkorn University, Bangkok, Thailand, Jan. 26, 2015, https://th.usembassy.gov/remarks-of-assistant-secretary-daniel-russel/.

[2] "National Security Strategy of the United States of America", The White House, Dec. 2017, p.41.

[3] 刘琳：《美国〈亚洲再保证倡议法案〉勾勒"印太战略"框架》，《世界知识》2019年第3期。

[4] "Forging Just and Accountable Governance in the Indo-Pacific Region", USAID, June 19, 2019, p.2, https://www.usaid.gov/sites/default/files/documents/1861/USAID_and_the_Indo-Pacific_Transparency_Initiative_-_Fact_Sheet_June_19_2019.pdf.

于是，随着2019年巴育上将在"还政于民"后举行的大选中连任总理，开启"泰式民主"的新阶段，泰美双方在政治领域的意识形态与价值观摩擦再次浮现。以美国为代表的西方力量支持反政府的"塔纳通派系"，质疑泰国民主选举的合法性与公正性，不仅在塔纳通接受司法审查时，通过外交人员在法院外声援的方式公开政治"站台"，并且在塔纳通领导的新未来党被宪法法院强制解散后，通过国际舆论公开质疑泰国司法公正。2020年以来，以新未来党被解散为导火索，泰国极左翼新生代掀起了大规模的"反巴育、反政府、反王室"政治运动，并形成线上线下国内国外的联动态势，甚至多次引发街头暴力冲突。对此，美西方势力不仅公开声援，而且通过官方、半官方及民间非政府组织等多元渠道提供了大量实质性支持，引发泰国政府的强烈不满。

与此相对，中国政府坚持互不干涉内政原则，始终相信泰国人民有能力也有智慧解决政治分歧。近年来，中泰两国高层互访不断，有力提升了两国间的政治互信。尽管中泰两国的政体与国体有所差异，但并未成为影响政治领域双边关系发展阻碍，而是为相互借鉴与学习彼此的执政经验提供了有利条件，并有可能在"人类命运共同体"框架下形成更广泛的观念共识。对此，美国亚洲基金会在报告中深感担忧，认为"泰国政策制定者正在受到中国国家治理模式的影响和吸引"，从而在价值观与意识形态上日益远离美国的传统影响。[1]

（2）安全领域

近年来，中泰两国在安全领域的合作取得重要进展，不仅军

---

[1] "The Future of Thai-U.S. Relations: Views of Thai and American Leaders on the Bilateral Relationship and Ways Forward", White Paper, Project to Strengthen Relations between Thailand and the United States, The Asia Foundation, August 2018, p.21.

方高层往来密切，而且务实合作有序落实，特别是联演联训、装备技术、多边安全等方面交流合作成效显著。2015年，中泰举行代号"猎鹰打击"的首次空军联合演习，从而成为两国继2007年首次陆军联合演习（代号"打击"）与2010年首次海军联合演习（代号"蓝色打击"）之后的又一重要进展。与此同时，中泰两国在军购方面也是成果斐然。泰国军方不仅采购了价值2.3亿美元的50辆VT-4主战坦克，价值10亿美元的三艘S-26T常规潜艇，以及VN1轮式装甲车、071E型船坞登陆舰、CX-1反舰超音速巡航导弹、CM-708UNB海鹰潜射反舰导弹等各类武器装备，而且在梭桃邑军港建立潜艇基地，以及在东北地区建立武器组装与维修基地，以构建中式装备的后勤保障系统。①

不过，相较于中国在对泰安全合作方面取得的增量进展，美泰安全合作即使受到双边关系的负面影响，但在存量方面的既有优势依然显著。

首先是组织优势。美泰两国目前每年要举行包括"金色眼镜蛇"在内的60多次双多边联合军事演习，其深度广度精度都不是中泰合作所能比肩的。如此规模的防务合作得以有序开展，很大程度上得益于庞大的美国驻泰机构提供协调与配合，尤其是美泰联合军事顾问小组（JUSMAGTHAI）的重要作用。该机构成立于1953年，主要负责沟通、协调和落实美泰联合军演、国际军事教育和培训、外国军事融资、人道主义排雷以及军事医疗交流等项目合作。该机构的办公场所并不在美国大使馆，而是位于泰国皇家武装部队设施内，其负责人还兼任泰国国防部高级官

---

① Zachary Abuza, "America Should Be Realistic About Its Alliance with Thailand", War on the Rocks, Jan. 2, 2020, https://warontherocks.com/2020/01/america-should-be-realistic-about-its-alliance-with-thailand/.

员。①作为冷战遗产，此类机构在很大程度上早已嵌入泰国军方运作的组织网络，并在其中长期发挥着信息辨识、人员筛选、资金输送、利益协调等重要作用，从而保证了美泰安全合作的脉络畅通。

其次是体系优势。美泰安全合作经过冷战时期的长期磨合，已呈现体系化特征。泰国防务从军事理论，到武器装备，再到实操条例，都具有深刻的美式烙印。为此，美国从冷战时期就开始持续培训泰国军官。越南战争时期，美国每年培训的泰国军官多达1500名以上，冷战后期的培训规模有所下降，但在20世纪90年代初依然保持在每年350名左右。②21世纪初，曾接受美国培训的泰国军官累计已多达2.1万名。③泰美安全合作体系化，一方面使泰国契合了美国在《印太战略报告》中对盟友提出的"互操作性"要求，另一方面也使泰国在安全合作中难以调整方向。即使采购了中式装备，但要做到无缝接入现有防务体系，泰国军方将面临诸多"兼容性"的现实难题，需要相当长时期的磨合与调适，从而在客观上限制了中泰安全合作的发展步伐。④

最后是沟通优势。泰国军官的第二语言基本都是英语，而不是汉语。尽管近年来学习汉语的人数增加，但在泰军中的适用范

---

① "What is JUSMAGTHAI?", Joint United States Military Advisory Group Thailand, http://www.jusmagthai.com/main.html.

② Jennifer Morrison Taw, "Thailand and the Philippines: Case Studies in US IMET Training and Its Role in Internal Defense and Development", Santa Monica: RAND, 1994, p.22.

③ Michael Connors, "Thailand and the United States: Beyond Hegemony?", in M. Beeson, ed., *Bush and Asia: America's Evolving Relations With East Asia*, Routledge, 2006, p.142.

④ Thitinan Pongsudhirak, "Thailand's Twin Transitions: Implications for the Defence Sector", in Security Outlook of the Asia Pacific Countries and Its Implications for the Defense Sector, NIDS Joint Research Series No.16, National Institute for Defense Studies, 2018, pp.91-92.

围依然相当有限。事实上，即使是来华参加汉语培训的军事人员，归国后也很难有效运用并保持其语言能力。尽管对军方高层交往而言，语言沟通不是问题，但在更广泛交流与合作过程中，特别是联合军演中，语言沟通不畅的限制性就会表现得相当明显，严重限制"互操作性"的有效提升。[1]

针对中美两国在印太战略下的地缘安全博弈，泰国在安全领域试图采取有引导的对冲策略，既要积极获取与中国安全合作的增量红利，又要努力保持与美国安全合作的存量收益，并在此基础上，引导两国将竞争转向泰国最关心的非传统安全领域，以形成更有利于泰国的次区域安全态势。

为此，泰国在2017年巴育总理访美后，随即订购了美国价值8000万美元的4架黑鹰直升机与60辆翻新的M1126"斯特瑞克"装甲输送车，价值4亿美元的8架"小鸟"轻型武装侦察直升机以及50架"地狱火"导弹和先进制导火箭。

2019年11月17日，美泰两国在时隔7年后更新了《美泰防务同盟共同愿景声明》，从而为印太战略推进过程中的双边安全合作提供了原则指引，并开宗明义地指出防务合作旨在保证"印度洋—太平洋地区的稳定、繁荣与可持续发展，以维护具有包容性和以规则为基础的国际秩序"。[2]但是就在同一天，泰国也与中国签署了《国防部防务合作谅解备忘录》，并表示希望以2020年两国建交45周年为契机，推动"两军继续加强联演联训、装备技

---

[1] John Blaxland & Greg Raymond, "Tipping the Balance in Southeast Asia? Thailand, the United States and China", The Centre of Gravity Series, Strategic & Defence Studies Centre, ANU College of Asia & the Pacific, Australian National University, Nov. 2017, pp.14-15.

[2] "Joint Vision Statement 2020 for the U.S.-Thai Defense Alliance", U.S. Embassy & Consulate in Thailand, Nov.17, 2019, https://th.usembassy.gov/joint-vision-statement-2020-for-the-thai-u-s-defense-alliance/.

术、多边安全等领域交流合作,推动两军关系迈上新台阶"。[①]

(3)经济领域

有关美泰与中泰之间地缘引力的强弱判断,恰如我们在第一章的相关评估中所见,泰国经济上"增量"靠中国,安全上"存量"靠美国。相较于迄今为止美泰在安全领域依然难以动摇的存量优势,中泰在经济领域持续性的增量红利,已经积聚并转化为足以与美泰分庭抗礼甚至更胜一筹的存量底蕴。

以新冠疫情暴发前的2019年统计数据为例(见表2.1),从贸易来看,虽然2019年泰国对华出口与对美出口相比还略有差距,但在双边贸易总额方面,中泰贸易总额已远超美泰贸易总额,并稳居除东盟外的泰国第一大贸易伙伴。从投资来看,虽然美国在2019年外国直接投资头寸中的占比略高于中国,但在年度批准总额方面,中国对泰投资呈现显著优势。事实是,相较于2013年中国提出"一带一路"倡议时,中国对泰直接投资头寸已经翻了一番,而同期美国对泰直接投资头寸仅增长了21.4%,年均增幅不足4个百分点。从消费来看,2019年中国游客的人数甚至超过东盟,相较于美国更是超过4倍,从而稳居泰国第一大海外旅客来源国。

表2.1　2019年泰国与主要国家(地区)经贸往来情况

国家(地区)	中国	美国	日本	印度	东盟
双边贸易总额(亿美元)	795.00	486.50	577.80	121.54	1079.28
泰国出口额(亿美元)	291.72	313.43	245.58	73.33	629.04
外国直接投资头寸(亿美元)	71.23	187.14	934.18	5.65	476.09
外国直接投资年度批准总额(亿泰铢)	738.10	145.78	880.67	7.26	299.85

[①] 《泰国总理巴育会见魏凤和》,新华网,2019年11月17日,http://www.xinhuanet.com/world/2019-11/17/c_1125242224.htm。

续表

国家（地区）	中国	美国	日本	印度	东盟
海外旅客人数（万人次）	1099.5	180.6	116.8	199.6	1062.7
双边贸易总额占比（%）	16.46	10.07	11.97	2.52	22.35
泰国出口额占比（%）	11.85	12.73	9.87	2.98	25.55
外国直接投资头寸占比（%）	2.65	6.96	34.75	0.21	17.71
外国直接投资年度批准总额占比（%）	26.18	5.17	31.24	0.26	10.64
海外旅客人数占比（%）	27.62	4.53	2.93	5.02	26.70

数据来源：泰国（中央）银行网站，https://www.bot.or.th/English/Statistics/Pages/default.aspx。

泰国在经济领域基本奉行市场经济原则，虽然在政策层面遵从"充足经济"理念的指导原则，并在一定程度上存在贸易与投资壁垒，但总体而言较少对中泰与美泰的经济合作产生影响。面对印太战略引发的地缘战略博弈，泰国在经济领域表现得更为积极进取。具体而言，主要包括以下方面。

首先是在基建方面，巴育政府对"一带一路"倡议寄予厚望，但同时也支持美日印澳在印太战略下的基础设施建设倡议。虽然对美日等西方国家"口惠而实不至"的做法司空见惯，但泰国还是试图借印太战略"高质量基础设施建设"的东风，在对华合作中获取更有利的谈判态势与优惠条件。

其次是在贸易方面，泰国正通过电商渠道努力搭乘中国开放内需市场的"顺风车"，旨在为泰国的产品打开销路，从而提升政府扶贫开发的效果与能力。例如，2021年12月中老铁路通车后，泰国第一时间就做出反应，利用中老铁路运送热带水果进入中国市场，不仅降低了成本，而且有效提升了检验检疫的通关便利化水平，化解了新冠疫情期间的跨境物流难题。①与此同时，巴育政府也在以印太战略的协同配合为对价，争取推进美泰自由贸易协定，从而获得更有利的贸易条件。

最后是在投资方面，泰国正努力成为国际与地区产业链重构以及中美经贸"脱钩"的获益者，以承接更多产业转移。不过，泰国对低端产业设置了较高门槛，以避免进一步恶化国内劳工短缺与环境污染问题，但在人才与技术储备方面的结构性短板，使得泰国对高新技术产业的市场化吸引力有限。因此，巴育政府试图借印太战略的地缘博弈态势，提升国家政策层面的产业承接能力。

为此，巴育政府一方面积极推动"泰国4.0"对接中国"一带一路"倡议，并提出了东部经济走廊（EEC）与粤港澳大湾区成立合作机制的发展诉求②；另一方面以对华合作为筹码，推动对美合作并取得初步成效。2020年3月，美国驻泰大使米歇尔·乔治·德桑布雷（Michael George DeSombre）到任。作为近半个世纪以来首位政治任命的驻泰大使，米歇尔曾长期在亚洲从事美国及西方公司投资法律服务，并在履新时明确表示，将更多关注美泰经贸合作特别是能源与数字经济领域，以协助美国及西方公司对泰投资。③

2022年7月，美国国务卿布林肯访泰期间，两国签署了《美泰战略联盟与伙伴关系公报》，明确指出双方将寻求通过加强商业和经济合作，特别是生物循环绿色经济模式和印太经济框架，

---

① 《泰国水果首次经中老铁路发往中国》，新华网，2022年4月2日，http://www.news.cn/world/2022-04/02/c_1128528572.htm。

② 《中华人民共和国政府和泰王国政府联合新闻声明》，新华网，2019年11月5日，http://www.xinhuanet.com/world/2019-11/05/c_1125194826.htm。

③ "Economy First for new US Ambassador", *Bangkok Post*, March 12, 2020, https://www.bangkokpost.com/thailand/politics/1876584/economy-first-for-new-us-ambassador.

以促进两国包容、可持续和平衡增长，并强调将加强供应链合作，开展创新技术转让，推进智慧农业与粮食安全，以及加快数字化转型和数字基础设施建设等。①

（4）文化领域

中美两国在文化领域对泰国的影响存在一定的非对称性，各自在不同方面表现出相对优势。一方面，得益于源远流长的中泰交流与合作，中国文化在泰国具有相当深刻的历史烙印，尤其是大量融入泰国本土的华人移民，更是使中国文化嵌入了泰国传统文化的方方面面。

另一方面，冷战期间密切的美泰关系，使泰国在传统农业国家转型成为新兴工业国家进程中，特别是城市化高速发展阶段，深受美国影响，从而使泰国现代文化尤其是城市文化弥漫着鲜明的美国色彩。对此，美国亚洲基金会在有关"美泰关系"的调研报告中，颇为自信地表示，泰国年轻人依然被美国"生活方式"所吸引，标志着最初在越南战争时期建立的"软实力"得以有效延续和演化发展，其中"包括好莱坞电影，美国音乐表演，星巴克咖啡和咖啡馆文化，谷歌、脸书和社交媒体，苹果产品和技术创新趋势，以及耐克和其他公司的健身时尚等"。②

不过，调研报告也不无忧虑地指出，近年来中国在泰国持续提升文化影响力，从而使美国在争取泰国新生代精英阶层的博弈中渐落下风，有可能在中长期失去当前的文化优势。21世纪以来，

---

① "United States-Thailand Communiqué on Strategic Alliance and Partnership", Office of the Spokesperson, U.S. Department of State, July 10, 2022, https://www.state.gov/united-states-thailand-communique-on-strategic-alliance-and-partnership/.

② "The Future of Thai-U.S. Relations: Views of Thai and American Leaders on the Bilateral Relationship and Ways Forward", White Paper, Project to Strengthen Relations between Thailand and the United States, August 2018, The Asia Foundation, p.12.

泰国赴美留学生人数从2000年的近1.2万人，大幅降至2017年的不足7000人，而在中国留学的泰国学生人数则超过2.7万人，此外还有3.7万名中国学生在泰国留学，以及多达1700多名汉语教师与志愿者在泰国工作。[①]

泰国政府原则上尊重多元文化，泰国社会传统上相对开放包容，即使是较为小众的亚文化在泰国也能获得颇为宽松的发展空间。不过，作为东南亚唯一的未被殖民的国家，泰国在坚持本土文化主体性方面具有很强的民族主义立场。任何可能影响传统泰族文化内核的外来文化，都会引起保守力量特别是王室—保皇派与军人集团的质疑甚至不满。拉玛十世哇集拉隆功国王继位以来，泰国保守力量在复兴"国王—宗教—民族"传统文化方面的力度明显提升。

对泰国而言，文化领域的地缘引力存在"天花板"，难以发挥关键性的牵引作用，更多是为政治、安全及经济领域的地缘引力提供辅助，否则就有可能引发不必要的误解与摩擦。事实上，如果从提升地缘引力可持续性的角度来看，当前中泰与美泰在文化领域都已形成有效支撑，但要在印太战略的地缘博弈下发挥更大作用则相当困难，甚至会遭遇源自泰国保守力量的不确定性风险。

三 增强日泰与印泰的地缘关系

对于"中等国家"泰国而言，无论是中泰关系，还是美泰关系，其紧密抑或疏远的尺度把握主动权都不在泰国一方，而是很大程度上取决于"大国"立场。这使得在图2.1中，泰国要在单一维度上有效平衡中泰与美泰之间的地缘引力相当困难，甚至是

[①] "The Future of Thai-U.S. Relations: Views of Thai and American Leaders on the Bilateral Relationship and Ways Forward", White Paper, Project to Strengthen Relations between Thailand and the United States, August 2018, The Asia Foundation, pp.16–17.

不可能达成的策略目标。于是，在图2.1中，依托多元维度的地缘引力，以合力方式约束"中泰—美泰"在单一维度上的地缘引力失衡，从而保持地缘引力结构的动态稳定，也就成为当前泰国在印太地缘博弈下的必然选择。

不过，虽然多元维度的地缘引力普遍存在，但要在印太战略下对"中泰—美泰"产生实质性影响却不易。例如，澳大利亚虽是印太战略"四边对话"支点国家，但其"中等强国"的综合国力有限，并且在地理上也远离泰国，地缘引力相对有限。更关键的是，澳大利亚对印太国家的重要性排序是美国、中国、日本、印度尼西亚、印度和韩国，之后才提到东盟，泰国甚至都不在其战略视野之内。①与此相仿，英法等国的印太战略重心也都与泰国关联度不高，因此很难成为泰国塑造地缘引力平衡的有效助力。②

如图2.1所示，泰国在印太战略下，主要是依托日泰与印泰关系为两翼，保持地缘引力结构的动态平衡。③泰国的地缘策略选择，很大程度上是基于以下主客观因素。

其一，日本与印度都有各自"大国"诉求，有助于形成区别"中泰—美泰"的多元维度。

多元维度最为关键的是要在受力方周边存在分散的施力方，从而形成多角度的地缘引力。日本与印度在国家战略层面都具有

---

① 周方银、王婉：《澳大利亚视角下的印太战略及中国的应对》，《现代国际关系》2018年第1期。

② 葛建华：《欧盟战略自主与欧版"印太战略"》，《亚太安全与海洋研究》2020年第2期。

③ Thitinan Pongsudhirak, "Thailand: Military Resurgence and Geostrategic Imbalance", in Security Outlook of the Asia Pacific Countries and Its Implications for the Defense Sector, NIDS Joint Research Series No.14, National Institute for Defense Studies, 2016, p.80.

坚定且持久的"大国"诉求，并将目标锁定在联合国常任理事国。印度始终强调要做"有声有色的大国"，而日本也从未放弃成为"正常国家"。在印太战略下，日本追随美国，但根本意图是要在印太秩序的重塑过程中成为"二把手"，因此其对泰国的地缘引力与美国存在一定偏移；印度则从未打算屈居美国之下，始终坚持要在印太地区成为单独一极，因此其对泰国的地缘引力很大程度上将区别于中国与美国。这就使得泰国有可能在"中泰—美泰"的主轴之外，引导形成日泰与印泰的稳定两翼（见图2.1）。

其二，日本与印度都与泰国存在高强度的地缘引力，足以对"中泰—美泰"形成战略牵制。

在地理位置上，日本与印度都地处亚洲，分别位于泰国的东西两侧，尽管日本在东亚—太平洋区域，而印度在南亚—印度洋区域，都与东南亚的泰国分处不同区域，却是泰国周边除中国之外最符合近邻范畴的"大国力量"，拥有影响地缘政治格局的综合国力。

从双边关系来看，印度与泰国有着长达2000多年的悠久交往历史，周边国家中唯有中国可以比肩。印度文化全面渗透到泰国社会生活与传统文化的各个环节，从而为相互理解与认知提供了重要的前提条件。20世纪90年代以来，泰国在"西望"（Look West）政策下有效对接印度"东向"政策，从而成为印度进入东南亚的重要枢纽与门户。[①]莫迪政府将"东向"政策提升为"东进"政策后，泰国的对接作用进一步增强。印泰两国共同参与推动的环孟加拉湾多领域经济技术合作倡议（BIMSTEC）等多边机制，已成为连接南亚（印度洋）—东南亚（太平洋）的重要合作

---

① Christophe Jaffrelot, "India's Look East Policy: An Asianist Strategy in Perspective", *India Review*, Vol.2, No.2, 2003, pp.35–68.

平台，正在发挥日益显著的沟通与协调作用。①

日本与泰国交往起步较晚，但也可以上溯到16世纪的阿育陀耶王朝时代。第二次世界大战时期的日泰军事同盟关系，以及冷战时代同为美国盟友的阵营关系，都为日泰各领域合作奠定了坚实基础。②长期以来，日本一直都是泰国最重要的经贸伙伴，无论是在贸易方面，还是投资方面，日本都在泰国拥有显著存量优势（见表2.1）。曼谷街头随处可见的日本车、日式餐厅、日文标牌等，更是直观展示着日本对泰国的广泛影响力。

其三，日本与印度在政治领域的包容立场，有助于缓和泰国在印太战略下的价值观压力。

印太战略在美国主导下，具有相当鲜明的西方意识形态与价值观取向。对此，日本表现得较为中庸。一方面表态支持美国立场。2013年日本首份《国家安全保障战略》强调指出，"维护以尊重自由、民主和基本人权及法治等普遍价值观为基础的国际秩序是日本的国家利益所在"。③2017年，时任首相安倍晋三在提出印太战略后的首次施政演讲中，表示要在落实印太战略过程中"与共同拥有自由、民主、人权、法治等基本价值观的国家保持合作"。④另一方面日本在落实过程中相对温和，特别是在对泰关

---

① Ashok Sajjanhar, "India-Thailand Relations: A 70-year Partnership", Observer Research Foundation, Sep. 15, 2017, https://www.orfonline.org/expert-speak/india-thailand-relations-a-70-year-partnership/.
② 马银福:《日泰关系：特点、动因与前景》，《印度洋经济体研究》2019年第3期。
③ 《国家安全保障戦略について》（国家安全保障戦略），国家安全保障会議、閣議決定，2013年12月17日，第4頁，https://www.cas.go.jp/jp/siryou/131217anzenhoshou.html。
④ 安倍晋三:《第百九十三回国会における安倍内閣総理大臣施政方針演説》（安倍首相在第193次国会会议上的施政报告），首相官邸，2017年1月20日，https://www.kantei.go.jp/jp/97_abe/statement2/20170120siseihousin.html。

系中表现出明显的"包容",并未因泰国保守派政变夺权且奉行"泰式民主"而影响与巴育政府的交流与合作。① 与此相比,印度总理莫迪的表态更为直接,明确主张要在印太战略下倡导"包容"立场。② 2014年泰国发生政变后,印泰双边关系不仅未受到任何影响,高层互访如期举行,而且各领域交流与合作还进一步深化拓展。③

从日泰与印泰的双边关系发展来看,尽管总体上都在全方位多层次宽领域地积极推进,但就成效而言,还是有所侧重。其中,印泰关系更侧重于安全领域。事实上,尽管近年来印泰之间经贸合作呈高增长态势,但无论增量还是存量都相对有限(见表2.1),并且印度经济基础较为薄弱,面临诸多的结构性难题,因此其市场潜力与人口红利在相当长时期内都很难有效转化为泰国经济增长动力。例如,早在2003年就开工的印缅泰国际高速公路建设项目④,迄今未能全线贯通。与此相比,印泰两国在安全领域特别是非传统安全合作方面成效要更为显著。双方早在2012年就签署了《防务合作谅解备忘录》,近年来更是在平叛与反恐行动、海上联合巡逻、抢险救灾、联演联训等方面进一步加强双多边合作,从而为促进南亚(印度洋)—东南亚(太平洋)的跨区域安全合作

---

① Ryan Hartley, "Contemporary Thailand-Japan Economic Relations: What Falling Japanese Investment Reveals about Thailand's Deep, Global Competition, State in the Context of Shifting Regional Orders", *Asia & the Pacific Policy Studies*, Vol.4, No.3, 2017, pp.569–585.

② 楼春豪:《印度的"印太构想":演进、实践与前瞻》,《印度洋经济体研究》2019年第1期。

③ Prashanth Parameswaran, "Both Modi and Prayut Have Big Plans for Closer India-Thailand Ties", *World Politics Review*, July 15, 2016, https://www.worldpoliticsreview.com/articles/19369/both-modi-and-prayut-have-big-plans-for-closer-india-thailand-ties.

④ 王春燕:《印缅泰国际高速公路建设背景、现状及其影响研究:印度视角》,《南亚研究季刊》2017年第4期。

发挥了积极作用。①

日泰关系则更侧重于经济领域。近年来，日本在东南亚海上安全能力建设方面动作频仍，甚至尝试向泰国推销P-1反潜机和US-2水陆两用飞机②，以及FPS-3地面防空雷达③，从而也在一定程度上推动了日泰安全合作。④不过，由于受日本海上自卫队的职能限制，再加上日本地缘博弈更多聚焦于南海主权声索国，因此泰国在对日安全合作方面积极性不高。但在经济领域，泰国呈现出强烈的对日合作意愿。这主要表现在三方面：其一是利用日本降低对华经贸依赖度的产业链调整契机，吸引更多日资企业从中国转移到泰国。⑤其二是借助印太战略下中日协调的有利态势，努力争取中日第三方市场合作在泰国东部经济走廊（EEC）项目落地。⑥其三是在日本的"高质量基础设施合作伙伴关系"以及日印合作的"亚非增长走廊"框架下，加紧推进中南半岛的东西经济走廊与南部经济走廊建设。⑦

---

① Mark Shawn Cogan & Vivek Mishra, "India‐Thailand Security Cooperation: Strengthening the Indo-Pacific Resolve", *Journal of Asian Security and International Affairs*, March, 2020, pp.1-21.

② Pavin Chachavalpongpun, "China's Shadow Looms Large in Japan-Thailand Relations", *The Japan Times*, March 3, 2017, https://www.japantimes.co.jp/opinion/2017/03/03/commentary/japan-commentary/chinas-shadow-looms-large-japan-thailand-relations/.

③ Masaya Kato, "Japan to Join Bid for Thai Radar System Contract", *Nikkei Asian Review*, March 11, 2018, https://asia.nikkei.com/Politics/Japan-to-join-bid-for-Thai-radar-system-contract.

④ John Bradford, "Understanding 50 Years of Japanese Maritime Security Capacity Building in Southeast Asia", National Institute for Defense Studies, 2018, http://www.nids.mod.go.jp/english/publication/backnumber/pdf/20180905.pdf.

⑤ Corey Wallace, "Leaving (North-East) Asia? Japan's Southern Strategy", *International Affairs*, Vol.94, Issue 4, July 2018, pp.893-897.

⑥ 《中日第三方市场合作促进中日泰三方企业互利共赢》，中央广电总台国际在线，2019年4月3日，http://news.cri.cn/20190403/a86764ae-df36-e284-48c0-7489c37f8516.html。

⑦ 张继业：《日本推动东盟国家互联互通建设的政策分析》，《现代国际关系》2017年第3期。

其中,东西经济走廊是从越南岘港出发,由东向西经过越南、老挝、泰国、缅甸四国,最终到达缅甸毛淡棉港并隔海连通仰光;而南部经济走廊则是从越南胡志明市出发,由东南向西北经过越南、柬埔寨、泰国、缅甸四国,途经金边、曼谷等大城市群,最终到达缅甸土瓦港。[①]如果两条经济走廊都能建成并发挥预期作用,将会使泰国成为连通印度洋与太平洋的陆海大通道枢纽,从而为其成为"未来20年亚洲的贸易和投资中心"创造有利条件。

四 依托东盟提升地缘风险应对能力

地缘引力结构的稳定性,相当程度上与受力方的体量相关。相同强度的地缘引力作用下,受力方体量越大,施力方牵引效果就越弱,受力方也越有可能保持稳定,反之亦然。如图2.1所示,作为"中等国家",泰国在地缘引力结构中的体量有限,因此很容易受到施力方的地缘引力影响,即使通过多元维度相互牵制,最终达成动态平衡,从而避免在单一维度上过度偏向任何一方,但在调适过程中很容易受到地缘格局变化的不确定性影响。

于是,对泰国而言,依托东盟提升体量,从而由图2.1中的最小黑色圆圈拓展为灰色区域,也就成为其在印太战略引发的地缘格局变动中有效应对不确定性风险的重要策略。为此,巴育政府不仅在《国家发展战略总体规划(2018—2037)》中反复强调东盟的重要性,而且还在2019年施政报告中明确提出了加强东盟工作的具体目标与方案。[②]总体来看,泰国在印太战略中的东盟

[①] GMS Secretariat, Review of Configuration of the Greater Mekong Sub-region Economic Corridors, Manila: Asian Development Bank, Nov. 2016, p.5.

[②] คำแถลงนโยบายของคณะรัฐมนตรี พลเอก ประยุทธ์ จันทร์โอชา นายกรัฐมนตรีแถลงต่อรัฐสภา(巴育·詹欧差总理向国会发表的内阁政策声明),2019年7月25日,第5—6页。

策略，主要体现在以下方面。

其一，努力提升东盟凝聚力与竞争力。

东盟作为一个地区组织，在半个多世纪的发展进程中曾创造"奇迹"。东盟对内坚持"东盟方式"，在维护成员国主体地位和坚守不干涉原则的基础上，通过协商合作凝聚共识，使得战乱贫困的东南亚地区走向和平、稳定与发展；对外以"东盟为中心"，努力摆脱对外部大国的依附，在大国的竞争中寻求发展，甚至通过"小球推动大球"引导地区合作发展。但是，"东盟方式"也使得东盟在一体化进程中面临阻碍，难以取得预期成效。

随着印太战略下的地区秩序重塑压力上升，东盟作为"中小国家的松散联盟"将很难为泰国提供有效的风险防范助力。于是，为提升东盟的凝聚力与竞争力，泰国在2019年担任东盟轮值主席国期间，通过与印度尼西亚默契配合，促成了东盟国家共识，并在此基础上发布了《东盟印度洋—太平洋展望》，从而有效提升了东盟在印太战略下的话语权与影响力。[1]其中，最为关键的是重申了东盟"中心地位"，即在推进区域经济一体化进程、构建地区政治与安全架构、处理域内外大国关系以及地区议程设置和秩序塑造等方面发挥引领作用。[2]

其二，积极争取在东盟内部的主导地位。

尽管是东盟创始国，泰国在东盟发展进程中却相当低调，更多的是扮演"和事佬"的沟通与协商角色。21世纪初，时任总理他信执政期间，泰国曾在外交上表现得积极进取，但随之而来的

---

[1] 刘琳：《东盟"印太展望"及其对美日等国"印太战略"的消解》，《东南亚研究》2019年第4期。

[2] Hiro Katsumata, "What Explains ASEAN's Leadership in East Asia Community Building?", *Pacific Affairs*, Vol. 87, No.2, June 2014, pp.247-264.

国内政治动荡，特别是2009年"红衫军"围攻东亚领导人系列峰会会场的严重事件，导致泰国国际形象与地区声望严重受挫，使得泰国外交再次回归保守。

近年来，巴育政府在外交上再次表现出较强的进取性。[①]这一方面是在印太战略下地缘政治风险上升，使得泰国迫切需要更多的外部助力；另一方面也是缓解国内政治压力的需要，旨在提升"泰式民主"体制下的政府威望与保守力量话语权。于是，争取东盟主导权，也就成为巴育政府的重要目标。对此，巴育政府在《国家发展战略总体规划（2018—2037）》中表示，泰国在地理上处于东盟中心，发挥着东盟枢纽的重要作用。[②]并在2020年《美泰防务同盟共同愿景声明》中明确指出，"本联盟支持泰国在东盟及其他国际安全论坛发挥领导作用"。[③]

巴育总理在2019年连任组阁时，不仅在派系竞争压力下，留任了外交部部长敦，而且在开展东盟工作方面给予全力支持。从成效来看，巴育政府在泰国担任东盟轮值主席国期间，积极推动功能性合作，特别是通过《曼谷宣言》促进东盟联合打击海洋垃圾，成立东盟可持续发展研究与对话中心、东盟积极老龄化与创

[①] ประภัสสร์ เทพชาตรี（布拉帕德·特普查德利），"4 ปีนโยบายต่างประเทศไทยในยุค คสช"（维和委时代的四年泰国外交政策），2018年2月5日，http://www.drprapat.com/4-%E0%B8%9B%E0%B8%B5%E0%B8%99%E0%B9%82%E0%B8%A2%E0%B8%9A%E0%B8%B2%E0%B8%A2%E0%B8%95%E0%B9%88%E0%B8%B2%E0%B8%87%E0%B8%9B%E0%B8%A3%E0%B8%B0%E0%B9%80%E0%B8%97%E0%B8%A8%E0%B9%84%E0%B8%97%E0%B8%A2%E0%B9%83/.

[②] การประกาศแผนแม่บทภายใต้ยุทธศาสตร์ชาติ（พ.ศ. ๒๕๖๑-๒๕๘๐）（๒）ประเด็นการต่างประเทศ［《国家发展战略总体规划（2018—2037）第二部分·外交事务》］，泰国总理府，《政府公报》第136卷第51辑，2019年4月18日，第3—4页。

[③] "Joint Vision Statement 2020 for the U.S.-Thai Defense Alliance", U.S. Embassy & Consulate in Thailand, Nov.17, 2019, https://th.usembassy.gov/joint-vision-statement-2020-for-the-thai-u-s-defense-alliance/.

新中心、东盟军事医学中心、东盟灾害紧急后勤系统、东盟—日本网络安全能力建设中心、东盟社会工作和社会福利培训中心、东盟文化中心等合作机构，以及促成东盟国家联合申办2034年足球世界杯等，切实发挥了引领作用，有助于提升其在东盟内部的话语权与影响力。①

其三，以湄公河流域为支点增强掌控力。

泰国地处中南半岛，因此在地缘政治上与南海问题关联甚少，至多是再次扮演"和事佬"的传统角色。于是，湄公河流域成为泰国在印太战略下纵横捭阖的首选支点。

事实上，中南半岛的湄公河流域早已成为外部大国的地缘博弈角力场，各类区域合作安排架床叠屋，日本推动的大湄公河次区域合作（GMS）、印度推动的湄公河—恒河合作倡议（MGC）、中国推动的澜沧江—湄公河合作（LMC）、美国推动的湄公河下游倡议（LMI）等，彼此竞争甚至相互掣肘。②这对泰国而言，既是风险挑战，也是战略机遇。

作为中南半岛的最大经济体与国际交通枢纽，泰国从未放弃对湄公河流域的资源整合。对泰国而言，周边国家不仅是廉价劳动力与能源矿产的来源地，更是重要的潜在市场，事关其克服"中等收入陷阱"的中长期发展布局。如果泰国能协调各方关系，促成湄公河流域合作发展的动态平衡，那么，不仅将有助于依托外部大国资源投入推动当地发展，为泰国经济增长提供新动能，

---

① Sihasak Phuangketkeow & Supalak Ganjanakhundee, "Thailand's Chairmanship of ASEAN: Unshackling Thai Diplomacy and Charting the Association's Way Forward", ISEAS Perspective, No.2, Jan. 7, 2020, pp.3-6.

② Jürgen Rüland & Arndt Michael, "Overlapping Regionalism and Cooperative Hegemony: How China and India Compete in South and Southeast Asia", *Cambridge Review of International Affairs*, Vol. 32, Issue 2, 2019, pp.178-200.

而且将进一步提升泰国在中南半岛的地缘影响力，为其与印度尼西亚等国竞争东盟领导者夯实基础。

为此，巴育政府选择以伊洛瓦底江—湄南河—湄公河三河流域经济合作战略（简称三河流域机制，ACMECS）为切入口推动合作。2018年，泰国作为三河流域机制的首倡国和时任主席国，提出并促成越老柬缅等参与各方通过了该机制建立15年来的首个五年总规划（2019—2023年）。[①] 随后，泰国开始以此为支点争取大国的认可与支持。2019年，李克强总理访泰期间，双方发表联合新闻声明，表示"泰国欢迎中国成为三河流域经济合作战略首批发展伙伴。双方一致认为澜沧江—湄公河合作同三河流域经济合作战略本质上互补"。[②] 这标志着巴育政府在协调次区域合作方面，开始迈出坚实步伐。

第三节　泰国"非中性"对冲策略的结构性根源

从美国奥巴马政府的"重返亚太"到"亚太再平衡"，到特朗普政府提出"印太战略"，再到拜登政府全面深化落实印太战略，中美战略竞争在过去十多年里持续升级。作为东南亚唯一的非殖民地国家，泰国在中美地缘政治压力下，遵循传统外交理念一再重申对冲策略。但从近十年的走势来看，泰国被认为存在"友华疏美"立场。

[①] 《中南半岛三河流域合作机制提出首个五年总规划》，新华网，2018年6月17日，http://www.xinhuanet.com/world/2018-06/17/c_1122997475.htm。

[②] 《中华人民共和国政府和泰王国政府联合新闻声明》，新华网，2019年11月5日，http://www.xinhuanet.com/world/2019-11/05/c_1125194826.htm。

一 泰国对冲策略的"非中性"立场与"友华"趋势

近年来,中美战略竞争态势持续升级。①2017年,美国特朗普政府出台的《国家安全战略》报告将中国界定为"战略竞争对手"与"修正主义国家",认为"中国试图在印太地区取代美国,拓展其国家主导型的经济发展模式的适用范围,并以有利于中国的方式重构地区秩序"。②2018年,美国国防部发布《国防战略报告》指出:"中国正在借助军事现代化、影响力操控以及掠夺式经济胁迫邻国重构于其有利的印太秩序。随着经济与军事实力持续攀升,中国正在通过举国体制推行长期战略主张权力,并将继续推进军事现代化进程,从而在近期寻求印太地区霸权,并在未来取代美国的全球主导权。"③2019年,美国《印太战略报告》在讨论印太战略面临的挑战时,将"修正主义国家"中国列为四大挑战之首,指责中国"军事现代化及强制性行动",以及"利用经济手段谋求战略利益",从而将影响甚至取代美国在印太及全球的主导权。④2021年,美国拜登政府发布《临时国家安全战略纲要》指出,"中国是唯一有能力将其经济、外交、军事和技术力量结合起来,构成持久挑战的潜在竞争对手"⑤,并形成了

---

① ศิวพล ละอองสกุล(西瓦蓬·腊翁萨谷),"จีน-อเมริกา การแข่งขันกันทางอำนาจในศตวรรษที่ 21"(21世纪中美战略竞争),วารสารรัฐศาสตร์ปริทรรศน์ มหาวิทยาลัยเกษตรศาสตร์(农业大学政治学评论杂志),Vol.6, No.1, 2019, pp.298-323.

② "National Security Strategy of the United States of America", The White House, Dec. 2017, p.25.

③ Jim Mattis, "Summary of the 2018 National Defense Strategy of the United States of America: Sharpening the American Military's Competitive Edge", U.S. Department of Defense, Jan. 19, 2018, p.2.

④ "Indo-Pacific Strategy Report: Preparedness, Partnerships, and Promoting a Networked Region", U.S.Department of Defense, June 1, 2019, p.7-10.

⑤ Joseph R. Biden, "Interim National Security Strategic Guidance", The White House, March 2021, p.8.

第二章　中美战略竞争下的中泰关系　　155

"该竞争时竞争、能合作时合作、须敌对时敌对"的对华战略方针。①2022年，拜登政府《美国印太战略》报告进一步强调，"中国正在整合经济、外交、军事和技术力量，在印太地区谋求势力范围，寻求成为世界上最具影响力大国"，并要求在全球"建立有利于美国、盟友及伙伴的影响力平衡，建立有利于我们共享利益与价值观的影响力平衡"。②

2018年被普遍视为中美关系跨过所谓"历史十字路口"的重要时间点③，从此中美两国步入"新时代"，既不同于中美建交后四十多年的"昨天"，更不同于冷战前期的"前天"④。美国政治精英不再像过去那样在"对华接触"问题上抱有共识，并试图将中国纳入美国主导的国际体系，而是再次转向权力政治逻辑，开始运用贸易战、科技战、外交战、舆论战等强硬手段，从而对地缘政治产生明显压力。⑤

作为传统上的美国军事盟友以及地理上的中国近邻，泰国对中美战略竞争下的地缘压力感受尤为明显。⑥巴育政府在《国家安全政策与计划（2019—2022）》中强调指出，美国当前正面临来自中国的地缘战略挑战，必将在美日印澳"四边对话"框架下进一步

---

① Antony J. Blinken, "A Foreign Policy for the American People", March 3, 2021, https://www.state.gov/a-foreign-policy-for-the-american-people/.

② "Indo-Pacific Strategy of the United States", The White House, Washington, Feb. 2022, p.5.

③ 牛军：《轮回：中美关系与亚太秩序演变(1978—2018)》，《美国研究》2018年第6期。

④ 刘建飞：《新时代中美关系的发展趋势》，《美国研究》2021年第4期。

⑤ 秦亚青：《美国对华战略转变与中美关系走向》，《学术前沿》2021年第15期。

⑥ นุชิติ ศิริบุญส่ง (努齐德·诗丽布恩颂），"แนวทางการกำหนดยุทธศาสตร์ของประเทศไทยต่อผลกระทบของความสัมพันธ์ ด้านการทหารระหว่างสหรัฐอเมริกากับสาธารณรัฐประชาชนจีน"（泰国应对美中军事关系影响的战略制定指导方针），รัฏฐาภิรักษ์ วารสารราย（泰国国防学院杂志），Vol.62, No.1, 2020, pp.8–28.

深化安全合作，从而加剧地区紧张局势，甚至引发冲突与摩擦，使泰国要保持地缘平衡变得更为困难，并会面临更严峻的不确定性安全风险。①为此，巴育政府在《国家发展战略总体规划（2018—2037）第一部分·安全事务》中明确指出，"泰国必须致力于维持与各国特别是超级大国的关系平衡"，应对全球多极化进程中的不稳定性安全风险。②并在第二部分"外交事务"中强调，未来20年大国力量在本地区的战略博弈很可能进一步加剧，将会对泰国产生日益显著的"站队"压力，必须采取有效举措保持外交平衡战略。③

如果从中美两国与东南亚国家关系的横向比较来看，当前中美两国对泰国影响力基本持平，既区别于中国影响力占优的缅甸、老挝与柬埔寨，也不同于美国影响力占优的新加坡与菲律宾。对泰国而言，中国在地理历史指标上影响力显著占优，并在经贸合作指标上略有优势；美国则在军事安全与社会文化的两项指标上优势明显；而在政治信任指标上，中美两国影响力基本持平。④

不过，值得留意的是，当前泰国在中美"地缘引力"之间呈现的均衡态势，事实上是冷战中后期以来中美泰三角关系架构中，泰国从极度"亲美"到相对"友华"的回摆过程。⑤尤其是

---

① นโยบายและแผนระดับชาติว่าด้วยความมั่นคงแห่งชาติ พ.ศ. ๒๕๖๒ - ๒๕๖๕ [《国家安全政策与计划（2019—2022）》]，国家安全委员会办公室，泰国总理府，《政府公报》第136卷第124辑，2019年11月22日，第3—4页。

② การประกาศแผนแม่บทภายใต้ยุทธศาสตร์ชาติ (พ.ศ. ๒๕๖๑-๒๕๘๐) (๑) ประเด็นความมั่นคง [《国家发展战略总体规划（2018—2037）第一部分·安全事务》]，泰国总理府，《政府公报》第136卷第51辑，2019年4月18日，第27页。

③ การประกาศแผนแม่บทภายใต้ยุทธศาสตร์ชาติ (พ.ศ. ๒๕๖๑-๒๕๘๐) (๒) ประเด็นการต่างประเทศ [《国家发展战略总体规划（2018—2037）第二部分·外交事务》]，泰国总理府，《政府公报》第136卷第51辑，2019年4月18日，第3—4页。

④ 参见本书第一章第二节图1.1及相关分析。

⑤ Benjamin Zawacki, *Thailand: Shifting Ground between the US and a Rising China*, Zed Books Ltd, London, UK, 2017.

在过去十年，尽管泰国反复重申"大国平衡"的传统外交立场，但在奥巴马政府提出"亚太再平衡"甚至总统连任后首访泰国的情况下，中美泰三角关系的战略重心依然朝着"友华"方向偏移。

目前来看，中美泰三角关系正处于微妙的关键节点。一方面，作为非对称性三角关系的两大施力方，中美战略竞争全面升级，从而使得泰国作为受力方，面临日益增强的地缘引力牵扯；另一方面，冷战时期曾经严重偏向亲美侧的三角关系战略重心，逐渐回摆到均衡位置，从而使泰国社会情绪开始接近"反转"的心理临界点，有可能对曾经习以为常的状态改变产生疑虑、担忧甚至畏缩。于是，泰国在中美战略竞争的"新时代"背景下将如何抉择——究竟是延续"友华"侧的"非中性"对冲，还是转向不偏不倚的"中性"对冲，抑或在美泰关系"十字路口"①回归亲美侧——日益受到地缘政治博弈各方关切，并成为学术讨论与政策研判的重要议题。

二 打开"黑箱"：着眼于中小国家内生因素的分析框架

通常情况下，有关地缘政治的大国博弈研究，都会将中小国家视为常量的单一行为体，先验式的假定中小国家具有内在稳定的（国家）利益诉求，并在此基础上预判中小国家对大国战略竞争的外部影响可能产生的应激反应。客观上，此类做法有其合理性。毕竟大国尤其是超级大国的体量与中小国家特别是小国相去甚远，因此在非对称"地缘引力结构"影响下，大国事实上主导着"施力—受力"关系及其发展走势，从而使相关研究有可能在一定程度上忽略中小国家细节性的变量特征，却不至于明显影响

---

① Kitti Prasirtsuk, "An Ally at the Crossroads: Thailand in the US Alliance System", in Michael Wesley ed., *Global Allies: Comparing US Alliances in the 21st Century*, ANU Press, 2017, pp.115–132.

研究结果。

但问题在于，有关中小国家内在稳定性的先验式假定，有可能并不成立。尽管在常态下，中小国家的内生性变化相对缓慢甚至难以觉察，从而为先验式假定提供了可行支撑；但在"百年未有之大变局"下，包括泰国在内的东南亚国家普遍面临内生性的重要变化。①

这就使得在理解和把握泰国对冲策略及其变化趋势时，有必要打开单一国家行为体"黑箱"，从而在"大国外因—小国内因"的互动框架下形成更贴近现实的分析研判。为了更直观认知泰国对冲的行为逻辑，本书基于"外因通过内因发挥作用"理论前提，以对象国政治权力结构为立足点，建构了中美泰三角关系的非对称性互动分析框架（见图2.2）。

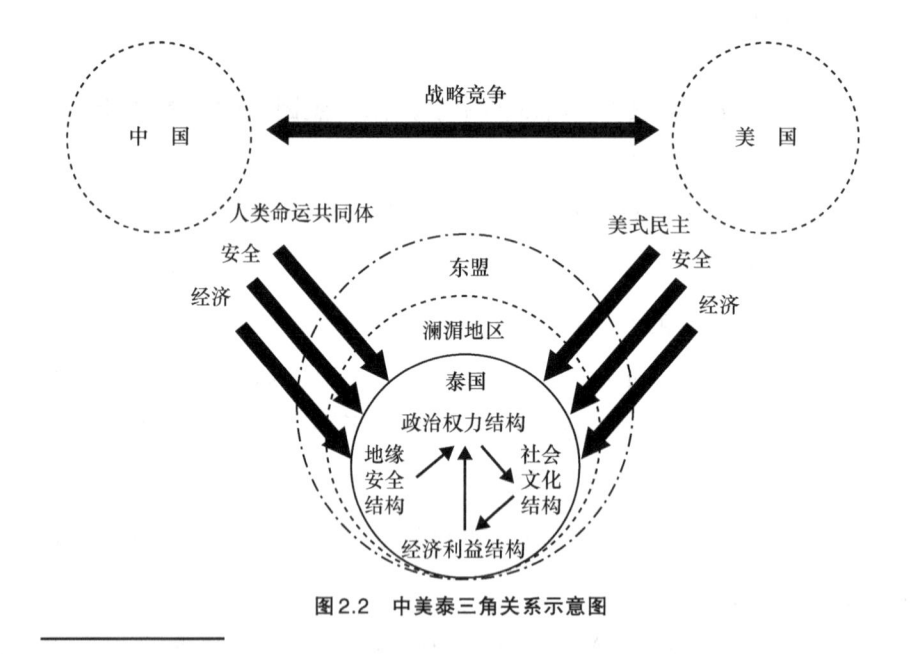

图2.2 中美泰三角关系示意图

---

① 有关东南亚国家内生性变化的讨论，参见周方冶《东南亚国家政治多元化及其对"一带一路"建设的影响》，《东南亚研究》2017年第4期。

如图2.2所示,随着打开"黑箱",作为非对称性受力方的泰国如何应对中美战略竞争的问题,也就转化为在泰国政治权力结构中,掌握核心圈层主导权的政治权力集团如何选择的问题。[①]换言之,亦即作为施力方的中美两国外因是如何作用于泰国内生因素,从而直接或间接影响其政治主导集团的问题。

回顾冷战以来泰国对外关系的历史变化,可以得到其政治主导集团以下的行为逻辑。

首先,以确保主导地位作为内政外交决策的最优先考量。

对于政治主导集团而言,掌握政治权力核心圈层的主导地位不仅意味着占据更多的国家资源分配权,而且意味着相对于其他政治权力集团的支配地位。因此,任何政治主导集团都会尽其所能固守主导地位,否则不仅会失去既得利益,而且有可能被新兴权力集团所支配,甚至被政治清算。这就使得政治权力集团在进行内政外交决策的时候,始终会把确保政治主导地位作为最优先考量,但凡存在威胁其政治主导地位的风险因素,都会引发强硬甚至激进反应,并不惜付出内政外交的沉重代价。

通常情况下,影响政治主导地位得失的主要有两大类风险因素(见图2.2)。

一类是外源性的地缘安全结构因素。冷战前期,泰国在外交上倒向美国,很大程度上源于中南半岛极左翼运动浪潮汹涌,使得保守阵营深切感受到政治主导地位被彻底颠覆的可能性持续上升。于是,在日益失衡的地缘安全结构影响下,泰国选择了亲美立场并参加了朝鲜战争与越南战争。冷战中后期,随着越战失败,美国既无意也无力在中南半岛为泰国提供安全保障。于是,面临

[①] 有关政治权力集团与政治权力结构的概念分析,参见本书绪论部分。

越南侵柬压力的泰国，基于相同行为逻辑，采取了对华友好的外交回摆，转向中国寻求更可靠的安全支持。

另一类是内生性的政治权力结构因素。随着泰国社会经济跨越式发展，各类新兴权力集团渐次形成和壮大，并开始谋求更多的政治话语权，甚至是核心圈层主导地位。20世纪中后期以来，曼谷政商财阀、地方豪强、城市中产阶级、新兴资本集团等，相继成为动摇传统上王室—保皇派与军人集团政治主导地位的风险因素，并不断引发保守阵营以政变方式固权。[1] 不过，由于保守阵营通过"扩容"方式，总体上延续了主导地位，因此尽管冷战以来泰国在政治权力结构调整过程中多次出现内政外交变动，但通常都会在保守阵营固权后回摆复位。

其次，以是否有利于固权为标准有选择地对接外来观念。

对于政治主导集团而言，在解决了最优先的主导权问题后，顺次要解决的是依托社会文化的观念约束，而不是暴力强迫划分权力边界，以保证固权的"成本—收益"最大化（见图2.2）。于是，但凡发生成功政变，泰国通常都会随之颁布新（临时）宪法，结果就是从1932年到2017年的85年间先后出台了多达20部（临时）宪法。不过，宪法频繁废立，也使得泰国社会文化结构中的非正式安排/潜规则，很大程度上要比正式安排/显规则更具有持久性和影响力。

泰国保守阵营从冷战时代起，就在持续打造"泰式民主"观念，作为巩固其主导地位的官方意识形态。虽然从"民主"称谓来看，似乎在回应美西方"民主"观念，但其表述重点在于"泰式"而不是"民主"。对此，有学者指出，"'泰式民主'体现的

---

[1] 周方冶：《泰国政党政治重返"泰式民主"的路径、动因与前景》，《东南亚研究》2019年第2期。

是一种舶来物（主要是西方）与本土化观念的冲突，从本质上说，它们矛盾的焦点在于争夺政权的合法性和正当性，更好地为掌权服务"。①

冷战期间，泰国保守阵营与美西方看似融洽的观念共识，主要是建立在抵制极左翼思潮的基础之上。泰国政治主导集团从美西方输入的意识形态之中，选用了"反共"意识，却婉拒了"美式民主"观念，仅抽取了空泛的"民主"称谓，并将其本土化为传统意识形态的"新外壳"。

最后，以对外经济合作的不均衡性为手段强化主导地位。

对于政治主导集团而言，参与分配国家资源以获取发展红利是事关凝聚力的核心要务，因此总体上会在对外经济合作方面持积极立场，以期获得更多的增量发展红利。但问题在于，对外经济合作的发展红利分配并不完全取决于国内政治权力结构，而在很大程度上与各方要素禀赋特别是对接国际市场能力相关。这就意味着，如果不加以区别对待，那么通常情况下缺乏适应度和灵活性的政治主导集团，就很有可能在对外经济合作中，一方面享受着发展红利增量部分的绝对收益，另一方面也要承受红利分配权重下降的相对成本，以至于中长期面临影响力下降的不利前景（见图2.2）。

于是，政治主导集团通常都会在对外经济合作中"趋利避害"，以保证绝对收益与相对收益"双丰收"，并将相应成本转嫁给其他社会群体。换言之，如果不是政治主导集团通过自我调整适应了新的对外经济模式，从而有能力获取主要份额的发展红利，或是新兴权力集团通过政治博弈跻身核心圈层，成为原有保

---

① 金勇：《以国王为元首的民主制：当代"泰式民主"的文化建构》，《东南亚研究》2018年第2期。

守阵营的对等合作者甚至盟友，那么对外经济合作就很难取得结构性的深化发展。事实上，从20世纪50年代的国营工业化，到60年代的民营化进口替代，到七八十年代的外向型产业升级，到90年代的全面自由化，再到21世纪以来"他信经济"与"充足经济"的道路竞争，无不与政治权力结构调整相伴相随。①

三 当前泰国"非中性"对冲的特征与成因

泰国当前的外交立场选择，一方面是传统外交理念与偏好的惯性使然，另一方面取决于政治主导集团对内外情势的"利己性"感知与判断。前者在宏观上具有政治正确的共识约束，从而很大程度上奠定了泰国外交底色——作为东南亚唯一未曾被殖民的国家，泰国社会精英特别是技术官僚集团拥有强烈的"外交自信"，使其在面对大国博弈时，既不会被动采取顺从的"事大主义"，也不会消极回避甚至试图与各方拉开距离，而是会积极主动对冲以争取更多筹码，拓展在大国罅隙间的生存空间。后者在微观上呈现接地气的操作性，从而直接决定了泰国外交纹理，形塑了当前在中美两国间，以"泰式民主"保守意识形态为基准、以经济与安全为两翼、以区域/次区域合作为纵深的"非中性"对冲策略。

（一）以"泰式民主"保守意识形态为基准

尽管当前中美战略竞争的广度、深度和烈度都呈上升趋势，但对经历过殖民时代英法对峙、第二次世界大战时期日本侵略以及冷战时期中南半岛热战的泰国而言，地缘安全结构还处于红线范围之外，尤其对保守阵营的政治主导集团而言，并不像当年极

---

① 周方冶：《20世纪中后期以来泰国发展模式变革的进程、路径与前景》，《东南亚研究》2015年第5期。

左翼运动浪潮那样构成颠覆性的现实威胁,从而尚未对泰国外交立场产生足以改变底色的直接影响。对此,巴育政府2019年出台的《国家安全政策与计划(2019—2022)》中,一方面指出本地区存在大国博弈引发冲突的安全风险,另一方面却表现淡定,相关应对部署的优先度排序,不仅赶不上国内维稳和南疆反分裂议题,甚至还要落后于环境、能源、食品等社会安全问题。①

不过,中美战略竞争的外部因素,还是与泰国政治权力结构调整的内生因素产生互动,从而间接影响泰国外交纹理的脉络走势。从21世纪初开始,泰国保守阵营的核心圈层主导地位面临来自新兴资本集团的强有力挑战。作为新兴资本集团政治代表的他信派系,依托民粹主义的"草根政策",争取了中下层选民特别是农村民众的支持,从而建构起"资金+选票"的胜选模式,甚至一度成立了史无前例的"一党政府"。泰国保守阵营的王室—保皇派、军人集团、曼谷政商财阀"铁三角"为压制他信派系,先后两次发动政变,并施行了长达五年的军政府统治。②从时间跨度来看,泰国保革对立的"红黄大战"及"巴育夺权"时期,恰好是中美战略竞争的上升阶段。这就在很大程度上无可避免地将外因卷入了内因,并通过内因影响泰国外交立场的取舍偏好。

中美两国对泰国政治权力结构调整引发的政治冲突与社会动荡,秉持泾渭分明的外交立场。中国奉行不干涉内政原则,始终坚信泰国有能力处理好国内问题;与此相对,美国奉行"民主"价值观外交,反对泰国以政变方式解决分歧。2014年巴育政变

---

① นโยบายและแผนระดับชาติว่าด้วยความมั่นคงแห่งชาติ พ.ศ. ๒๕๖๒-๒๕๖๕ [《国家安全政策与计划(2019—2022)》],国家安全委员会办公室,泰国总理府,《政府公报》第136卷第124辑,2019年11月22日,第4页。

② 周方冶:《泰国政党政治重返"泰式民主"的路径、动因与前景》,《东南亚研究》2019年第2期。

上台后，美国采取了强硬立场，不仅暂停了国际军事教育和培训（IMT）与外国军事融资（FMF）项目下的数百万美元援助，而且大幅减少双边高层互访。2015年年初，美国东亚及太平洋事务助理国务卿罗素访泰期间，甚至在朱拉隆功大学演讲中公开批评巴育政府。①

这就使得泰国保守阵营在过去十多年的政治权力结构调整过程中，很大程度上是在美国政治抵制下，被动选择了"友华疏美"的外交立场。2019年军政府"还政于民"举行大选后，巴育依托2017年宪法的相关制度安排成功连任总理，从而标志着保守阵营在政治主导权竞争中达成阶段性目标。不过，泰国形式上回归"民主"并不意味着横亘在泰美之间的政治分歧迎刃而解。对泰国保守阵营而言，当前正面临更棘手的新难题，即如何在拉玛九世驾崩后的政治极化状态下重构"泰式民主"社会共识。②

相较于"红黄大战"时期的保革对立，2019年大选后泰国的政治光谱更为复杂，社会分裂也更为严重。其中，以拉玛十世为核心的极右翼势力，以军人集团巴育—巴威派系/人民国家力量党为核心的中右阵营，以新兴资本集团他信派系/为泰党为核心的中左阵营，以新兴资本集团塔纳通派系/远进党（原新未来党）与新生代反政府运动为代表的极左翼势力，彼此形成错综复杂的政治博弈关系，尤其是新生代极左翼运动，甚至将斗争矛头直指君主制，引发保守阵营强烈不满与不安。

尽管从2020年到2021年相继举行的府、自治市、乡镇街道

---

① "Remarks of Assistant Secretary Daniel Russel", Institute of Security and International Studies, Chulalongkorn University, Bangkok, Thailand, Jan. 26, 2015, https://th.usembassy.gov/remarks-of-assistant-secretary-daniel-russel/.

② 周方冶：《"泰式民主"的转型困境》，《文化纵横》2021年第4期。

的行政机构主席及委员会成员选举来看,泰国保守阵营在泰国地方特别是基层的影响力依然根深蒂固;但是,2019年国会众议院选举中极左翼势力的异军突起,以及新生代街头反政府运动的持续发酵,却使得保守阵营深刻意识到,必须在2017年宪法有关国会参议员全部任命产生并与众议员联席推选总理的5年过渡条款失效前,依托"泰式民主"潜规则划定权力边界,以巩固经由政变重塑的政治权力结构。

为此,泰国保守阵营一方面在神圣王权的传统观念基础上,努力打造拉玛十世专属的"亲民"形象,甚至以极罕见的国际媒体即兴采访方式,经由拉玛十世传递了"泰国是和解之地"的政治信号[①];另一方面则以强硬立场,全面整肃"美式民主"影响,不仅通过司法手段解散了新未来党,并禁止塔纳通等极左翼人士从政十年,而且采取了起草《非政府组织管理法》、开展"净网"行动、严查洗钱以切断反政府街头运动的海外资金流动、援引"亵渎君主罪"拘捕和起诉新生代示威领袖等诸多举措。

中美两国对当前泰国保守阵营重构"泰式民主"观念的核心诉求,延续了此前泾渭分明的外交立场。中国在"人类命运共同体"理念指引下,始终尊重泰国人民自主选择发展道路的权利,并在此基础上积极"加强治国理政经验与实践交流"[②],为泰国提供行之有效的发展思路。对此,巴育政府给予了积极回应,不仅以"一带一路"建设为主线,积极推进中泰全面战略合作伙伴关系的深化发

---

① "Local Media Puzzled by CNN's Impromptu King Interview", *Khaosod English*, Nov.2, 2020, https://www.khaosodenglish.com/politics/2020/11/02/local-media-puzzled-at-cnns-impromptu-king-interview/.

② 《中华人民共和国政府和泰王国政府联合新闻声明》,中国外交部网站,2019年11月5日,https://www.fmprc.gov.cn/zyxw/201911/t20191105_347424.shtml。

展①，而且在治国理政方面认真借鉴中国经验，甚至要求内阁成员研读《习近平谈治国理政》一书。②

与此相对，美国在拜登当选总统后，再次回归价值观外交，并且与奥巴马时期相比更为强硬。其中，颇具代表性的就是2021年拜登上台后炮制的"民主峰会"，其目的是构建民主人权统一战线，以所谓"美式民主"为标准划分阵营，从而对华形成遏制。③作为东南亚唯二的军事盟友，菲律宾在备受争议的情况下受邀参加，而泰国"民选政府"却未入选受邀名单，从而明确传递了美国对"泰式民主"的否定信号。对此，泰国副总理兼外长敦表示，"民主峰会"纯粹出于政治目的，完全是政治操弄，泰国未收到邀请反而应感到高兴。④尽管基于重塑联盟体系的客观需要，拜登政府随后在对泰立场上有所缓和，但"民主人权"的意识形态分歧，始终是两国难以弥合的重要裂痕。

从中美泰三角关系来看，当前美泰间的意识形态关系，已从冷战时期的相互包容，转变为排斥对立。随着泰国国内政治权力结构调整步入新阶段，是否有利于重构"泰式民主"的社会共识，将成为保守阵营选择外交立场的重要基准。由于美国以"美式民主"划分阵营的做法短期内难以改变，从而很可能使泰国占据政治主导地位的保守阵营，将在很大程度上被动延续此前"友

---

① 周方冶：《中泰合作对接"一带一路"的机遇与挑战》，《当代世界》2019年第7期。
② 《〈习近平谈治国理政〉泰文版在曼谷正式发行》，2017年4月8日，新华社，新华网，http://www.xinhuanet.com//politics/2017-04/08/c_1120773816.htm。
③ 韦宗友、张歆伟：《拜登政府"中产阶级外交政策"与中美关系》，《美国研究》2021年第4期。
④ Masayuki Yuda, "Thailand Belittled Again as U.S. Ostracizes it from Democracy Summit", Dec. 9, 2021, Nikkei Asia, https://asia.nikkei.com/Politics/Turbulent-Thailand/Thailand-belittled-again-as-U.S.-ostracizes-it-from-democracy-summit.

华疏美"的外交立场。

（二）以经济与安全为两翼

从中泰与美泰关系评估来看，经济与安全分别是中美影响力相对占优的关键领域。[①]因此在有关泰国外交政策研究中，通常被视为对冲策略着力点，并在很大程度上形成了"经济上靠中国，安全上靠美国"的刻板印象。不过，从发展趋势来看，随着泰国政治主导集团对内外情势感知及相应诉求变化，无论经济还是安全领域的中美影响力权重都将在双多边互动过程中持续摆动，并有可能接近甚至越过"临界点"，从而为"非中性"对冲提供高度灵活的政策两翼。

1.对外经济合作：以产业结构提质升级为优先目标

2019年，泰国主流媒体曾邀请经济领军人物针对中美战略竞争及其影响展开讨论，其中包括分管经济的时任副总理颂奇、前泰国贸易代表潘普里（Panpree Phahitthanukorn）、泰国商会副主席威猜（Wichai Asarasakorn）、泰国工业联合会副主席克里昂格莱（Kriengkrai Thiannukul）、泰华农民（银行）研究中心主任朝瓦（Chow Kengchon）、渣打证券研究部专家披雅萨克（Piyasak Manasan）等官产学界知名人士。总体而言，各方共识是中美战略竞争持续升级无可避免，并将在经济领域对泰国形成严峻挑战，使得既有经济发展模式面临结构性压力，短期来看泰国经济难免承压受损，中长期来看却是产业结构提质升级的重要机遇，泰国社会、企业与政府都应为此做好积极准备。[②]

[①] 参见本书第一章第二节图1.1及相关分析。

[②] "จากสงครามการค้าสู่สงครามเย็น วิกฤติโลกครั้งใหม่ที่เศรษฐกิจไทยต้องเผชิญ"（从贸易战到冷战：泰国经济必须面对新的全球危机），2019年5月20日，ไทยรัฐฉบับพิมพ์（泰叻报特别报道），https://www.thairath.co.th/business/economics/1571098。

从过去十多年的泰国经济增长来看，其很大程度上得益于中泰经济合作的长足发展。其中，中泰贸易额从2001年65.7亿美元猛增到2018年802.2亿美元，增幅高达12倍，成为泰国经济增长的重要驱动力；中泰贸易额在泰国对外贸易总额的占比也持续攀升，并于2007年与2013年相继赶超美日两国，迄今连续8年保持泰国第一大贸易伙伴地位（见图2.3）。与此同时，作为泰国经济支柱产业的旅游业，新冠疫情前的持续繁荣也受益于中国游客的持续高增长。2019年，泰国接待国际游客约4000万人次，其中中国游客近1100万人次，约占1/4强，并连续多年保持第一大国际游客来源国地位。[①] 商品贸易与赴泰游客都直观地体现了中泰经济合作的显著成效，从而成为泰国"经济上靠中国"刻板印象的现实依据。

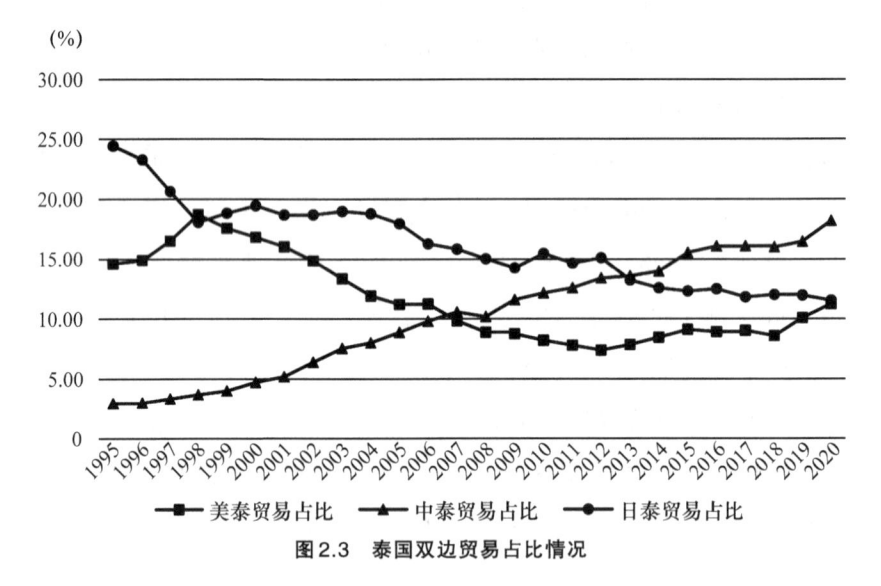

图2.3　泰国双边贸易占比情况

资料来源：泰国（中央）银行网站，2022年1月1日，https://www.bot.or.th。

[①]《2019年东盟旅游业简况》，中国—东盟中心网站，2020年7月30日，http://www.asean-china-center.org/。

但要指出的是，中泰经济合作的持续高增长态势，一方面是中泰双方在体制机制上深化合作的成果，另一方面则是中国经济体量在21世纪初跨越式增长的外溢。从2002年到2020年，中国国内生产总值由1.47万亿美元猛增到14.72万亿美元，增幅高达10倍，并于2010年超越日本成为全球第二大经济体。[①]换言之，过去十多年泰国搭乘中国经济"顺风车"收益丰厚，很重要的前提是中国经济的高速增长。

于是，这就引发了重要争议：随着中国经济步入"新常态"，叠加中美战略竞争的负面影响，泰国是否有可能或有必要延续"经济上靠中国"的既有模式。对此，泰国亲美势力与政府反对派倾向于美国立场，认为在经济上对华合作将提升中国的经济优势，有可能增加泰国的"脆弱性"。[②]2020年年初，针对巴育内阁的不信任辩论中，反对派就明确提出巴育政府对华合作可能损害国家利益，应当暂缓并进行检讨。[③]新冠疫情暴发后，各类要求限制对华经济合作的"杂音"更是在美西方支持下甚嚣尘上。

与此相对，泰国保守阵营基于固权的现实需要，采取了更为积极但也有所调整的对华经济合作立场。巴育政府指出，中国在推动"一带一路"倡议以联通亚非欧经贸与投资，美国及其合作伙伴则推动印太战略……泰国要平衡与各方关系，并积极利用地理优势，将国家经济政策与互联互通相结合，从而在地缘政治的

---

① 资料来源：世界银行数据库，https://datatopics.worldbank.org/world-development-indicators/。

② ขินเดนัย ธีระพันธุ์พิเชฏฐ์（钦达奈·提拉潘披切特），"จีนกับการใช้เครื่องมือทางเศรษฐกิจในการต่อรองระหว่างประเทศ"（中国利用经济优势作为外交工具），MFU Connexion: Jorunal of Humanities and Social Sciences, Vol.8, No.1, 2019, pp.299–339.

③ Aekarach Sattaburuth, "Govt too Submissive to China", Bangkok Post, Feb. 26, 2020, https://www.bangkokpost.com/thailand/politics/1865574/govt-too-submissive-to-china.

大国博弈下获得增长动力与发展契机。①

相较于既往，当前泰国在对华经济合作方面，除进一步深挖贸易与旅游潜力之外，更为重视投资，尤其是契合"泰国4.0"规划的十大创新产业的高新技术投资。对泰国而言，尽管中国直接投资头寸并不高，不仅远低于日本，而且也略低于美国，但呈现加速上升态势，从前景来看，明显要比经历了持续高增长的贸易与旅游拥有更高的成长天花板（见图2.4）。

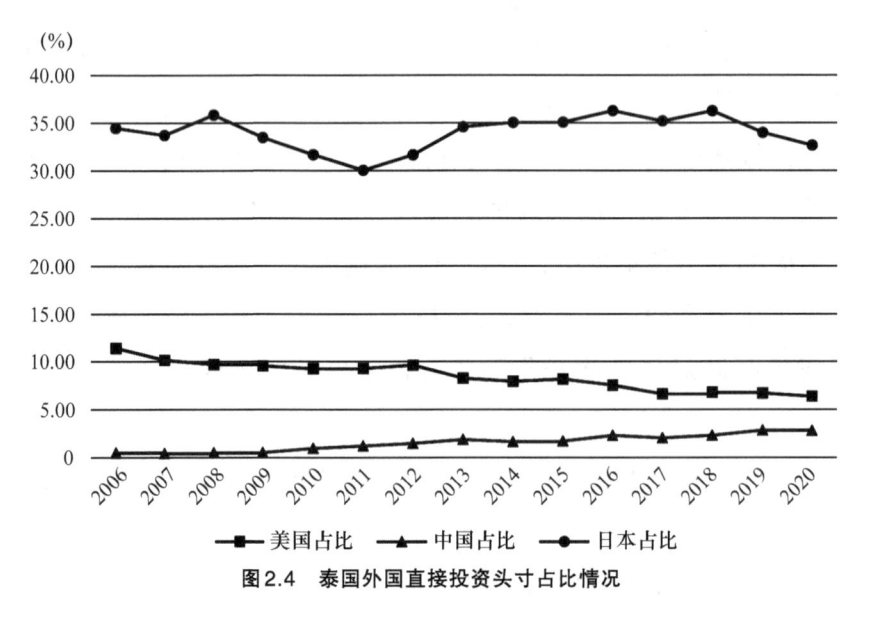

图2.4 泰国外国直接投资头寸占比情况

资料来源：泰国（中央）银行网站，2022年1月1日，https://www.bot.or.th。

更重要的是，当前全球迎来新一轮技术革命浪潮，泰国如果要摆脱"中等收入陷阱"，避免"未富先老"的不利前景，就必

---

① นโยบายและแผนระดับชาติว่าด้วยความมั่นคงแห่งชาติ พ.ศ. ๒๕๖๒-๒๕๖๕ [《国家安全政策与计划（2019—2022）》]，国家安全委员会办公室，泰国总理府，《政府公报》第136卷第124辑，2019年11月22日，第4页。

须把握国际产业链重组契机，推动国内产业结构提质升级。[1]这也是泰国保守阵营特别是曼谷政商集团借以巩固政治主导地位的有效路径，有助于抢占国家发展前沿，从而在生产力层面遏制新兴权力集团的成长与壮大。近年来，巴育政府积极对接"一带一路"倡议，尤其是重视泰国东部经济走廊对接中国粤港澳大湾区，很关键的就是要依托军政府时期设立的经济"特区"，为保守阵营注入创新产业的发展动力，从而在"还政于民"后的"新时期"，提升其对外经济合作的创新型红利分配能力。

2. 对外安全合作：以冷战遗产置换重组为运筹手段

作为军事盟友，泰国与美国长期保持全方位多层次的安全合作。冷战前期特别是越战时期，美泰军事安全合作达到顶峰。基于对政治主导地位面临颠覆威胁的情势感知，泰国保守阵营与美国进行了安全领域的"交底式"合作，不仅允许美国在其领土驻军和建立军事基地，而且在武器装备、人员培训、部队指挥、情报收集等方面深度捆绑，试图借此换取美军的安全承诺。尽管随着越战失败，美泰军事联盟有所松动，甚至在冷战结束后长期处于漂移状态，直到21世纪初的反恐战争时期才有所回暖；但军事盟友关系作为冷战遗产却得以保留，并成为"安全上靠美国"刻板印象的历史根源与现实依据。

不过，对泰国保守阵营而言，虽然美泰军事盟友在纸面上一如既往，1954年的《东南亚集体防务条约》与1962年泰国外长塔纳特与美国国务卿腊斯克签订的《塔纳特-腊斯克公报》依然生

---

[1] ยุทธฤทธิ์ บุนนาค（育塔瑞特·布恩纳克）、ณัฐชนนท์ ลิ้มบุญสืบสาย（纳查侬·利姆布纳瑟布赛伊）、ธนิษฐา สุกกล่า（塔尼萨·素卡拉），"การแข่งขันทางเทคโนโลยีระหว่างสหรัฐอเมริกากับจีน: นัยต่อภูมิภาคเอเชียตะวันออกและไทย"（中美科技竞赛：对东亚与泰国的影响），International Studies Center (ISC), No.3, 2021, pp.1-17.

效，2004年以来泰国的非北约主要盟国地位也未改变，但曾经支撑军事盟友关系的政治逻辑却不复存在。近年来，由于美国对泰国保守阵营的固权举措持否定甚至抵制立场，使得在事关政治主导权的核心问题上，美国从泰国保守阵营的"庇护者"转向"干涉者"，从而很大程度上引发了美泰安全合作的再次漂移，以及中泰安全合作的重要进展。①

随着中美战略竞争的持续升级，泰国保守阵营在对外安全合作方面，展开了对冷战遗产的置换与重组，以形成更适度的大国距离。对此，泰国陆军副司令阿披难·卡姆颇（Apinun Kumproh）上将曾发表题为《中国梦与全球安全》的专稿加以阐释。作为长期负责国防政策与规划工作的高级军官，阿披难的看法在相当程度上体现了泰国保守阵营的情势感知与共识。阿披难指出，中美战略竞争就本质而言是发展道路竞争，并认为"不干涉他国内政"的中国比将"美式民主"强加于人的美国更有道路吸引力。同时强调，美国在东南亚地区对中国遏制围堵，势必引发地区紧张态势，泰国要发挥纽带作用，但要保持适度距离，以避免被大国（美国）安全利益捆绑被迫"选边站"。②

具体来看，一方面是置换，使泰国在对外安全合作上更多元化，以改变对美国安全承诺的过度依赖。近年来，泰国军备购置的多元化成效显著。数据显示，1950年至1974年泰国海外军购基本为美国所垄断，1975年至2004年美国年均占比也高达49.47%，但2012年至2020年美国占比已降至11.29%，中国占比

---

① ธนพล คงเจียง（塔纳蓬·孔鉴），"ความสัมพันธ์ของกองทัพไทยกับกองทัพจีนในยุคคณะรักษาความสงบแห่งชาติ（คสช.）"（国家和平秩序委员会时期的中泰军事关系），วารสารการวิจัยการบริหารการพัฒนา（发展管理研究杂志），Vol.10, No.2, 2020, pp.98–109.

② อภินันท์ คำเพราะ（阿披难·卡姆颇），"ความฝันของจีนกับความมั่นคงของโลก"（中国梦与全球安全），NDC Policy Brief, Vol. 4, 2017, pp.17–39.

则增至15.92%，此外乌克兰、韩国、瑞典、法国、意大利等国也分享了与美国相近甚至略高的军购份额。①与此同时，近年来美泰军事联演联训在规模与频次上都呈下降趋势，而中泰军事联演联训则是持续提升，相继创设"打击"陆军联演（2007年）、"蓝色突击"海军联演（2010年）、"鹰击"空军联演（2015年）、"联合·突击"特种部队联演（2019年），从而有效提升了中泰安全合作的深度与广度。②

另一方面是重组，使美泰安全合作偏向非传统安全，以更好地服务于保守阵营的国内固权与维稳诉求。对泰国而言，美国在安全领域的影响力根深蒂固，其中很关键的就是美式培训的持久作用。越南战争时期，美国每年培训的泰国军官多达1500名以上，冷战后期的培训规模有所下降，但在20世纪90年代初依然保持在每年350名左右。③21世纪初，曾接受培训的泰国军官累计多达2.1万名。④现任泰国陆军司令、陆军副司令、空军司令、国防部次长等军方高层，都曾赴美短期或长期研修。这就意味着，泰国在相当长时期内都很难经由"置换"改变美国安全影响力优势地位。

于是，通过议题设置与制度建构，将美泰安全合作的庞大存量资源引导到保守阵营掌握更多主动权的非传统安全领域，尽

---

① 资料来源：SIPRI Arms Transfers Database, Stockholm International Peace Research Institute, https://www.sipri.org/databases/armstransfers。

② 国务院新闻办公室：《新时代的中国国防》，新华社，2019年7月24日，http://www.gov.cn/zhengce/2019-07/24/content_5414325.htm。

③ Jennifer Morrison Taw, "Thailand and the Philippines: Case studies in US IMET Training and Its Role in Internal Defense and Development", Santa Monica: RAND, 1994, p.22.

④ Michael Connors, "Thailand and the United States: Beyond Hegemony?", in M. Beeson, ed., *Bush and Asia: America's Evolving Relations With East Asia*, Routledge, 2006, p.142.

可能规避中美战略竞争的地缘安全压力，也就成为当前较理想的"一举两得"策略。一来有助于缓解"美式民主"价值观外交利用美国安全影响力优势地位施压；二来有助于借助反恐、打击跨国犯罪、维护网络安全等正当理由，为保守阵营压制反对派提供行动框架。近年来，颇具代表性的"重组"工作是"国内安全行动指挥部"（ISOC）的重建与改组。其前身是冷战时期在美泰安全合作框架下设立的"反共指挥部"（CSOC）。21世纪初以来，随着政治权力结构调整，保守阵营对其进行了体制机制"重组"，使之成为在基层重塑"泰式民主"社会共识的前沿力量，并取得初步成效，甚至引起政府反对派的强烈不满与质疑。①

（三）以区域/次区域合作为纵深

对中小国家特别是小国而言，国家体量与大国相差悬殊是影响其对冲策略有效性的首要难题，很容易在大国地缘引力作用的牵扯下偏离初衷，从而失去战略腾挪空间。尽管泰国自视为"中等国家"，但相较于中美两国而言体量依然相去甚远。为此，泰国始终强调区域/次区域合作的必要性与重要性，借此拓展本国战略纵深，从而一方面以合作利益为缓冲，化解中美战略竞争的负面效应，另一方面以合作机制为杠杆，发挥"1+1>2"体量扩增效果（见图2.2）。具体而言，其做法主要有三。

其一是依托区域合作"东盟中心地位"，降低对冲风险。

任何对冲策略都不可能无风险套利，泰国采取"非中性"对冲更是难免引发大国不满。事实上，美国拜登政府出台的《临时国家安全战略纲要》只字未提泰国，不仅没有将其列入"核心联

---

① "The Power of the Military Over Civilians Remains: Five Glaring Issues and the Change of ISOC's role in the Aftermath of NCPO's Dissolution", Thai Lawyers for Human Rights (TLHR), Sep. 26, 2019, https://tlhr2014.com/en/archives/13935?lang=en.

盟"范畴,而且在"加倍努力在世界各地建立伙伴关系"的权重序列中,也位列印度、新西兰、新加坡甚至越南之后,成为"东盟其他成员国"的泛指概念。①从中不难看到美国对泰国近年来"非中性"对冲的不满情绪。

于是,依托区域合作构建战略纵深,强化"东盟中心地位"——东盟在推进区域经济一体化进程、构建地区政治与安全架构、处理域内外大国关系以及地区议程设置和秩序塑造等方面发挥引领作用②——以抱团方式冲抵美国"选边站"的地缘政治压力,也就成为泰国的必然选择。2019年,泰国发挥东盟轮值主席国作用,通过与印度尼西亚默契配合,促成了东盟国家共识,发布了《东盟印度洋—太平洋展望》,从而有效提升了东盟在印太战略下的话语权与影响力。③

其二是争取湄公河次区域合作主动权,增加对冲筹码。

对泰国而言,东盟区域合作主守,湄公河次区域合作主攻。由于在东盟框架下,老东盟除泰国外都是海岛国家,并且从体量上看印度尼西亚是天然战略重心,因此,尽管东盟合作对泰国具有重要价值,但泰国很难有效发挥其功能,长期以来都是扮演"敲边鼓"与"和事佬"角色,守有余但攻不足,难以成为对冲策略的战略支撑。但在中南半岛,情势就截然不同。泰国不仅地处战略腹地,而且是湄公河次区域五国中唯一的中高收入国家与老东盟国家,拥有明显的"领头羊"地缘优势。

---

① Joseph R. Biden, "Interim National Security Strategic Guidance", The White House, March 2021, p.10.

② Hiro Katsumata, "What Explains ASEAN's Leadership in East Asia Community Building?", *Pacific Affairs*, Vol. 87, No.2, June 2014, pp.247-264.

③ 刘琳:《东盟"印太展望"及其对美日等国"印太战略"的消解》,《东南亚研究》2019年第4期。

近年来，随着中国提出"一带一路"倡议框架下的中国—中南半岛经济走廊建设构想，湄公河流域各类次区域合作安排架床叠屋，这对泰国而言，既是机遇也是挑战。

从水资源到环境保护，从扶贫开发到移民权益，湄公河次区域合作面临的诸多议题为泰国提供了充足的对冲策略"筹码"。为此，巴育政府近年来依托伊洛瓦底江—湄南河—湄公河三河流域经济合作战略（ACMECS）积极争取湄公河次区域合作主动权，试图抓取更多"筹码"。2020年，巴育总理在第九届ACMECS领导人会议上，提出设立ACMECS发展基金与成立ACMECS秘书处的规划建议。[1]泰国此举旨在进一步完善ACMECS制度化建设，使之能有效承载次区域合作的利益协调职责，从而成为对冲策略的战略支撑。

其三是营造亚太跨区域连通想象空间，放大对冲杠杆。

从印太战略的视角来看，泰国所处的地理位置比较微妙。尽管东西两侧分别濒临印度洋（安达曼海）与太平洋（暹罗湾），但泰国与连通两洋的最关键水道马六甲海峡却存在一定距离，因此理论上被视为战略要冲，但事实上却很难以此为"筹码"施展对冲策略。

从历史来看，泰国基本上对"有名无实"的战略要冲颇为满意，因为在大国博弈的罅隙间涉险对冲，收益高但风险也不低，并不利于政治主导集团的固权与维稳。不过，如果局势需要，泰国也会以泰国南部克拉地峡"开凿运河/搭建路桥"可行性为议题，主动营造连通两洋的地缘想象空间，从而放大对冲杠杆，以

---

[1] "Thai PM Proposes 3 Points of Cooperation at 9th ACMECS", ASEAN Information Center, Government Public Relations Department, Dec. 9, 2020. http://www.aseanthai.net/english/ewt_news.php?nid=3709&filename=index.

获取短期地缘红利，但通常都会在风险攀升前令相关议题无果而终。

新冠疫情暴发以来，泰国国内经济形势衰退明显，保守阵营在固权与维稳方面的成本持续上升。2020年，巴育政府拨付530万美元用于泰国南部"路桥计划"的可行性研究。2021年，泰国交通部宣布可行性研究通过内阁审定，并于2022年公布全盘规划。随即，泰国交通部长经由中国驻泰大使，对华提出了推进"路桥计划"的合作信号。[1]从泰国"对冲"策略来看，很可能又是一次地缘政治的"加杠杆"博弈。

---

[1] "Govt Wants China in on Key Projects", *Bangkok Post*, Dec.21, 2021, https://www.bangkokpost.com/thailand/general/2235147/govt-wants-china-in-on-key-projects.

第三章　泰国发展模式变革对中泰关系的影响

泰国在过去一百多年里，通过先后三次长波段的国家发展模式变革，实现了从传统分封制农业国到现代化新兴工业国的跨越式发展。相较于亚洲邻国在同一时期普遍经历的殖民、战乱、灾荒等诸多苦难，泰国现代化进程大体称得上"百年国运"。不过，20世纪90年代以来，泰国试图跨越"中等收入陷阱"的第四次长波段国家发展模式变革却屡遭重挫——以经济道路为先导的转型遭遇1997年亚洲金融危机，以政治体制为重点的改革导致"红黄对立"。随着2016年拉玛九世驾崩，曾是变革稳定器的意识形态也开始面临重塑压力，并在美西方介入下，引发严重的代际冲突与政治极化。随着冷战期间建构的"经济—政治—意识形态"一致性共识瓦解，泰国国家发展模式正面临三大支柱整体重塑的百年未有之大变局。对中泰关系而言，这在很大程度上意味着必须改变两国建交以来惯常的看法与做法，既要顺应变化防范风险，更要积极主动合作，引导泰国充满不确定性的变革进程朝着开放、多元、包容的方向发展。

第一节 泰国发展模式变革进程与困境

从中泰关系的健康稳定发展来看,当前泰国国家发展模式变革引发的不确定性,既是风险挑战,也是重要契机,有助于在"破旧立新"过程中推动中泰战略合作深化发展。不过,"化危为机"的前提条件是全面准确理解和把握泰国发展模式变革的内在逻辑与现实分歧,而后方能顺势而为,开展有针对性的合作。为此,有必要从结构性视角出发,梳理解析泰国国家发展模式变革的进程与困境。

一 国家发展模式的概念与特征

泰国发展模式的学术研究,过去通常是在"东亚模式"框架下加以分析[1],并被认为在市场经济与政府干预的有机结合中,存在有别于日本和亚洲"四小龙"的独特模式。[2]1997年亚洲金融危机后,有关泰国发展模式的研究开始形成两个论述方向。一方面是受西方影响,更多强调政府干预过度的负面作用,要求进一步推进市场经济自由化。[3]另一方面是在普密蓬国王"充足经济"道路的影响下,更多强调经济自由主义的负面作用,倡导自给自足的可持续发展模式。[4]

---

[1] World Bank, *The East Asian Miracle: Economic Growth and Public Policy*, Oxford University Press, 1993.

[2] Jomo K.S., et al., *Southeast Asia's Misunderstood Miracle: Industrial Policy And Economic Development In Thailand, Malaysia And Indonesia*, Westview Press, 1997.

[3] Joseph Stiglitz and Shahid Yusuf, eds., *Rethinking the East Asian Miracle*, Oxford University Press and the World Bank, 2001.

[4] Office of the National Economic and Social Development Board, "Thailand's Economic and Social Development: Current Agenda", January 2007. http://www.nesdb.go.th.

从迄今为止的研究来看，尽管取得了诸多重要成果，但很少关切泰国发展模式的必然性问题，尤其是后危机时代的研究，更多讨论的是应然而不是实然。事实上，通过对东亚国家的比较研究[①]，可以看到在特定权力结构约束下，国家发展模式选择具有很强的局限性，任何超前安排都难以取得预期成效。因此，我们将着重从新旧政治权力集团的博弈视角出发，对泰国发展模式的变革加以探讨和分析。

我们认为，国家发展模式是指一国政治权力主导集团在特定历史传统、文化习俗、社会结构、国际环境等因素影响下，基于本国民众普遍社会经济发展诉求，经由各方政治权力集团反复博弈产生的，以契合"本土性"要求为前提条件，以"政治体制—经济道路"互动关系为核心架构的一整套制度、观念与策略的有机组合。

其一，发展模式具有本土性，并不存在普适标准，需要立足本国国情对他国经验加以取舍扬弃。

如果以来源分类，国家发展模式包括原生性与继发性两大类。前者是完全根源于本国实践产生的模式，而后者则或多或少源于对他国经验的仿效或借鉴。传统时代，东西方都出现过不少原生性的国家发展模式，并创造了各具特色的多元文明。但在从传统到现代的转型过程中，原生性的国家发展模式仅限于少数最早步入现代化进程的西方国家，而在殖民时代被迫卷入现代化进程的前现代国家，其国家发展模式通常都呈现继发性特征，更多是对西方现代化国家的对照学习，甚至是照搬照抄，而不是另辟蹊径独立探索。这一方面是交通与通信技术的持续改善，使得原

---

① 房宁等：《自由·威权·多元：东亚政治发展研究报告》，社会科学文献出版社2011年版。

生性的国家发展模式能更便捷有效地传播到后发展国家，使其不再像传统时代那样对外部世界缺乏认知；另一方面则是在现代化浪潮汹涌奔腾的民族存亡压力下，无奈选择已被证明的高确定性模式，而不是充满不确定性的自主道路。

不过，继发性的国家发展模式并不是对原生性国家发展模式的简单"重复"，而是"学我者生，似我者死"的过程。对发展中国家而言，借鉴他国发展模式的成功经验，有助于在本国探索和选择发展模式的过程中事半功倍，避免重蹈他国走过的弯路，但最终还是要经过"本土性检验"。作为发展模式的核心架构，无论是政治体制，还是经济道路，都在很大程度上受到本国历史传统、文化习俗、社会结构以及国际环境等内外部因素的深刻影响，即使是被他国实践证明有效的制度、观念与策略，也很可能是南橘北枳，难以在本国产生预期成效，甚至会产生副作用，影响本国社会经济的发展进程。

其二，发展模式具有主题性，随着社会经济发展，将会在新兴权力集团推动下进行调整或转换。

从功能角度看，构建契合本国国情之发展模式的首要价值，就在于为社会经济发展过程中面临的各类问题尤其是瓶颈问题，提供结构性的系统解决方案。因此，发展模式通常具有很强的主题性，并会随着社会经济发展，尤其是内外因素变化引发的各类核心议题变化而发生调整或转换，其动力主要来源于新兴权力集团对进一步开拓发展空间的强烈诉求。

社会经济发展客观上具有非均衡性特征，尤其在工业与农业、城市与农村、资本与劳力等方面的发展失衡表现得更为明显。因此在社会经济发展过程中，尤其在生产力或生产关系突破原有发展瓶颈后的高速增长过程中，通常都会发生政治权力集团的分化与重组，进而形成相较于既得利益集团而言，更具竞争力与发展潜力的新兴权力集团。[①]

如果既有"政治体制—经济道路"架构未能对发展模式主题进行及时转换，无法应对社会经济发展面临的新瓶颈问题，就有可能导致新旧权力集团分歧持续激化，引发国家权力结构重组，从而为发展模式的结构性变革铺平道路。

其三，发展模式具有一致性，其核心架构所体现的是各派政治权力集团通过协商达成的基本发展共识。

所谓基本发展共识，是指拥有话语权的政治权力集团在"本土性"认同尤其是意识形态认同基础上，针对国家社会经济发展的根本目标、基本任务、关键瓶颈、重要契机等关键性议题，达成基本一致认知。在此基础上，发展模式的"政治体制—经济道路"核心架构才能形成稳定、有序、可持续的良性互动。

从过程来看，发展模式的结构性变革主要包括两个环节：一是在调整国家权力结构的基础上，改革政治体制，框定各派政治权力集团的决策话语权；二是在重构基本发展共识的基础上，选择经济道路，划分各派政治权力集团在社会经济发展，尤其是瓶颈改革过程中，所需分担的成本，以及可能分享的红利。前者将为后者提供具有强制约束力的协商平台，有助于提高各派政治权力集团在经济道路的选择问题上达成共识的可能性；后者将为前者提供权力结构重组的正当性，从而增强政治体制的稳定性与执行力。两个环节相辅相成，共同保证了发展模式变革过程中的内在一致性。

[①] 周方冶：《东亚发展型国家政治转型的结构性原因——新兴利益集团崛起与政治权力结构失衡》，《新视野》2013年第5期。

二 泰国近现代发展模式变革的进程与路径

从19世纪中后期到20世纪中后期的百多年间,泰国针对"如何摆脱传统体制束缚""如何建构现代民族国家""如何实现跨越式发展"等重大历史主题,先后经历了三次长波段的发展模式变革。

首先是19世纪中后期到20世纪初,从拉玛四世开启现代化进程,到拉玛五世推动"朱拉隆功改革",泰国在殖民时期进行的国家发展模式变革,不仅成功摆脱了传统"萨迪纳制"对生产力与生产关系的严重束缚,解放了农业农村生产力,推动了城市工商业发展,而且将土地贵族扫进了历史垃圾堆,促成了从传统封建分封到中央集权君主专制的历史性变革。

其次是20世纪上半叶,从拉玛六世提出"立国三原则",到军人总理披汶·颂堪推行"唯国主义信条",泰国在跨越第一次与第二次世界大战的国家发展模式变革过程中,不仅建构了国有工业体系,夯实了泰国的独立民族国家地位,而且形塑了当代"泰人特性"的社会文化根骨。

最后是20世纪中后期,从军人独裁者沙立·他那叻倡导"泰式民主",到民选总埋差猜·春哈旺高呼"变战场为市场",泰国在冷战期间进行的国家发展模式变革,促成了社会经济跨越式增长,不仅经济增长率持续高丁全球经济增长的平均水平,而且在产业结构上从传统农业国转型为新兴工业国,并被誉为亚洲"四小虎"(见图3.1)。

对泰国而言,上述三次长波段的发展模式变革都具有很强的承继关系,从而构成了从传统到现代的连续性变化过程。尤其是冷战期间的第三次长波段变革,一方面在解决"如何实现跨越式发展"的重大历史主题过程中,重塑了"政治—经济—意识形

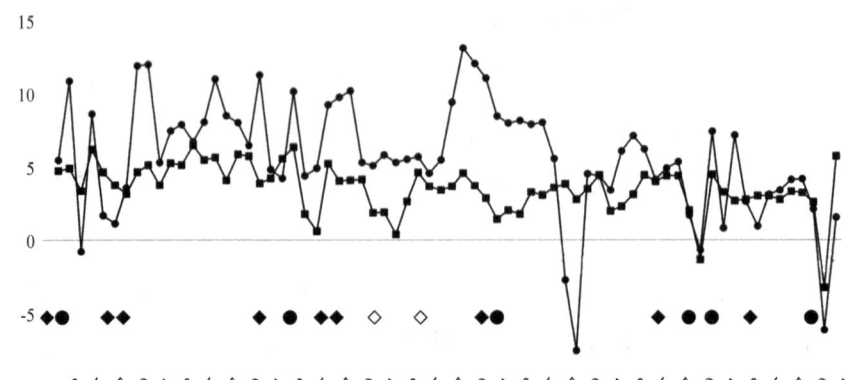

图3.1 泰国发展模式变革进程示意图

资料来源：泰国经济数据来自泰国国家统计局网站（http://web.nso.go.th）；1961年以后全球经济数据来自世界银行统计资料（https://data.worldbank.org.cn）；1961年以前全球经济数据来自Angus Maddison学术网站（http://www.ggdc.net/MADDISON/oriindex.htm）。

态"的一致性共识，从而为泰国的传统保守势力夯实了政治根基，延续了百多年来的国家改良路径；另一方面又在跨越式发展过程中，促成了新兴权力集团成长，从而为新一轮的发展模式变革埋下了火种。

于是，从结构性视角透视第三次长波段变革，既有助于理解泰国发展模式变革的演化过程，也有助于更好把握当前泰国发展模式变革的源起与背景。

（一）泰国冷战期间的两轮发展模式变革

从演进来看，泰国第三次长波段发展模式变革，主要由两轮小波段变革构成。

其中，首轮小波段始于20世纪50年代末。陆军司令沙立先后两次发动政变，依托武力接管国家权柄，并在摒弃原有"准威权体制—国营工业化道路"模式基础上，进行了全面的发展模式改革。

在政治体制方面，沙立政府否定了1932年民主革命后仿效西方建立的宪政民主体制，开始推行被称为"泰式民主"的军人威权体制。军人集团独揽军政大权，并通过全部由任命制议员组成的制宪会议，把持了国家立法权。与此同时，1959年临时宪法第17条规定，"在贯彻落实本宪法过程中，如果总理认为面临可能危及国家安全、王权存续以及法律秩序的紧急情况时，无论威胁是来自国外还是国内，总理都有权在内阁附议后，颁布政令或采取相应措施。相关政令和措施将被视为合法"，从而使军人总理拥有了凌驾于立法权与司法权之上的行政临机专断权。

在经济道路方面，沙立政府修正了原先的"国营工业化道路"，开始推行"民营化进口替代道路"。1961年，国家经济发展委员在世界银行的建议下，开始实施第一个国家经济发展计划。其中最关键的举措在于，改变以往政府直接参与生产的国营工业化道路，将政府投资更多地用于基础设施建设，并通过政策引导，鼓励私人部门和外资企业投资，拓展生产经营领域。[①]

从成效来看，得益于"军人威权体制—民营化进口替代道路"的有序互动，20世纪60年代的泰国社会经济发展获得了新的动力，开始了期盼已久的经济腾飞，国民经济年均增长率高达8.4%，制造业年均增长率更是超过11.4%，从此走上新兴工业化国家的发展道路。与此同时，"进口替代"政策也取得明显成效，

[①] 韩锋：《泰国经济的腾飞》，鹭江出版社1995年版，第76页。

相关消费品的进口比率都呈现不同程度的下降。

第二轮小波段始于20世纪70年代前中期。泰国在历经三年"民主实验"的社会分裂与政治冲突后，军人集团通过政变再次接管国家权柄，并在协调各方利益诉求基础上，建构了新形态的发展模式。

在政治体制方面，军人集团并未回归到20世纪60年代的军人威权体制，而是在"民主实验"经验教训基础上，构建了在国王领导下各派政治力量相互制衡的"半民主体制"。一方面，通过"非民选总理"制度，军人集团把持了行政权。另一方面，通过1978年宪法的议员任命制度，军人集团也在一定程度上掌握了立法权。统计显示，20世纪80年代三届国会的任命制议员中，具有军政背景的多达八成。不过，军人集团并未掌控国会主导权。事实上，从20世纪70年代末起，地方豪强就开始通过选举尤其是贿选，成为国会的政治主导力量。[1]

对"半民主体制"而言，最重要的还是以拉玛九世普密蓬国王为核心的王室—保皇派的政治平衡作用。"国王凌驾于相互对抗的政治集团之上，得到君主政体的支持是政治合法性必不可少的要件。如果未能得到国王认可，任何政治领导者或政权，甚至是民选政府，都不可能拥有真正的合法地位。"[2]这就在很大程度上保证了"半民主体制"的结构稳定性，尤其在挫败20世纪80年代的两次未遂政变过程中，以拉玛九世为核心的王室—保皇派都发挥了至关重要的制衡作用。

---

[1] Pasuk Phongpaichit and Chris Baker, "Chao Sua, Chao Pho, Chao Thi: Lords of Thailand's Transition", in Ruth McVey, ed., *Money and Power in Provincial Thailand*, Nordic Institute of Asian Studies, NIAS Publishing, 2000, p.39.

[2] Surin Maisrikrod, "Thailand 1992: Repression and Return of Democracy", *Southeast Asian Affairs*, Singapore: ISEAS, 1993, p.334.

第三章　泰国发展模式变革对中泰关系的影响

在经济道路方面，军人集团延续并进一步修正拓展了20世纪70年代初形成的"外向型产业升级道路"。从20世纪60年代后期开始，"进口替代"政策的弊端逐渐显现。首先是在产业保护政策下发展起来的进口替代工业缺乏竞争力，因此在国内市场日趋饱和的情况下，缺乏增长潜力。其次是进口替代有效地降低了消费品进口，却使生产资料、中间产品和原料的进口猛增，使得国际收支平衡状况并未得到实质性改善。到1970年，泰国贸易赤字已经从1960年的10.1亿铢增加到122.4亿铢。最后是面临人口增长压力。从20世纪50年代起，泰国人口就呈现迅猛增长态势，到1970年已翻了一番。20多年不断增长的人口，一方面为经济提供了大量的廉价劳动力，另一方面也成为社会发展的沉重负担，迫切需要开拓新的劳动密集型产业部门，用以吸纳富余劳动力。

因此，军人政府于1972年在"三五计划"（1972—1976年）中明确提出了"出口导向"发展战略，鼓励发展劳动密集型加工工业，在扩大工业制成品出口的同时，推动农副加工产品出口，依据外贸需要配置国内资源和生产要素。

1973年，军人政府在"10·14"民主运动中倒台，但是"外向型产业升级道路"却得以延续，并产生明显成效。据统计，从1970年到1980年，泰国出口总额从147.72亿铢猛增到1331.97亿铢，年均增幅高达24.6%，从而为泰国社会经济增长提供了强劲动力。"半民主体制"建立后，泰国政府的"四五计划"（1977—1981年）和"五五计划"（1982—1986年）进一步在外资优惠政策、产业结构升级、经济布局规划等方面，对"外向型产业升级道路"加以拓展与修正，从而为泰国有效应对20世纪80年代初的国际石油危机，以及承接20世纪80年代中后期日元升值引发的新一轮东亚产业转移奠定了坚实基础。

(二)泰国发展模式变革的演化路径

从泰国冷战时期的发展模式变革进程来看,可以得到如图3.2所示的泰国发展模式变革的周期性演化路径,其构成要件包括"一个方向,两个动力,四个环节"。

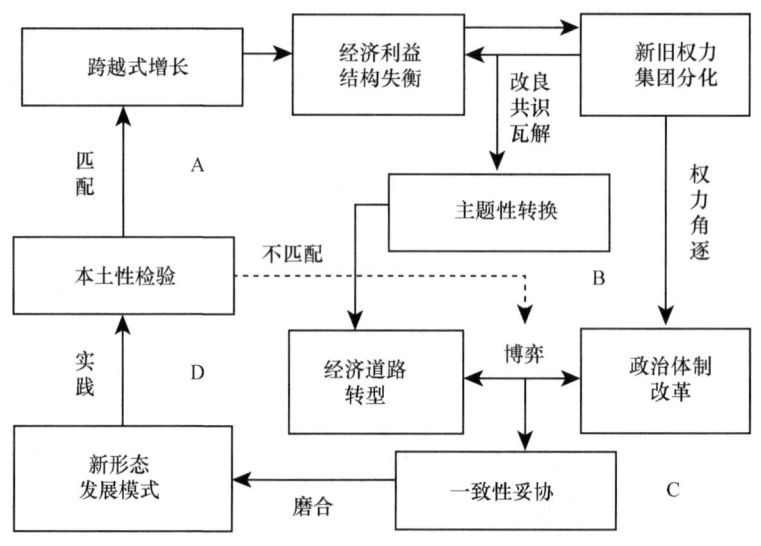

图3.2 泰国发展模式变革路径示意图

1. 国家发展模式变革遵循"一个方向"

作为国家发展模式的核心架构,"政治体制—经济道路"互动关系从一种稳定形态到另一种稳定形态的周期性变革,将会在总体上始终契合社会经济现代化发展的前进方向。不过,值得留意的是,国家发展模式的现代化方向并不必然表现为相关制度、观念与策略的现代形式,尤其是建立在西方国家现代化经验基础上的现代形式,而是很可能表现为具有独特传统印记的相关设计与安排。

20世纪80年代,泰国形成在国王领导下的"半民主体制"。

从形式上看具有明显的传统印记,但其本质上体现的,是有效契合社会经济现代化发展的新兴权力集团协商与制衡的现代政治理念,从而能与"外向型产业升级道路"形成良性互动,切实保证了泰国国民经济的稳定有序增长。

2.国家发展模式变革存在"两个动力"

国家发展模式变革的根本动力源于社会经济跨越式增长所引起的结构性矛盾。在各国社会经济发展尤其是在新兴工业化国家的跨越式发展过程中,由于受到政策扭曲、先天禀赋差异以及社会经济风险不均衡分布等因素影响,很容易导致群体间、产业间、地区间、城乡间的结构性发展失衡,从而引发在原有发展模式下无力解决的社会经济发展瓶颈矛盾。社会经济的发展需求与发展瓶颈之间持续积聚的结构性张力,最终将转化为推动发展模式变革的根本动力。

从泰国发展模式变革的根本动力来看,20世纪50年代末主要是国营工业化道路引起的"国(营)强、民(营)弱"结构性矛盾,而到了20世纪70年代初则主要是进口替代战略引起的进出口产业结构矛盾,以及国际贸易赤字难题。

不过,需要指出的是,社会经济发展的结构性矛盾并不会直接引起国家发展模式变革,而是要通过新旧权力集团的"权力—利益"博弈加以实现。[①] 在既有国家发展模式的"政治体制—经济道路"互动框架下,将会形成稳定的既得利益集团"权力—利益"结构,但是,随着社会经济跨越式增长引起结构性失衡,将会导致利益集团间的此消彼长,尤其是新兴权力集团崛起,以及部分既得利益集团衰落。

---

① 周方冶、郭静:《东亚外源型现代化国家政治发展的动力与路径》,《探索》2012年第2期。

从20世纪50年代末以沙立为代表的新生代军人集团的强势崛起，到20世纪70年代初曼谷政商集团的兴起、王室—保皇派的复兴、地方豪强集团的壮大，都在很大程度上对原有的"权力—利益"结构产生了内生性张力。①如图3.2所示，随着新旧权力集团分化的进程加剧，就会形成新兴权力集团对"权力—利益"结构重组的客观诉求，并在此基础上促成权力结构层面的政治体制改革以及利益结构层面的经济道路转型，从而成为推动国家发展模式变革的直接动力。

3. 国家发展模式变革经历"四个环节"

从演化过程来看，国家发展模式变革大致可以划分为首尾相继的四个环节（见图3.2）。

首先是跨越式增长（A）环节。国家发展模式具有相当的稳定性，通常情况下通过系统的自我调节都能适应社会经济发展的客观需要，因此，除非面临跨越式增长所引发的结构性变化，尤其是新兴权力集团的强势崛起，否则并不会引起发展模式变革。不过，值得留意的是，跨越式增长的来源既可以是内生性的，例如20世纪60年代泰国国民经济持续高增长引起的曼谷政商集团与地方豪强集团的强势崛起；也可以是外源性的，例如20世纪50年代美西方在冷战背景下对泰国军人集团的强力扶持。

其次是主题性转换（B）环节。随着社会经济的结构性失衡加剧，新兴权力集团面临的瓶颈矛盾会进一步激化，并将最终瓦解新旧权力集团在原有"政治体制—经济道路"框架下达成的改良共识，进而在新兴权力集团的推动下引发国家发展模式变革。从泰国案例来看，国家发展模式发生"主题性转换"的可能性，

---

① 周方冶：《东亚发展型国家政治转型的结构性原因——新兴利益集团崛起与政治权力结构失衡》，《新视野》2013年第5期。

通常与跨越式增长力度成正比，增长越快，越有可能发生转换；同时与国家发展模式的结构弹性成反比，弹性越高，越有可能延缓转换。这就意味着，如果希望保持社会经济稳定、高速、可持续增长，就有必要切实提高"政治体制—经济道路"框架的结构弹性。

再次是一致性妥协（C）环节。通常情况下，各方政治权力集团在达成新形态的基本发展共识过程中，分歧主要有二：一是经济道路转型的成本分担；二是政治体制改革的权力分享。由于事关根本利益，因此各方都很难做出妥协与让步，从而有可能导致"权力—利益"博弈面临困境。20世纪70年代中期的泰国"民主实验"失败，很大程度上就与各方诉求错配的零和博弈相关。

从泰国案例来看，能否有效达成一致性妥协，很大程度上将取决于以下影响因素：第一，增量改革要比存量改革更有利，因为各方在成本分担问题上，更有可能基于帕累托改进预期达成共识；第二，强势集团主导下的不对等博弈要比对等博弈更有利，因为各方在权力分享问题上，更有可能形成收敛的谈判预期，避免出现各方诉求错配的冲突和反复；第三，外部环境将产生重要影响，和谐有序、安定团结、繁荣共进的周边政治经济安全环境，有利于各方权力集团对中长期发展形成乐观预期，从而在理性选择基础上做出更加积极的让步与妥协，反之亦然。

最后是本土性检验（D）环节。通过各方权力集团博弈达成的"政治体制—经济道路"架构，最终还要经受本土性尤其是意识形态共识的实践检验，并在此基础上进行修正和调适，方能成为具有可行性的国家发展模式。如果未能通过本土性检验，就要重返C环节，再次进行各方权力集团的"权力—利益"博弈。20世纪50年代中期披汶·颂堪主导的"准威权体制—国营工业化道路"模式，就未能通过本土性检验，进而引发20世纪50年代末的新一轮国家发展模式变革。

三　泰国发展模式新一轮变革的动因与困境

从20世纪90年代起，泰国开始了新一轮的国家发展模式变革，其主题是"如何跨越中等收入陷阱"。得益于20世纪80年代"出口导向"经济道路的成功实践，泰国保持了多年的经济高速增长态势，并在20世纪90年代初首次跨越了中等收入国家门槛。但是，原有发展模式留下的社会经济欠账，尤其是贫富差距、城乡差距、地区差距等结构性问题日益严峻，而老龄化现象也初现端倪，使得泰国如果不进行根本性调整，难免陷入"未富先老"的发展困局。于是，随着冷战后的国际与地区局势好转，以及城市中产阶级与新兴资本集团的政治崛起，当时被誉为亚洲"四小虎"的泰国在必要性与可行性兼备的前提条件下，以相当积极乐观的态度开启了朝着高收入国家门槛跃进的国家发展模式变革。

然而，此次变革进程却事与愿违。过去30年时间里，泰国在"如何跨越中等收入陷阱"的长波段历史主题下，相继展开了三轮小波段的发展模式变革尝试。其中，前两轮尝试都以失败告终，不仅导致了泰国经济的两度重挫（见图3.1），而且引发了严重的社会分裂与政治冲突；2014年开始的第三轮尝试，则面临更为严峻的内外形势，甚至是全面重塑"经济—政治—意识形态"的结构性难题。

（一）20世纪90年代的第一轮尝试

1992年"五月流血"民主运动后，军人集团被迫退出政治权力中心，泰国开始效仿美西方体制机制，试图构建更契合"自由民主"的国家发展模式。

在政治体制方面，全面西化的"选举民主"成为城市中产阶级知识精英为泰国社会提供的核心方案。1992年，城市中产阶级通过大规模民主运动，迫使泰国国会通过宪法修正案，增补规定"内阁总理必须是选举产生的众议院议员"，从而使陆军司令无法再像以往那样直接把持总理宝座，有效剥离了军人集团对行政权的长期掌控。但是，随着军人总理退出政治舞台，泰国曾井然有序的行政管理体系很快在地方豪强主导的中小政党政争中变得混乱无序。从1992年到2001年，泰国相继更迭四任总理，执政最短的仅一年，从而严重影响国家政策的有效性与执行力。

在经济道路方面，面对全球化的机遇与挑战，泰国各方权力集团普遍认同城市中产阶级知识精英基于美西方经验提出的"全面自由化道路"。20世纪80年代中后期大规模外资涌入，有力促进了泰国社会经济繁荣，但也引起诸多发展难题。泰国"七五计划"（1992—1996年）明确指出，尽管经济高速发展，但是增长方式存在结构性失衡，尤其是贫富、城乡以及地区发展差距、基础设施建设瓶颈、储蓄与投资缺口、自然资源与环境恶化等，都有可能成为长期发展的重要障碍。[1]对此，深受美西方经验影响的泰国知识精英提出了"进一步深化经济自由化"的解决方案。"七五计划"在发展规划指导原则中，反复强调"自由化"的重要性与必要性，从资本市场，到工农业生产，到基础设施建设，再到社会服务等，都要积极落实自由化改革举措，放松政府监督，利用市场力量进行资源更有效配置。[2]

---

[1] The Seventh National Economic and Social Development Plan (1992-1996), National Economic and Social Development Board, Office of The Prime Minister, Bangkok, Thailand, 1991, p.2-5.

[2] The Seventh National Economic and Social Development Plan (1992-1996), National Economic and Social Development Board, Office of The Prime Minister, Bangkok, Thailand, 1991, p.13-14.

得益于20世纪90年代初泰国金融市场尤其是股市的爆炸式增长，泰国社会各界对"全面自由化道路"普遍充满信心。泰国"八五计划"（1997—2001年）甚至提出要"在2020年成为发达国家。届时泰国将成为全球第八大经济体，以1993年不变价格计算，人均收入30万泰铢或1.2万美元"。①然而，泰国的"经济自由化"迷梦最终在1997年亚洲金融危机的残酷现实面前被彻底粉碎，国民经济也遭受了前所未有之重创。至此，泰国发展发展模式的首轮尝试宣告失败。

（二）21世纪初的第二轮尝试

由于20世纪90年代形成的"选举民主体制—全面自由化道路"架构未能通过本土性检验，因此在1997年亚洲金融危机后，国家发展模式变革从D环节返回C环节（见图3.2），再次进行各方"权力—利益"博弈，以期达成新的"政治体制—经济道路"架构。

相较于20世纪90年代初在较短时间内就达成一致性妥协，各方权力集团在"政治体制改革—经济道路选择"问题上的本轮博弈却显得异常艰难，始终无法达成一致性妥协。究其原因，一方面是泰国在经历了1997年亚洲金融危机重创后，经济增长放缓，不再拥有20世纪90年代初的"增量改革"优势，尤其在对未来经济走势缺乏信心的情况下，各方权力集团都无意对"存量改革"做出实质性让步。

另一方面是随着新兴资本集团在农民群体的支持下，通过民主选举拥有了重要的甚至决定性的政治话语权，各方权力集团在

---

① The Eighth National Economic and Social Development Plan (1997–2001), National Economic and Social Development Board, Office of The Prime Minister, Bangkok, Thailand, 1996, p.2.

"权力—利益"博弈中的诉求多元化趋势变得日益明显,因此很难在缺乏强势力量约束情况下,通过自律的对等协商达成让步与妥协。

在政治体制方面,各方权力集团的分歧主要在于是选择"多数派赢家通吃"的民主选举,还是"尊重少数派诉求"的政治协商。

针对20世纪90年代中期的弱政府难题,泰国国会在城市中产阶级知识精英推动下,于1997年颁布了被誉为"民主里程碑"的新宪法,在制度层面对"选举民主体制"进行了更为理想化的设计与安排。相较于1991年宪法制度框架,1997年宪法在公民权利对国家权力的制约、地方自治对中央集权的分化、立法权与行政权的平衡以及独立监督体系的创制等方面,都有明显修正、完善与创新。[1]

作为"选举民主"的核心规则,1997年宪法在选举方面有两项重要创新。其一是废止了参议员遴选制,规定参议院200名议员全部经选举产生。此举主要是为了进一步阻断军人集团对国家权力的渗透与掌控。据统计,1991年遴选产生的参议员中有154名为军警官员,占到参议员总数的57%,占到两院议员总数的24%,从而在很大程度上延续了军人集团的政治话语权。[2]

其二是在选举中引入政党名单制,规定众议院的500名议员中,400名经小选区制选举产生,100名经政党名单制选举产生,即选民在选举时投票给政党,而后得票率在5%以上的参选政党

---

[1] 周方冶:《泰国宪政体制多元化的进程、动力与前景》,《南洋问题研究》2013年第4期。

[2] Ted L. Mc Dorman, "The 1991 Constitution of Thailand", *Pacific Rim Law & Policy Journal*, 1995, Vol.3, No.2, p.279.

根据得票率分配议席。此举主要是为了抑制地方豪强的中小政党，引导和鼓励大型政党发展，从而形成更加稳定和有序的国家政治生态。

从1997年宪法制度设计来看，城市中产阶级所期望的是在独立机构监督下的两大党制衡的政治格局。[①]对城市中产阶级而言，依托"有监督的选举民主体制"既能保持城市中产阶级相对军人集团、王室—保皇派、曼谷政商集团等既得利益集团的选票优势，亦能利用宪法独立监督机构，通过反腐反贿选对执政的地方豪强集团形成有效制约，从而切实保证城市中产阶级的政治话语权。

不过，随着以他信派系为代表的新兴资本集团的强势崛起，"有监督的选举民主体制"却未能取得预期成效。作为资本雄厚的新兴权力集团，他信派系一方面在北部和东北部农村地区建立基层组织，对长期以来作为"沉默大多数"的农民群体进行了有效动员和组织；另一方面提出以"草根政策"为表征的他信经济道路，积极回应农民群体提高生活水平和改善生产能力的迫切发展诉求，从而在短期内有效建构了新兴资本集团"资金"与农民群体"选票"的政治联盟。得益于占选民总数近七成的农村选民支持，他信派系在2001年首次参选就拥有了压倒性优势，并在2005年大选后建立了前所未有的"一党独大"政治格局。

他信派系的政治主导地位形成，使得包括城市中产阶级在内的各方权力集团在存量改革中处于明显不利状态，开始更多地承担社会经济改革成本，从而引发了既得利益集团保守派"反他信"阵营与新兴权力集团革新派"挺他信"阵营的持续政治冲

[①] 周方冶：《政治转型中的制度因素：泰国选举制度改革研究》，《南洋问题研究》2011年第3期。

突。2006年政变后,"反他信"阵营开始有意识地回归传统,更强调"尊重少数派诉求"的政治协商,而非"多数派赢家通吃"的民主选举,并在2007年宪法中恢复了参议员遴选制度,结果被"挺他信"阵营斥责为政治复辟。

由于2007年宪法在本质上依然是遵循"多数决"原则的选举民主体制,因此面对新兴资本集团与农民群体的政治联盟,"反他信"阵营根本无力制衡他信派系的东山再起。2007年与2011年大选,他信派系都以明显优势胜出。他信流亡海外,但其密友沙玛、妹夫颂猜、小妹英拉相继出任总理,从而有效保证了有利于新兴权力集团的改革进程。2013年,他信派系依托国会议席优势,开始推动宪法修正案,试图回归更有利于新兴资本集团—农民群体政治联盟的1997年选举民主体制,结果导致"反他信"阵营强烈不满,引发了长达半年的政治冲突,以及2014年政变。

在经济道路方面,各方权力集团的分歧主要在于是选择保守主义的"充足经济道路",还是革新主义的"他信经济道路"。

1997年亚洲金融危机后,各方权力集团都普遍认识到"全面自由化道路"的缺陷与弊端,因此针对危机后经济结构调整的存量改革难题,各方相继提出了代表本方利益诉求的经济道路方案。其中最具代表性的有二:一是普密蓬国王倡导的"充足经济道路",重视自力更生,规避全球化风险,提倡渐进式结构调整,强调通过精神文明建设缓和社会矛盾,得到城市中产阶级、曼谷政商集团、王室—保皇派等保守派支持。[1]二是前总理他信推行的"他信经济道路",重视对外开放,积极应对全球化机遇与挑战,提倡"草根政策",保证中下层公平分享社会发展红利,有

---

[1] 周方冶:《全球化进程中泰国的发展道路选择——"充足经济"哲学的理论、实践与借鉴》,《东南亚研究》2008年第6期。

效弥合社会差距,得到新兴资本集团与农民群体等革新派拥护。[①]

从他信首次出任总理时签发的"九五计划"(2002—2006年)开始,"充足经济道路"就一直被泰国五年计划视为国家社会经济发展的指导原则,[②]并于2007年被"反他信"阵营明确写入泰国宪法。但在政策层面,由于他信派系始终掌握政府决策的主导权,因此无论是对内改革,还是对外开放,都在很大程度上贯彻了"他信经济道路"。由于事关切身根本利益,因此保革双方在经济结构调整的存量改革议题上,始终未能达成妥协。

2006年以来,他信派系革新阵营的"民主选举体制—他信经济道路"与"反他信"保守阵营的"政治协商体制—充足经济道路"的结构性分歧,使得泰国发展模式变革在C环节(见图3.2)陷入了博弈僵局,并引发了持续政治冲突与严重社会分裂。在近十年的政治博弈中,他信派系与"反他信"阵营曾有数次机会达成一致性妥协,却因为缺乏彼此间的有效制衡,最终还是发展成为"钟摆式"反复,使得泰国社会为此付出了沉重代价。

(三)2014年以来的第三轮尝试

2014年军人集团政变夺权后,泰国开始了"如何跨越中等收入陷阱"的第三轮国家发展模式变革尝试。相较于第一轮尝试启动时的社会经济繁荣、各方权力集团乐观积极的"增量改革",以及第二轮尝试启动时的社会经济萧条、各方权力集团互不相让的"存量改革",第三轮尝试启动时,泰国面对的是社会经济衰退、各方权力集团以邻为壑的"减量改革",情势尤为严峻,可

[①] 李峰:《他信经济学及其对后他信时代泰国经济政策的影响》,《南洋问题研究》2009年第4期。

[②] The Ninth National Economic and Social Development Plan (2002-2006), National Economic and Social Development Board, Office of The Prime Minister, Bangkok, Thailand, 2001, pp.1-2.

谓是内外交困。

作为第三轮尝试的主导力量，巴育派系在保守阵营"铁三角"即军人集团、王室—保皇派以及曼谷政商集团的鼎力支持下，参照冷战时期的国家发展模式变革路径（见图3.1），时隔半个多世纪，再次祭出了军人威权体制的"政治法宝"，从而为重新规划国家发展模式提供了长达5年的缓冲期。

为了遏止"挺他信/红衫军"与"反他信/黄衫军"之间"红黄对立"政治裂痕进一步扩大，巴育派系政变上台后，一方面在政治体制上采取高压态势，甚至顶住美西方压力实施全面"党禁"，从而有效平息了政治动荡局面；另一方面在经济道路上弥合保革分歧，探索中间道路，努力在全球化进程中兼顾各方诉求。尽管保守阵营在2017年宪法第75条明确规定了社会经济发展的"充足经济道路"指导原则，但在政策方面，还是充分参照了"他信经济道路"的利益诉求，不仅推出"公民国家"（Pracharat）的民粹主义福利政策[①]，以提高中下层民众生活水平与生产能力，而且在对外开放特别是搭乘中国经济"顺风车"方面采取积极主动立场，并取得了显著成效。

2019年军人集团"还政于民"之前，保守阵营通过全部由任命产生的国民会议，构建了具有合法形式的"政治体制—经济道路"制度框架，旨在从体制机制上预先锁定新时期的国家发展模式。

从政治体制来看，保守阵营以2017年宪法为主，配合选举组织法与政党组织法，设置了为期5年的"半民主体制"过渡期。

---

① Thorn Pitidol & Weerawat Phattarasukkumjorn, "Pracharat Welfare Depoliticises Thailand's 'Political Peasants'", *New Mandala*, 29 Nov., 2019. https://www.newmandala.org/how-pracharat-welfare-depoliticises-thailands-political-peasants/.

其核心规则是废除了1997年宪法有关总理必须为民选议员的限制性规定，并规定参议员全部经遴选产生，且总理人选由250名遴选制参议员与500名选举制众议员以联席会议方式投票推选，从而为保守阵营直接掌控总理职位，提供了制度保障。

从经济道路来看，保守阵营以《国家20年发展战略规划》为纲领性文件，提出了全方位多层次的中长期国家发展战略规划，并以立法方式明确规定，《国家20年发展战略规划》生效期间，"所有政府机构和公共组织必须遵守国家总体规划，预算分配也必须符合规划要求"。从内容来看，该规划涵盖6方面发展目标，基本包括泰国社会经济发展主要领域：政治社会稳定，有能力应对外部威胁；增强国际竞争力，提高国民收入；发展国民权益，完善教育、医疗健康保障；创造社会公平，缩小贫富差距；在保护环境前提下提高人民生活水平；提升政府执政效率，杜绝贪污腐败，司法系统更加透明、完善和公平。这就意味着，即使经过5年过渡期，保守阵营依然有能力从法理层面有效把握经济道路的发展方向。

尽管在保守阵营主导下，泰国第三轮尝试以强制性方式通过了C环节的"一致性妥协"，但在D环节的"本土性检验"过程中，却面临重重困境。2019年大选，政变上台的前陆军司令巴育顺利连任民选总理，但泰国政局走势并未完全按照保守阵营安排的"剧本"上演，而是出现不少变数，尤其是新兴资本集团"塔纳通派系"的强势崛起，以及由于代际分化引发的新生代选民"反建制"政治运动，使得保守阵营的执政联盟从一开始就表现得相当脆弱和乏力。2020年预算案也因此被迫延期半年才得以批准执行。同时，由于全球经济衰退，以及新冠疫情暴发，泰国社会经济发展遭受重创（见图3.1），使得保守阵营所倡导的经济道路也备受质疑和指责。

不过，相较于政治体制的运行乏力与经济道路的不及预期，更严重的是作为"本土性检验"核心要素的意识形态共识，也在新生代选民掀起的"反建制"浪潮下持续衰退甚至坍塌。长期以来，"国王权威"都是泰国意识形态共识的重要根基，但在2016年拉玛九世驾崩后，由于继位的拉玛十世未能有效传承先王的个人权威，从而使曾经浑然一体的"想象王权"在观念与现实之间产生裂痕，再加上美西方自由民主的观念冲击，最终引发了新生代民众尤其是学生群体的质疑与否定。2020年，泰国极左翼学生运动史无前例地提出了"反王室"口号，从而将泰国推入了社会分裂与政治极化的变革困境。

四　泰国增量改革诉求与中泰经济合作契机

回顾过去30年泰国第四次长波段国家发展模式变革，清晰可见其愈陷愈深的现实困境。第一轮尝试的挫折源于经济领域的方向性错误，结果失去了转型的"增量改革"机遇；第二轮尝试的动荡则是在经济领域的保革路线分歧上，叠加了新旧权力集团的政治斗争，结果撕裂了转型的社会基础；第三轮尝试面临的困境更为严峻，不仅未能有效化解此前遗留的经济与政治领域问题，而且进一步叠加了意识形态危机。

这在此前百年的泰国发展模式变革过程中从未有过。事实上，尽管此前三次转型也都是在内外交困的情势下被迫进行的"破旧立新"，但原有的"经济—政治—意识形态"一致性架构从未同时崩塌，使得主导发展模式变革的政治力量始终有所依凭，不至于面对三大要素的全面重塑困局。

例如，第一次发展模式变革过程中，王室—保皇派的着力点就是与民族主义思潮相融合的"国王权威"意识形态,并据此设定了"本土性检验"的评判标准,从而为改良运动提供支撑,瓦解了封建经济体制,彻底清洗和改造了贵族—官僚集团,构建了以王室—保皇派为核心的政治权力结构与君主专制政体。

又如,第二次发展模式变革过程中,虽然"国王权威"意识形态被大幅弱化,难以为转型提供支撑,但民党军官派领袖披汶在军人集团支持下执掌泰国最高权柄长达20年,从而有效保证了军人集团主导下的政治权力结构稳定,使其能较从容地进行现代民族国家的经济与社会文化改造工作。

再如,第三次发展模式变革过程中,泰国在经济领域进行了两次重大调整,先是从国有工业化转到了民营进口替代,而后又转到了外向型产业升级,并在轻工业基础上稳步推进了重化工业。但是,经济领域的转型试错,很大程度上得益于"泰式民主"意识形态与保守阵营"铁三角"政治主导地位的双重稳定性。事实上,如果不是借助冷战的时代背景,以及美西方对"反共"的政治支持,保守阵营"铁三角"很可能无力保持对左翼力量的高压态势,更遑论在此基础上推动转型,甚至将转型成本转嫁给中下层群体。

从目前来看,泰国保守阵营正在以"亲民"形象重塑拉玛十世的"国王权威",虽初见成效,但要借此提振"泰式民主"意识形态,并将之作为国家发展模式变革着力点却缓不济急。随着极左翼运动在美西方价值观外交支持下的日趋扩大化与常态化,"泰式民主"意识形态很可能在相当长时期内都处于下行通道,难以为保守阵营推动发展道路转型提供有力支撑。

对泰国而言,如果要避免发展模式变革的无序竞争与错位漂移,就有必要在"经济—政治—意识形态"的三角架构下首先锚定其中一点，进而通过试错和妥协，构建具有内在一致性的国家发展模式。泰国在过去百年中，率先锚定的不是政治权力结构就是传统意识形态，但在当前的国际国内形势影响下，却很难依循旧例。

不过，中国经济发展的"顺风车"效应，却为泰国发展模式变革的困境破局提供了重要的时代契机，使其有可能率先锚定经济发展道路，并以此为着力点，再次营造"增量改革"的宽松环境，从而有序推进政治权力结构调整与意识形态重塑进程。

为此，巴育政府在《国家20年发展战略规划》工作落实中努力对接中国"一带一路"建设，不仅积极推进中泰高铁合作项目，着力打造中国—中南半岛经济走廊的交通大动脉，而且反复强调泰国东部经济走廊与中国粤港澳大湾区的有序对接，以期在中国"双循环"建设中抢占先机。

对中泰关系而言，把握泰国发展模式变革的内在需求，深化经济合作，将有助于为中泰战略合作提供坚实基础和澎湃动力。但也要看到，中美战略博弈的国际与地区形势，以及泰国国内政治博弈的复杂局面，难免会对中泰经济合作产生阻碍。2020年年初的泰国国会不信任辩论中，以塔纳通派系为代表的政治反对派就明确提出，巴育政府对华合作有可能损害国家利益，应当暂缓并予以检讨。[①]对此，必须保持战略定力，既要抓住保守阵营积极合作的重要窗口期，快步推进中泰经济合作，尤其是具有战略价值的基建和项目，也要兼顾泰国各方意见，坚持互利共赢合作理念，稳扎稳打夯实"中泰一家亲"的社会经济根基。

---

① Aekarach Sattaburuth, "Govt too Submissive to China", *Bangkok Post*, 26 Feb., 2020, https://www.bangkokpost.com/thailand/politics/1865574/govt-too-submissive-to-china.

第二节 泰国政党政治重返"泰式民主"的背景与原因

作为泰国政治体制核心要件的政党政治，从20世纪中后期的民主化进程开始，先后经历了"泰式民主"到"西式民主"的曲折演进，以及近年来的"泰式民主"回归。从成因来看，相关变化源于泰国政治权力结构调整，以及由此引发的国家发展模式变革。因此，从泰国政党政治变化，可以管窥其政治权力结构的演化发展。短期来看，保守阵营依然占据政治主导地位，但中长期来看，政治多元化将是前进方向。对中泰关系而言，有必要顺应多元化趋势，进一步扩大合作交流范围，努力为新时期双边关系夯实根基。

一 政党政治视角下的"泰式民主"模式

"泰式民主"是20世纪60年代的军人总理沙立提出的政治理念。对此，沙立曾形象地指出："希望我们的民主能够像植物那样深深扎根于泰国的土地。它应当在风雨中茁壮成长。它应当长出香蕉、芒果、红毛丹、山竹和榴莲，而不是苹果、葡萄、枣子、李子或栗子。"[①]其核心观念就是要坚持传统智慧，探索政治本土化发展道路，反对照搬照抄"西式民主"模式。

1959年政变后，沙立政府发言人指出："导致此前政治动荡的根本原因，在于贸然将外来制度移植到我们的土地上，而没有审慎准备，特别是没有正确考察我国国情以及国民的天性和特

---

① ประชาธิปไตยแบบไทย, กรุงเทพฯ: สำนักพิมพ์โชคชัยเทเวศร์, ๒๕๐๘, หน้า 40.

点。这就无可避免地引起了无序和混乱。回顾历史，不难看到我国在权威统治下运行得更好。这不是专制权威，而是能够团结国内所有要素的统一权威。与此相对，我国历史上的黑暗年代则深刻表明，如果缺少统一权威，各种要素就会趋于分裂，国家也将面临持续不断的灾祸。"①

20世纪70年代以来，有关"泰式民主"的理解日益分化，并被赋予更多内涵。一方面，对保守阵营而言，"泰式民主"很大程度上是泰国特色君主立宪体制的代名词，并充分体现了本土主义自豪感与传统主义自信心，特别是20世纪60年代到80年代成功实现从农业国到工业国的跨越式发展成就。对此，2014年政变上台的巴育政府在"还政于民"前强调指出，"民众应清醒认识到，真正的民主是保证社会安定，维护公共利益，以及保护民族、宗教与国王"。②另一方面，崇尚西方道路的知识分子与政治精英，则通常将"泰式民主"视为专制独裁的修饰语，甚至斥责为权贵集团用以维护特权和压制人权要求的虚构谎言。③不过，对大多数普通民众而言，"泰式民主"并不存在界限分明的价值观判定，仅是对政治现实的客观描述，以区别于西方国家的运作方式。

经过半个多世纪的演化发展，"泰式民主"已融入泰国政治生活各个方面。对政党政治而言，从政治权力集团视角来看，"泰式民主"很大程度上体现为"权力—利益"博弈过程对政党载体的运用程度。如图3.3所示，政治权力集团进行国家资源分配竞争的过程中，通常会采取政党博弈，以及非政党博弈的两类方

---

① Thanat Khooman, "Thailand's New Era", Bangkok Post, March 10, 1959.

② "PM Urges Thais to Get Prepared for Election", National News Bureau of Thailand, 24 Nov. 2018, http://thainews.prd.go.th/website_en/news/news_detail/WNPOL6111240010006.

③ "Junta 'Democracy'", Political Prisoners in Thailand, 26 Nov. 2018, https://thaipoliticalprisoners.wordpress.com/2018/11/26/junta-democracy/.

式。如果政治权力集团更多采取非政党博弈方式，例如政变夺权、非民选国会、司法干政等，那么泰国政党政治就更多表现为"泰式民主"，反之则更多表现为"西式民主"。

从最极端的情况看，泰国20世纪60年代的军人威权时期长期施行党禁，相关国家资源基本都是通过军政府的行政命令加以分配。因此在纯粹的"泰式民主"体制下，其实并不存在政党政治的生存空间。不过，通常情况下，泰国政治是介于纯粹的"泰式民主"与"西式民主"之间，从而使得政党政治的属性归属更多取决于图3.3中虚线位置是更加偏向左侧还是右侧。20世纪80年代的半民主时期，非民选总理掌握政治主动权，政党议员处于从属地位，政党博弈作用有限，因此总体上政党政治呈现泰式民主特征；到20世纪90年代，随着政党议员政治影响力上升，特别是民选总理拥有宪法保障，再加上21世纪初泰爱泰党的强势崛起，使得泰国政党政治开始从"泰式民主"转变为"西式民主"。

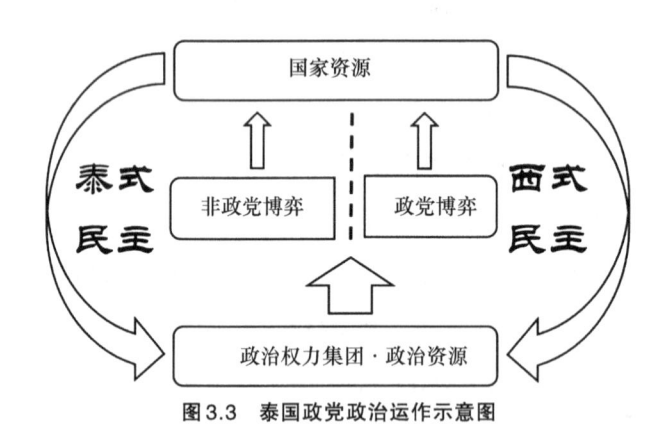

图3.3 泰国政党政治运作示意图

对此，有以下方面值得留意。

第一，泰国政党政治要洞穿掮客政党现象，把握政治权力集团的结构关系。

从发展中国家来看，普遍缺乏完善的政党体制机制建设，政治社会经济结构也经常处于发展与转型过程中，使得政党在政治活动中更多呈现的是工具性，而不是主体性，特别是掮客政党现象，更使得政党沦为政客（或派系）的短期政争工具，甚至引发政党空心化问题，难以为政党政治中长期发展提供稳定可靠的研究视角。对泰国政党政治而言，掮客政党的负面影响尤为明显。

尽管在20世纪初叶，泰国就已出现具备政党雏形的政治团体"民党"（People's Party），但其政党政治的发展相当艰难。1932年，民党发动民主革命推翻君主专制政体，但民党军官派却拒绝承认政党地位；直到1946年民党文官派掌权后，泰国才在宪法中首次述及"政党"条款，从而赋予政党合法地位；不过，1947年政变旋即废止1946年宪法，政党被取缔，"政党"条款也不复存在，直到1952年宪法才得以重现；首部《政党法》于1955年正式颁行，距离民主革命胜利已过去20多年；20世纪50年代末，泰国军方政变上台，使得政党政治发展被迫中断长达十年；直到20世纪60年代末，泰国才再次回归政党政治发展进程，但依然受到"泰式民主"体制严重束缚。随着冷战结束，泰国政党政治以1992年"五月流血"民主运动胜利为标志，开始进入繁荣发展阶段。不过，长期以来缺乏基层组织建设与选民意识培养的历史欠账，却使得泰国政党政治始终未能克服掮客政党引发的政党空心化问题。

对于泰国通常建立在传统庇护制基础之上的中小政党而言，通过选举甚至是贿选方式赢得众议院议席，并在此基础上参与财政预算项目的"猪肉桶分肥"，始终是其党内政客（或派系）最主要甚至是唯一目标。长期奉行掮客政党的行为逻辑，使得泰国政党普遍结构松散，甚至存在空心化问题，不仅缺乏核心凝聚力的价值认同与理念共识，而且难以对党内政治掮客形成有效约束。事实上，在21世纪初泰爱泰党崛起前，泰国政党在执政纲领或政策主张方面普遍缺乏辨识度，即使是最老牌的民主党，也缺乏严格意义上的发展理念或指导方针。党内的政客（或派系）以票仓或议席为筹码，伺机在各政党间跳槽，以获取更有利的分肥方式，从而使得泰国的中小政党经常会在政治掮客影响下勃兴忽亡。

据统计，在1995年7月的众议院选举中，临时转党的议员候选人多达262人，而在1996年11月的众议院选举中，这一数字更增至353人。[①]有学者形象地指出："政党好比大树，政客就像栖息在树上的鸟。如果某棵树上结满了果实比如大量的金钱和特权，国会议员就会纷纷离开原先的政党前来投效。"[②]1997年宪法推出加强党建的制度安排后，政治掮客在泰爱泰党的强势打压下曾有所收敛，但随着2006年政变后泰爱泰党被强制解散，政党空心化再次成为政治常态。

发展中国家的掮客政党在体制机制建设方面存在的结构性缺陷，特别是政党空心化问题的客观现实，使得在政党政治研究过程中，如果选择政党视角，很容易受到政客（或派系）层面短期行为的信息干扰。因此，为了更好地把握相关国家政党政治中长期发展的行动逻辑与演化规律，就有必要洞穿政党运作表象，从政治权力集团视角进行观察与分析，以保证长周期研究的准确性

---

① เชาวนะ ไตรมาศ, ข้อมูลพื้นฐาน 66 ปี ประชาธิปไตย, กรุงเทพฯ: สถาบันนโยบายศึกษา, ๒๕๕๑, หน้า 46.

② สมุทร สุรักขกะ, 26 การปฏิวัติไทยและรัฐประหารสมัย 2089 ถึง 2507, พระนคร: โรงพิมพ์สื่อการพิมพ์, ๒๕๐๗, หน้า 511.

与连贯性。

第二，政党政治体现的是权力结构的利益边界划分，而不是权力地位的结构调整。

对政治权力集团而言，政党政治是现代政治体制下的重要"权力—利益"博弈方式，特别是在相关国家的政治权力结构较稳定的发展阶段，政党政治将有助于提供规范化和制度化的博弈环境，以促使政治权力集团在利益边界的划分问题上更有效地达成妥协，切实降低博弈成本。

不过，政党政治具有约束力的运行架构建立在政治权力集团对政治权力结构的共识基础之上。于是，如果相关国家特别是发展中国家处于社会经济转型阶段，面临政治权力地位的结构调整，那么，政党政治的既有运行架构就有可能因为政治权力集团的共识基础瓦解而失去约束力和引导作用，使得政治权力集团开始更多地诉诸其他方式进行"权力—利益"博弈。随着新的政治权力结构形成，政治权力集团将会达成新的政治共识，并在此基础上促成新的政党政治运行架构。

20世纪60年代末以来，泰国政治权力结构经历了数轮调整，与此同时，政党政治也在政治权力集团的共识基础瓦解与重建过程中，经历了"泰式民主—西式民主—泰式民主"的"过山车"式调整（见图3.4）。

从军人威权时期（A阶段）到半民主时期（B阶段），虽然政治权力结构都呈现寡头自律形态，即在核心圈层的复数政治权力集团的联合打压下，其他政治权力集团或社会群体被压制在边缘圈层，制衡圈层出现真空，但是，权力核心圈层的政治权力集团增加，还是在很大程度上改变了泰国政坛的共识基础，从而在B阶段促成了泰式民主的政党政治运作框架，其中最显著的两个特征是总理可以由非民选议员出任，以及参议院议员经由遴选任命。尽管政党政治发展在B阶段依然受到泰式民主的严重束缚，但相较于A阶段的长期党禁，对政党政治发展而言还是重要进展。

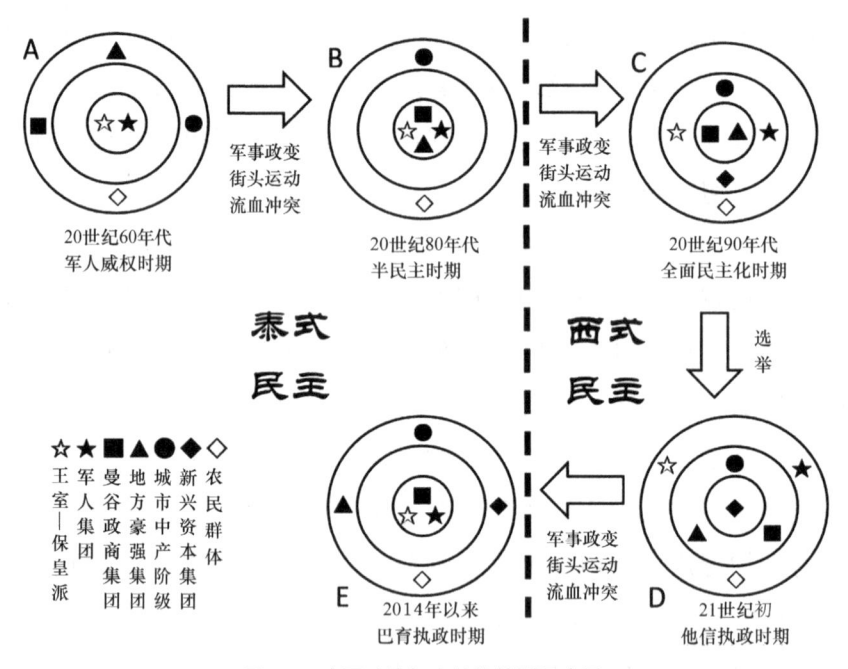

图3.4 泰国政治权力结构转型示意图

从B阶段到全面民主化时期（C阶段），政治权力结构呈现寡头自律形态到衡平多元形态——各圈层都有复数政治权力集团分布——发生了根本改变，使得泰国政坛再次经历共识基础的瓦解与重组过程，并推动了政党政治从"泰式民主"到西式民主的路径转移。1992年，泰国颁布宪法修正案，明确规定内阁总理必须由民选议员出任；1997年，泰国颁布新宪法，规定参议院议员全部经由直选产生，从而为政党政治发展特别是大党成长铺平道路。

从C阶段到他信执政时期（D阶段），政治权力结构随着新兴资本集团的强势崛起而发生了重要调整。尽管新兴资本集团是在政党政治的运作框架下开展"权力—利益"博弈，但其势力拓展超越了利益边界范畴，很大程度上改变了原有的政治权力结构，使得王室—保皇派、军人集团、地方豪强集团以及曼谷政商集团等保守政治力量在"权力—利益"博弈中面临结构性损失，从而引起泰国政坛的共识基础瓦解。曾被视为泰国"民主里程碑"的1997年宪法于2006年政变后被废止，西式民主的政党政治发展也戛然而止。

从D阶段到巴育执政时期（E阶段），政治权力结构回归寡头自律形态，并使得政党政治的运作架构也重返泰式民主。2007年，政变上台的临时政府颁布新宪法规定，参议院议员半数经由遴选任命。2017年，政变上台的巴育政府颁布新宪法进一步规定：参议院议员全部由遴选任命；内阁总理可由非民选议员出任，且不必隶属政党。不过，从2017年的新宪法公投仅有59.4%投票率，并且38.65%持反对意见的情况看，泰国政坛的共识基础远未夯实，尚存在明显的政治分歧。[①]

第二，国家资源的范畴将随着社会经济发展持续拓展，并会在市场化与全球化影响下，为更具适应力的政治权力集团提供更多利益分配空间。

国家资源是指在分配过程中有可能受到国家权力直接或间接影响的所有社会经济资源，其中既包括在国家权力直接掌控下的公共资源，也包括受到国家权力规制或引导的市场资源。具体来

[①] Mongkol Bangprapa, "Official Charter Referendum Figures Posted", *Bangkok Post*, 11 Aug 2016, https://www.bangkokpost.com/news/politics/1058026/official-charter-referendum-figures-posted.

看，国家资源可分为以下三类。

第一类是通过国家权力可直接处置的公共资源。例如财政预算、矿业开采权、特许经营权等政府直管的有形或无形资源。由于此类资源可以通过国家权力进行特定指向的直接分配，例如为军人集团提供军费、为曼谷政商集团提供矿业开采批文、为地方豪强集团提供基建承包合同、为新兴资本集团提供电信专营权、为城市中产阶级提供税收减免、为农民群体提供扶贫资金等，因此传统上是政治权力集团的"权力—利益"博弈重点。同时，此类资源具有明显的存量特征，在名目上相对固定，在总量上增长有限，因此分配调整过程通常呈现"零和博弈"，很容易引起新兴权力集团与既得利益集团难以调和的分歧甚至冲突。

第二类是通过国家权力可间接规制的市场存量资源。例如通过最低工资标准等政策和法律法规规制的职工工资等市场化资源。此类资源通常是经由市场"无形的手"进行分配，但以国计民生为由，国家权力也经常主动干涉，从而对相关政治权力集团的利益诉求加以回应或遏制。由于是对社会经济发展过程中的市场存量资源进行分配调整，因此难免引起利益摩擦。但通常情况下，市场化程度越高的政治权力集团，例如曼谷政商集团、新兴资本集团、城市中产阶级等，在此类资源的分配调整过程中受到的影响越明显，市场化程度较低的政治权力集团，例如军人集团等，则在影响上表现得较为中性。这就使得围绕此类资源的"权力—利益"博弈虽然也会紧张激烈，但范围相对有限，较少引发普遍性的矛盾冲突。

第三类是通过国家权力可有序引导的市场增量资源。例如放宽外资准入条件等改革开放举措所涉及的无形资源。相较于前两类资源，此类资源本质上不是既存利益，而是在市场开拓与竞争过程中创造利益的潜在可能。由于此类资源在当期并不存在，因此国家权力的分配调整更多体现为柔性的引导工作，而不是硬性的处置或规制，否则就可能使得未来的潜在利益难以成为现实。

值得留意的是，得益于相关资源的更有效配置，改革开放举措很有可能促成社会经济的增量式发展，使得分配调整后的潜在利益显著高于调整前。不过，第三类资源分配调整的结果并不完全是帕累托改进。事实上，市场化程度越高、全球化适应越强的政治权力集团——例如新兴资本集团——将会在分配调整中获得更多甚至是大部分红利，而其他政治权力集团——例如军人集团和王室—保皇派——则难以分享好处，部分政治权力集团——例如曼谷政商集团和地方豪强集团——甚至会面临潜在利益损失。于是，对发展中国家而言，从中长期来看，第三类资源的分配调整将比前两类更有可能改变新旧政治权力集团的力量对比，甚至引发权力结构层面的分歧与冲突。

二 巴育政变与"泰式民主"回归

2014年军事政变后，军人集团组建了维护和平与秩序委员会，并以遴选方式成立国家立法会议，代行国会权柄，同时成立以巴育为内阁总理的临时政府，通过行政命令方式进行国家资源分配。由于施行党禁，因此在2014年至2018年间，从政党政治层面来看，泰国遵循的是纯粹的"泰式民主"体制。2019年军人集团承诺"还政于民"举行大选，但从2017年宪法及相关制度安排来看，政党博弈的作用范围受到显著约束，图3.3中虚线位置相较于他信执政时期更偏向右侧，从而使政党政治呈现显著的泰式民主特征。具体来看，主要体现在以下方面。

（一）政党政治失去了总理人选的决定权

作为行政权的最高机构，政府内阁总理的职位归属具有显著的标志性意义。1992年宪法修正案出台前，泰国总理可以由非民选议员担任。其中，最有代表性的就是20世纪80年代的炳·廷素拉暖。炳总理作为王室—保皇派与军人集团的政治代表，三届总理，两度连任，八年执政，每次都是以"局外人"接受各政党共同推举。泰式民主政党政治的非政党博弈方式，在政党拱手让出总理职位的过程中得到了直观体现。

1992年的"五月流血"民主运动后，泰国总理必须由民选众议员担任写入宪法，从而标志着政党博弈开始占据主导地位。曾经被誉为"民主里程碑"的1997年宪法在第201条规定，内阁总理必须是众议员；在第202条规定，内阁总理必须得到众议院过半数议员支持；在第107条规定，众议院议员候选人必须在选举日之前连续90天以上隶属同一政党。这就意味着，内阁总理的职位归属将完全取决于政党博弈，不仅要来自政党，而且要得到多数政党支持，从而促成了图3.3中虚线位置左移。

2006年政变后，保守阵营曾提出非民选议员担任总理的政治议题，但很快就在各派力量抵制下出局。于是，2007年宪法延续了与1997年宪法相同的条款规定，仅是规定在法定期限内，如果任何总理候选人都未能赢得众议院过半数支持票，则由众议院议长提请国王任命得票最多的候选人担任总理，从而在一定程度上限制了政党博弈的技术手段，避免出现政治僵局。

不过，由于2007年与2011年的两次大选，代表新兴资本集团的他信派系都以明显优势胜出，并先后依托人民力量党和为泰党，相继推举前总理他信密友沙玛、妹夫颂猜、小妹英拉出任总理，使得保守阵营在2014年政变后，开始更多诉诸非政党博弈方式，从而推动了图3.3中虚线位置右移。

2017年宪法不再明确规定内阁总理必须由民选议员担任，并出台了与以往有所不同的总理推选办法。根据相关规定，各政党在众议院选举前，可以提交至多三名的总理候选人名单（第88条）；如果某一政党在众议院选举中赢得5%以上议席，那么该政党提交名单上的总理候选人在获得10%以上众议员支持后，就将成为正式的总理候选人；最后，通过众议院表决，获得全部500议席半数以上支持的候选人当选总理（第159条）。

由于相关规定在总理候选人资格问题上，并未限定是否要隶属政党，从而为保守阵营的"局外人"效法炳当选总理创造了有利条件。更重要的是，保守阵营为了限制政党博弈的影响力，还设置了环环相扣的过渡条款。其中，过渡条款第272条规定，依据2017年宪法产生首届国会后的五年内，将由参众两院联席会议表决总理人选，而不是第159条规定的众议院表决；过渡条款第269条规定，依据2017年宪法产生的首届参议院，将由维护和平与秩序委员会负责遴选全部的250名参议员，其中包括陆军司令、海军司令、空军司令、最高司令、国防部次长、警察总监等六名法定参议员。

这就意味着，根据众议院四年一届（第99条）与参议院五年一届（第109条）的相关规定，军人集团通过直接掌控参议院的非政党博弈方式，将在"还政于民"后至少在两届总理人选上拥有决定性政治优势。在两院联席会议的总理人选表决中，保守阵营支持的总理候选人将提前获得来自参议院的250席支持，仅要再争取众议院126席即25%的众议员支持即可胜出。与此相对，如果通过政党博弈方式争取总理职位，则需要在众议院争取多达376席即75%的众议员支持方可胜出。这对2006年以来空心化现象日益明显的掮客政党而言，存在显著难度。

事实上，即使最具有影响力的他信派系，也仅在巅峰时代的2005年大选中赢得过75%的众议院议席，此后在2007年与2011年大选中，所获议席占比分别为48.5%与53%。并且，保守阵营还针对他信派系的大党优势，在2017年宪法有关众议院选举的相关规定中采取了议席混合分配规则，使得任何政党所获议席理论上将与其得票率相一致，从而避免再次出现2005年大选中他信派系以61.2%的得票率获得75.4%议席的大党选举红利。①虽然也存在其他政党与他信派系组建联合阵营的可能性，但从泰国捐客政党的行为逻辑来看，更有利可图的是与直接把持两院1/3议席的保守阵营结盟，不仅收益有保证，而且有助于规避保守阵营再次发动政变的非政党博弈风险。

与此同时，2017年宪法过渡条款第272条规定，无论任何原因未能产生总理人选的情况下，不少于1/2的两院议员有权提请国会主席召开两院联席会议，并在不少于2/3两院议员支持下，废止原先生效的总理候选人名单，重新启动总理推选流程，原有的总理候选人可列入也可不列入新名单。面对政治僵局，2017年宪法选取流程重启的模式应对，而不是像2007年宪法那样直接选定支持率最高的候选人担任总理，很大程度上是为保守阵营提供非政党博弈的运作空间。首先在政治拉锯战的条件下，保守阵营的临时政府将继续把持国家权柄，相当于变相延长执政时间；其次有助于保守阵营安排更多"局外人"参与总理推选，特别是部分敏感的政治代表，将不必经过大选前的总理候选人名单公示，即可"插队"直接角逐总理宝座；最后是保守阵营将有更多缓冲开展院外施压，特别是运用20世纪80年代的惯用策略，营造政

---

① 周方冶：《泰国政党政治回归的前景与挑战》，《当代世界》2018年第5期。

变紧张氛围，以迫使中间力量就范。

（二）政党政治失去了宪法修订的主动权

对政治权力集团而言，法律法规是用以划分彼此利益边界的重要方式，宪法在其中更是具有提纲挈领的首要作用。因此，政治权力集团的"权力—利益"博弈结果，很大程度上直观体现为法律法规的立废增删，特别是宪法层面的相关条文修订。于是，泰国宪法修订规则变化情况，也就在很大程度上成为理解和把握图3.3中虚线位置变化的重要窗口。

从表3.1来看，如果就宪法修订议案的提请审议而言，相关限制条件并不严格，除了1991年宪法要求众议院或两院议员不少于1/3，其他版本的宪法都将要求降至不少于1/5，2007年宪法开始还增补了5万选民联名提起宪法修订议案的特别规定。相对于泰国至少4500万选民基数，5万选民的议案提请门槛可谓相当宽松。不过，虽然宪法修订在形式上启动程序并不困难，但要通过修宪达到调整利益边界甚至是权力结构的政治目标，却是相当艰难的博弈过程。

由于泰国各个宪法版本在参众两院议席的数量与产生办法以及宪法修订审议等方面的规定不尽相同，使得政党博弈与非政党博弈所发挥的作用，以及呈现的"泰式民主"色彩也有所不同。具体来看，首先要把握泰国政治运作中的两个客观现象。

第一个是任命制参议员的保守阵营属性。尽管在宪法起草过程中，参议员遴选任命制度被解释为保证参议员专业化与中立性的必要手段[1]，但问题在于，从1991年宪法到2007年宪法再到2017年宪法，都是军人集团的政变产物，因此就本质而言，根本无从掩饰任命制参议员作为保守阵营政治代表的显著特征与客观必然。

---

[1] Michael H. Nelson, "Constitutional Contestation over Thailand's Senate, 1997 to 2014", *Contemporary Southeast Asia*, Vol. 36, No. 1, April 2014, pp. 60–61.

表 3.1 泰国宪法修订规则变化

宪法版本	参议院议席及产生办法	众议院议席及产生办法	宪法修订议案提请规则	宪法修订议案审议规则
1991年（修订）	遴选任命产生，总数为众议院议席的2/3，不足1个议席的舍弃	每15万选民产生1个议席，各府至少1个议席，整除15万后的余数达到或超过7.5万增加1个议席；全部经由大选区制选举产生	政府内阁或众议院不少于现有议员1/3，或参众两院有议员1/5有权提出宪法修订议案	一读审议，以唱名表决方式，现有议员半数以上赞成；二读审议，以简单多数为通过；三读审议，以唱名表决方式，现有议员半数以上赞成为通过
1997年	200个议席，全部选举产生	500个议席；其中400个经由选区制选举产生，100个经由政党名单制选举产生		
2007年	150个席位，76府各1个议席选举产生，74个议席遴选任命产生	480个议席；其中400个经由选区制选举产生，80个经由政党名单制选举产生		
2011年修正案		500个议席；其中375个经由选区制选举产生，125个经由政党名单制选举产生	政府内阁或众议院不少于现有议员1/5，或参众两院议员不少于现有议员1/5有权提出宪法修订议案	
2017年	200个议席，过渡条款规定首届250个议席，全部遴选任命产生	500个议席；其中350个经由选区制选举产生，150个经由政党名单制选举产生		一读审议，以唱名表决方式，现有议员半数以上赞成，且必须获得参议员不少于在职席位1/3赞成；二读审议，以简单多数为通过；三读审议，以唱名表决方式，现有议员半数以上赞成，以及众议院所有在职席位1/3赞成方能通过，国会主席或副主席职位所属政党不赞成成员至少1/5赞成方能通过
2021年修正案		500个议席；其中400个经由选区制选举产生，100个经由政党名单制选举产生	政府内阁或众议院不少于现有议员1/5，或参众两院议员不少于现有议员1/5，或5万选民联名有权提出宪法修订议案	

资料来源：笔者根据泰国宪法文本整理。

第二个是选举制参议员的政党属性。尽管在泰国宪法明文规定，参议员不得隶属政党，从而形式上保证了参议员的政治独立性，但在选举过程中，由于参议员依托的选举网络与众议员选举基本重叠，使得当选参议员在很大程度上与当地众议员同根同源，成为非政党成员的政党代表。21世纪初的他信执政时期，他信派系的泰爱泰党不仅在众议院拥有绝对多数议席，并且与大多数参议员保持着千丝万缕的政治联系，从而引起保守阵营的强烈不满与联合抵制。①

基于上述两个认知，以通过政党博弈达成"不利于保守阵营"修宪目标的难易为判定标准，可以得到各版本宪法的"泰式民主"化程度差异如下。

（1）1991年宪法呈现较强的"泰式民主"色彩。参众两院2/5议席是保守阵营遴选任命的参议员，因此保守阵营要阻止任何不利于己的修宪目标，仅需要获得1/6的众议院议席，就能保证修宪议案得不到1/2以上的两院议席赞成。这也就是为何在1997年宪法颁布前，虽有数次修宪，但始终未能改变20世纪90年代的泰国政治乱局，并最终在泰国率先爆发1997年亚洲金融危机。

（2）1997年宪法被誉为"民主里程碑"，基本不存在"泰式民主"色彩。参众两院都经由选举产生，因此修宪问题基本取决于政党博弈结果。事实上，2006年泰国之所以发生大规模的"反他信"政治运动，并最终引发政变，很大程度上就是因为他信派系在2005年大选中史无前例地赢得了375个众议院议席，再加上与其关联紧密的参议院议席，使其有能力通过修宪达成任何政治意图，甚至将单极多元形态——在核心圈层仅有单一政治权

---

① Michael H. Nelson, "Constitutional Contestation over Thailand's Senate, 1997 to 2014", *Contemporary Southeast Asia*, Vol.36, No.1, April 2014, pp.58-59.

力集团——的政治权力结构制度化,并将保守阵营彻底边缘化(见图3.4)。

(3) 2007年宪法/2011年宪法修正案呈现较弱的"泰式民主"色彩。参议院有74席是保守阵营遴选任命的参议员,因此保守阵营在阻止不利于己的修宪目标时将会占据一定优势。不过,由于任命制参议员议席数仅占参众两院议席总数的11.7%和11.4%,因此在2011年大选后面对强势回归的他信派系,保守阵营在政党博弈方面依然表现得毫无招架之力。2013年英拉政府推动的修宪议案,保守阵营被迫诉诸街头暴动与司法干政①的方式才得以阻止,并最终演化为政治冲突与军事政变。

(4) 2017年宪法呈现很强的"泰式民主"色彩。参议院全部议席都是经由保守阵营遴选任命产生,特别是在军人集团"还政于民"后的首届参议院,任命制参议员的议席数从200席增加到250席,从而使保守阵营在参众两院拥有重要话语权。尽管从任命制参议员占两院议员总数的比例来看,似乎不及1991年宪法,但在宪法修订审议一读和三读程序中增补"必须获得参议员不少于在职席位1/3赞成方能通过"的条款规定,却使得在"不利于保守阵营"的修宪问题上,政党博弈彻底失去作用,根本不可能达成目标。

(三)政党政治失去了国家政策的指导权

作为较典型的中央集权国家,泰国的国家资源分配与国家政策密切相关。因此,对政治权力集团而言,有效参与甚至主导国家政策的制定与执行,也就成为拓展利益边界,获取政治权力博弈红利的最直接方式。20世纪60年代到80年代,保守阵营通过

---

① Constitutional Court Decision No.15-18/2556.

主导国家经济与社会发展五年规划的制定与执行，曾经长期把持国家资源分配的指导权。

不过，随着20世纪90年代步入全面民主化时期，民选政府对国家政策的制定与执行开始更多取决于政党博弈，而不再遵从保守阵营主导的国家经济与社会发展五年规划。21世纪初，随着新兴资本集团崛起，拥有众议院简单多数议席的他信派系开始全面主导国家政策的制定与执行，使得保守阵营在国家资源分配的过程中被日益边缘化。

1997年亚洲金融危机以来，泰国在国家政策取向上形成了相互区别甚至彼此冲突的两条经济道路。[1]其中，前国王拉玛九世提出的"充足经济"道路[2]，得到了保守阵营的认可与支持；而前总理他信奉行的"他信经济"道路[3]，则得到了新兴资本集团及农民群体的理解与拥护。由于他信派系在政党博弈方面拥有压倒性优势，使得"他信经济"道路在他信执政期间的国家政策制定与执行过程中始终占据上风，从而引起保守阵营的强烈不满。

2006年政变推翻他信政府后，保守阵营为保证通过非政党博弈获取的政治红利得到有效延续，特别将国家政策"应遵从充足经济哲学"明确写入2007年宪法第78条。不过，保守阵营此举并未取得明显成效。2011年他信派系的为泰党赢得大选胜利，他信小妹英拉出任总理。尽管有宪法的原则性规定，但英拉政府在国家政策的制定与执行过程中所奉行的依然是"他信经济"道

---

[1] 周方冶：《20世纪中后期以来泰国发展模式变革的进程、路径与前景》，《东南亚研究》2015年第5期。

[2] 周方冶：《全球化进程中泰国的发展道路选择——"充足经济"哲学的理论、实践与借鉴》，《东南亚研究》2008年第6期。

[3] 李峰：《他信经济学及其对后他信时代泰国经济政策的影响》，《南洋问题研究》2009年第4期。

路，仅在表述与论证时冠上充足经济哲学的前缀词或修饰语。

于是，2014年政变后，保守阵营试图进一步加强对国家政策制定与执行的制度约束。为此，巴育政府一方面主导起草和颁布了《国家20年发展战略规划》，确立了有利于保守阵营的国家资源分配原则与方案[1]；另一方面在2017年宪法第65条明确规定了国家战略的法定指导地位。与此同时，巴育政府还出台法律，设立国家战略委员会，负责监督"还政于民"后的国家战略落实情况。如果国家战略委员会认为民选政府的国家政策制定或执行"不符合"《国家20年发展战略规划》，将有权加以制止，并通过国家反腐败委员会追究主管领导的相关责任。

根据相关规定，国家战略委员会的组成人员包括政府总理、众议院发言人、参议院发言人、副总理或内阁部长、国防部次长、最高司令、陆军司令、海军司令、空军司令、警察总监、国家安全委员会秘书长、国家经济与社会发展委员会主席、贸易委员会主席、泰国工业联合会主席、泰国旅游委员会主席、泰国银行联合会主席等[2]，从而切实保证了军人集团与曼谷政商集团的政治话语权，使得保守阵营不再需要通过政党博弈就能直接指导国家政策取向，构建更有利于其的国家资源分配格局。

三 "泰式民主"回归的原因与条件

从2005年到2014年，泰国保守阵营在持续不断的政治冲突与社会动荡中，逐步推动了政党政治发展从"西式民主"到"泰

---

[1] "Critics Chafe under National Strategy", *Bangkok Post*, 15 Oct 2018, https://www.bangkokpost.com/news/politics/1558094/critics-chafe-under-national-strategy.

[2] Aekarach Sattaburuth, "NLA Approves 20-year National Strategy", *Bangkok Post*, 6 Jul 2018., https://www.bangkokpost.com/news/politics/1498794/nla-passes-20-year-national-strategy-bill.

式民主"的道路折返（见图3.4），曾在21世纪初的国家资源分配中占据主导地位的政党博弈，经过2006年与2014年两次政变后，再次让位于非政党博弈方式（见图3.3）。

如前文所述，从结构层面来看，泰国政党政治的"泰式民主"回归，根源于政治权力结构转型引发的"权力—利益"冲突与政治共识瓦解。这一认知，有助于理解泰国政治发展的历史进程，但要把握前景趋势，还必须进一步理解政治权力集团的行为逻辑，特别是"政治资源转化—国家资源分配"的动态平衡过程。具体来看，可以从以下方面加以理解和把握。

（一）"泰式民主"回归的直接原因，在于军人集团的国家资源分配能力持续下降，影响到政治资源的传统根基

作为泰国保守阵营的核心组成部分，军人集团在推动"泰式民主"回归过程中，通过军事政变发挥了关键性作用。尽管在1932年到2014年的近80年间，军人集团曾先后19次发动政变并12次成功夺权，但其高峰期主要集中在冷战期间，并且多数体现为军内派系的权力倾轧。随着冷战结束与民主观念传播，泰国军人集团在政变问题上面临的国内外压力都显著增加。近年来，作为军人集团的重要政治外援，传统军事盟友美国对政变表达了强烈不满，甚至中止了军援项目，使得美泰关系落入谷底。

那么，泰国军方为何要在1992年"五月流血"民主运动压力下退出政坛后，时隔15年再次"冒天下之大不韪"发动政变？最直接原因在于，军人集团在面对他信派系的政党博弈时，除非诉诸军事政变，否则难以通过其他方式改变国家资源分配能力持续下降的不利局势。

对于政治权力集团而言，政治资源不仅是其借以开展政治斗争、抢占权力地位、划定利益边界、获取国家资源分配的重要保

证，更是其存在与发展的根本依托。因此，在图3.3所示"政治资源转化—国家资源分配"循环过程中，政治权力集团将会在政党博弈与非政党博弈的路径中选择最有效的政治资源转化方式，争取"国家资源分配＞政治资源转化"的可持续增长结果，最不济也要保证两者持平。如果转化效率不足，长期呈现"国家资源分配＜政治资源转化"的不利局势，那就有可能动摇政治权力集团的政治根基，进而在政治权力博弈中被边缘化。

从构成来看，政治资源主要包括组织、话语与资金三方面要素。[①]军人集团的政治资源中，最为核心的是等级森严且高度自治的武装部队组织，这也是其以武力或以武力相威胁方式开展非政党博弈的关键所在。相对于组织要素，军人集团在话语要素与资金要素方面存在明显短板，使其难以在政党博弈方面发挥作用。20世纪90年代，曾有部分军警高层人士投身政界，试图通过政党博弈为军人集团代言，但即使是被誉为"军中孔明"的前陆军司令猜瓦立·永猜育上将，也仅是出任总理不到一年就被迫下台，余者更不足论，根本无力为军方争取更多收益。究其原因，一方面是军方所惯用的冷战话语不合时宜，另一方面是缺乏市场化运作的资金来源，无力满足党内政治掮客的持续贿选需求。

从图3.5可以相当直观地看到在政党博弈成为国家资源分配主导方式后，军人集团所面临的政治困境。20世纪80年代中后期以来，泰国军费开支的GDP占比呈现持续下行趋势。1997年宪法颁布前，军人集团依托参议院的遴选参议员——据统计，1991年任命的参议员中有154名为军警官员，占参议员总数的57%、两

[①] 周方冶等：《东亚五国政治发展的权力集团研究》，中国社会科学出版社2016年版，第5—9页。

院议员总数的24%①——尚能在小党林立的政治格局下对地方豪强集团主导的掮客政党形成一定制约，保证军费开支增长率略高于GDP增长率。但在2001年大选后，随着代表新兴资本集团的他信派系掌握了众议院，不再拥有任命制参议员支持的军人集团在国家资源分配中失去话语权，军费开支不仅增长率持续低于GDP增长率，而且GDP占比也降至历史最低点。

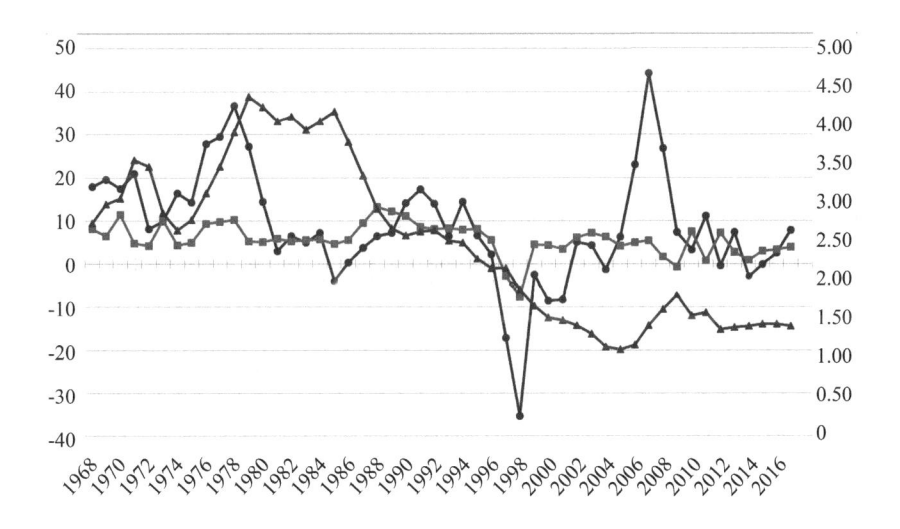

图3.5 泰国军费开支走势图

资料来源：世界银行数据库，https://databank.shihang.org/data/reports.aspx?source=2&country=THA。

军费开支是泰国军人集团最重要的资金来源渠道，特别是1997年亚洲金融危机后，曾经繁盛的军产体系遭受重创，使得军方预算外收入大幅下降。于是，军费开支也就成为他信派系压制军人集团的最有效手段，每年不到20亿美元的军费开支，根本不

---

① Ted L. Mc Dorman, "The 1991 Constitution of Thai-land", *Pacific Rim Law & Policy Journal*, Vol.3, No.2, 1995, p.279.

足以满足泰国多达40万武装力量的日常开销，更遑论建设发展。如果期望获得更多财政拨款，军人集团就必须做出政治让步，甚至是有可能动摇根基的关键让步。其中，最显著的是他信执政期间，曾介入泰国军方的人事任免，不仅将其堂兄猜西特·西那瓦（Chaiyasit Shinawatra）推上陆军司令宝座，而且将他信在军官预备役学校第10期的同窗好友相继提拔安插到军方领导岗位。

他信执政期间，军人集团参与国家资源分配能力持续下降，从削减军费开支，到丧失传统人事自主权，再到剥离泰南地方管辖权，很大程度上陷入"国家资源分配＜政治资源转化"的不利局面。[①]事实上，如果军人集团未能在2006年的"反他信"运动中政变夺权，那么，随着他信派系在2005年大选后"一党独大"格局的巩固与发展，军人集团必将在政治权力博弈中被彻底边缘化，甚至失去长期以来的政治独立地位，成为新兴资本集团的依附力量。

（二）"泰式民主"回归的前提条件，在于保守阵营的联盟有效运作，以及各派力量对政治权力结构的共识瓦解

对于在政治上高度自治，并且直接掌握全国武装力量，特别是首都卫戍部队指挥权的军人集团而言，发动政变是驾轻就熟的政治举措；但是，从20世纪70年代开始，政变是否成功就不再是军人集团单方面所能决定的，还必须得到王室—保皇派及曼谷政商集团的理解与认可。20世纪80年代，曾有过两次针对时任总理炳的政变夺权，但都在拉玛九世的干涉下功亏一篑，从而在很大程度上标志着王室—保皇派与军人集团在政治联盟中主从关系的倒置重构，改变了1932年民主革命后长达半个世纪的军人集团

[①] 周方冶：《泰国"9·19"军事政变与民主政治的前景》，载张蕴岭、孙士海主编《亚太地区发展报告No.7（2006）》，社会科学文献出版社2007年版，第166—167页。

政治主导地位。

如图3.6所示，保守阵营在20世纪中后期寡头自律形态的政治权力结构下，通过权力博弈的政治磨合形成了军人集团、王室—保皇派、曼谷政商集团的"铁三角"联盟。由于王室—保皇派在其中发挥重要的主导作用，因此也被学者形象地称为"网络君主制"体系。①

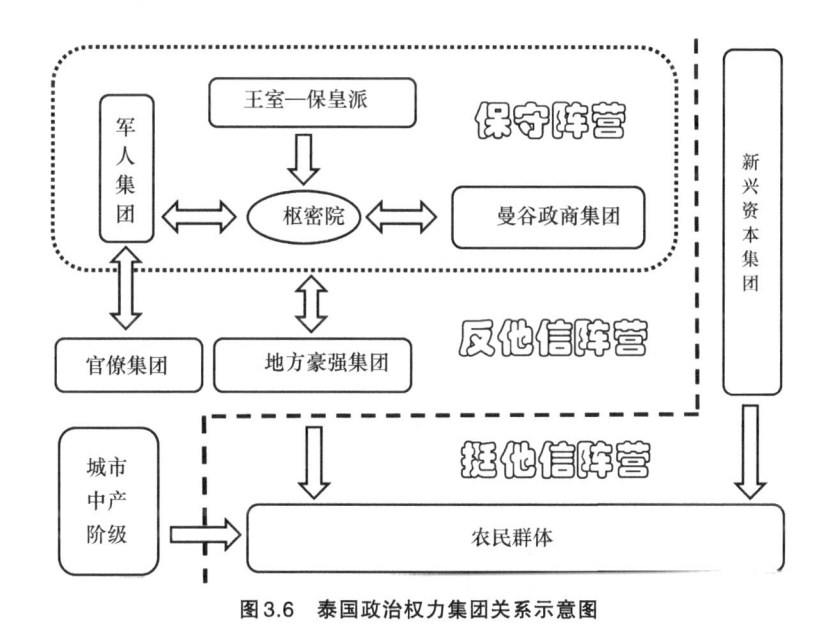

图3.6 泰国政治权力集团关系示意图

其中，前总理炳为主席的枢密院发挥了关键性的政治枢纽作用。枢密院在宪法上是国王的咨询机构，秉承国王意志开展工作。作为拉玛九世最信任的政治领袖，炳在枢密院主席位置上承担着沟通各方力量的国王代言人角色。2016年拉玛九世驾崩后，炳曾出任摄政王，代行国王权柄，为拉玛十世继位保驾护航。作为

---

① Duncan McCargo, "Network Monarchy and Legitimacy Crises in Thailand", *The Pacific Review*, Vol.18, No.4, December 2005, pp.499-519.

前陆军司令，炳长期以来都扮演着军人集团的庇护者角色，素拉育（Surayud Chulanont）与甲楞斋（Chalermchai Sitthisart）等炳的政治嫡系更是先后出任陆军司令要职[①]，并在卸任后相继出任枢密院大臣，成为王室—保皇派与军人集团进行政治勾兑的重要纽带。与此同时，枢密院大臣通常会在泰国各大财团兼任董事会成员，从而有效嵌入财阀们通过联姻与相互持股构建的关系网络，成为王室—保皇派与曼谷政商集团开展政治互动的关键节点。

通过保守阵营的"铁三角"联盟，有效弥补了军人集团在政治资源方面的话语要素与资金要素短板，从而构筑了保守阵营在非政党博弈层面的传统优势。特别是在21世纪初的政治斗争中，拉玛九世倡导的"充足经济"哲学，更是为保守阵营提供了直接动用武力或以武力相威胁方式开展政治权力博弈的正当性——旨在对国家发展模式的经济道路"拨乱反正"。

不过，尽管保守阵营在政治资源方面的传统优势有助于政变成功夺权，但要进一步推动国家资源分配的体制机制改革，促成图3.3中虚线右移，还必须得到更多政治权力集团认可与支持，否则很难达成目的。例如，1992年，军人领袖素金达出任非民选总理，结果引发城市中产阶级的"五月流血"民主运动，最终军方被迫退出政治权力核心圈层；又如，2007年，泰国军方试图废止总理必须来自民选议员的宪法条款，结果引发各派力量一致反对，最终的新宪法在重返"泰式民主"目标上取得进展相当有限。

相较于前两次政变后并不成功的政治体制机制改革，2014

[①] Wassana Nanuam, "Prayut Taking Charge with Chalermchai Selection", *Bangkok Post*, 15 Sep. 2016, https://www.bangkokpost.com/opinion/opinion/1086308/prayut-taking-charge-with-chalermchai-selection.

年政变后长达5年的军人总理掌权,以及2017年宪法重返"泰式民主"的框架建构,很大程度上是要归咎于持续冲突导致的社会分化与共识瓦解,特别是反他信阵营"黄衫军"与挺他信阵营"红衫军"在造成大量伤亡的街头运动中形成的深刻政治裂痕(见图3.6)。

诚然,在"红黄对立"持续升级过程中,保守阵营发挥了一定的推波助澜作用,特别是军方驱散集会以及王室成员公开表态,都存在明显倾向性,不仅无助于促和维稳,反而进一步激化了政治矛盾。但是,"红黄对立"的长期化与扩大化,根源还在于"政治资源转化—国家资源分配"失衡引起城市中产阶级与地方豪强集团的结构性危机意识与不满情绪。

从政治体制来看,1997年宪法框架下以政党博弈为主导的国家资源分配方式,原本对地方豪强集团与城市中产阶级最为有利。因为,作为政党博弈的关键政治资源,基层选票主要掌握在地方豪强集团与城市中产阶级手中。其中,城市中产阶级拥有大约三成选票,多数是城市中产阶级的本群体选民,并主要集中在首都曼谷地区,此外通过社会主流媒体的宣传和引导,也掌握着少部分曼谷周边及外府主城区知识精英的选票资源。地方豪强集团则长期把持着六成以上选票,特别是外府农村中下层选民,更是在传统庇护制体系下,成为当地政治掮客借以在权力博弈中讨价还价的政治筹码。

虽然保守阵营拥有强势的非政党博弈的政治资源,但其影响力主要集中在中央层面与曼谷地区,很少与底层农民群体直接交流,从而在政党博弈过程中,长期以来都要依托地方豪强集团与农民群体进行沟通。即使被誉为"农业国王"的拉玛九世,尽管在农民群体中拥有深厚的传统权威,并对地方豪强集团的贿选与腐败问题存在深刻不满，但依然要与后者保持政治合作甚至是共生关系，其目的就在于保证政治资源的有效转化。[①]

不过，随着新兴资本集团的强势崛起，曾经有利于城市中产阶级与地方豪强集团的基层选票归属格局发生了结构性改变。他信派系的民粹主义路线，使得农民群体的中下层选票开始大规模转向新兴资本集团，从而使地方豪强集团在政党博弈中的竞争力显著下降。他信派系的政治版图拓展，很大程度上就是对地方豪强集团的压制、兼并与瓦解过程。[②] 相较于地方豪强集团，城市中产阶级在选票资源上的损失相对有限，但参与国家资源分配的能力下降却更为明显。地方豪强集团从来都是派系林立，并在捐客政党运作模式下缺乏凝聚力，使得城市中产阶级在政党博弈时，很容易以小博大，通过平衡策略获取更大的国家资源分配话语权，但在面对他信派系"赢家通吃"的压倒性优势时，城市中产阶级选票有限的短板就变得显而易见，甚至连最基本的三成选票话语权都难以得到保证。

作为新兴政治力量，新兴资本集团的政治资源优势不仅在于充裕的资金要素，更在于区别于原有政治权力集团的"政治资源转化—国家资源分配"模式，从而在话语要素与组织要素方面占据先机。如前所属，国家资源主要分为三类。通常情况下，传统政治权力集团进行分配的国家资源主要是前两类，基本都属于存量资源分配。于是，在自上而下进行层层分配之后，位于权力结构最边缘（见图3.4）和权力关系最底层（见图3.6）的农民群体

[①] Yoshinori Nishizaki, "The King and Banharn: Towards an Elaboration of Network Monarchy in Thailand", *South East Asia Research*, Vol.21, No.1, March 2013, pp.69–103.

[②] Prajak Kongkirati, "The Rise and Fall of Electoral Violence in Thailand: Changing Rules, Structures and Power Landscapes, 1997–2011", *Contemporary Southeast Asia*, Vol.36, No.3, Dec. 2014, pp.386–416.

所获国家资源长期以来都是入不敷出，难以满足其可持续发展的现实需要。对此，传统政治权力集团已经习以为常，甚至理所当然地将农民群体视为缺乏自主意识的政治依附力量。

但是，新兴资本集团却通过改变国家资源分配模式，推动了农民群体的政治意识觉醒，并在此基础上建构了以"红衫军"为代表的政治联盟关系（见图3.6）。分配模式改变的关键在于引入第三类市场增量资源，使得新兴资本集团能在市场化与全球化过程中获得更丰厚的增量回报，从而有可能将更多的存量国家资源直接分配给农民群体。

前总理他信执政期间，泰国政府推动了以30泰铢治百病、乡村发展基金计划、一村一特产计划、贫者有其屋计划等为代表的大规模扶贫开发项目，切实改善了农民群体生活水平与生产能力。更重要的是，通过经费拨付与项目落实，曾经形同散沙的农民群体开始形成新的合作网络、新的发展理念、新的政治诉求，不再满足于传统的生活方式与生存状态，要求更多地分享国家发展红利。[1]新兴资本集团也在此过程中，形成了有效的基层动员和组织能力，并进一步完善了"他信经济道路"的话语表达。

对于城市中产阶级与地方豪强集团而言，无论是坚持政党博弈为主导，还是默认非政党博弈为主导，都是相当艰难的政治选择。前者要面对新兴资本集团的政治压力，并在连续四次的众议院选举中反复证明，新兴资本集团—农民群体的政治联盟拥有压倒性的政治优势（见表3.2），使得城市中产阶级与地方豪强集团不仅被迫退出政治权力核心，而且存在进一步被边缘化的可能性（见图3.4）。后者则很大程度上意味着放弃20世纪90年代以来的

---

[1] Claudio Sopranzetti, "Burning Red Desires: Isan Migrants and the Politics of Desire in Contemporary Thailand", *South East Asia Research*, Vol. 20, No. 3, Sep. 2012, pp. 361-379.

政治斗争成果，重返更有利于保守阵营的"泰式民主"体制。

表3.2　　　　　　　　　他信派系政党的众议院选举情况

年份	政党名称	选区制得票率（%）	选区制所获议席（个）	政党名单制得票率（%）	政党名单制所获议席（个）	所获议席总数（个）	所获议席占比（%）
2001	泰爱泰党	35.7	200	39.9	48	248	49.6
2005	泰爱泰党	55.7	310	61.2	67	377	75.4
2007	人民力量	36.6	199	39.6	34	233	48.5
2011	为泰党	44.3	204	48.4	61	265	53.0

资料来源：泰国政治发展与选举研究所，2019年1月11日，https://www.ect.go.th/th/?page_id=494。

2006年政变后，城市中产阶级与地方豪强集团在两难选择中采取了有限让步，使得保守阵营部分实现"泰式民主"改革目标（见表3.1），如图3.3所示虚线开始右移。随后的2007年与2011年选举，以及"红衫军"在街头运动中所展现的动员与组织能力以及强烈政治诉求，促使城市中产阶级与地方豪强集团最终放弃了对政党博弈的长期共识，转而支持以非政党博弈方式对新兴资本集团—农民群体的政治联盟进行有效压制，以避免新兴资本集团主导下的单极多元形态格局进一步巩固（见图3.4）。

（三）"泰式民主"回归的重要保证，在于官僚集团的非政治化运作，为政治改革提供了相对有序的社会经济环境

作为1932年民主革命的两大政治力量，文官集团曾与军人集团进行过长期的权力博弈，并在第二次世界大战后一度掌握了泰国政治主导权。不过，随着冷战开始，军人集团在美国支持下重新掌权，而文官集团则被迫退出泰国政坛，并转型成为非政治化的官僚集团。

第三章　泰国发展模式变革对中泰关系的影响

20世纪中后期以来，泰国一直都被誉为"不粘锅"，即无论政治局势如何变化，都不会影响经济社会的有序发展。这在很大程度上得益于官僚集团相对独立的非政治化运作，使其在行政执行权的行使过程中，拥有较高的自主性与自由裁量权，从而有助于降低权力核心圈层调整的不确定性外溢。

2014年政变夺权后，军人集团之所以拥有长达四年的相对稳定环境推动国家发展模式变革，促成政党政治重返"泰式民主"，除了军方武力威慑与国王政治背书之外，很重要的就是官僚集团在国家治理方面发挥的积极作用。

不过，值得留意的是，尽管官僚集团作为群体而言是非政治化的，并不直接参与政治权力博弈，但是，构成政治权力集团的社会聚合体普遍存在重叠现象，为数不少的官僚集团成员同时也归属城市中产阶级，并对"泰式民主"持不同意见。于是，军人集团为保证官僚集团的非政治化运作，采取了"打拉结合"的政治策略。一方面，军人集团运用行政与司法手段，特别是国家反腐败委员会，对官僚集团进行定点清洗。为此，巴育总理甚至动用临时宪法第44条赋予的临机专断权，越过司法程序直接将涉案官员停职查办。[①]

另一方面，军人集团依托长期以来构建的传统庇护制网络，通过中高层技术官僚的节点作用，进一步加强官僚集团对军人集团的政治依附关系（见图3.6）。其中，最典型的就是通过国防学院的国防课程班建构的军政商庇护制关系网。

20世纪50年代，军人领袖披汶·颂堪创办国防课程班（简称ว.ป.อ.），旨在加强军政双方中高层的相互理解与支持。根据规定，

[①] "PM Uses S44 to Transfer, Suspend 71 Officials", *Bangkok Post*, 25 Jun. 2015, https://www.bangkokpost.com/news/general/604224/pm-uses-s44-to-transfer-suspend-71-officials.

国防课程班学员是中高层的军警（上校以上部门指挥官）与公务员（厅局级以上部门主管）。学员们在为期一年的课程培训中，通过小组讨论、海外调研、定期聚餐等方式，构建互信互惠的私人情谊与部门关系，并在此基础上形成庇护制关系。如果有学员晋升军政顶层要员，还会进一步编织跨部门的政治派系。20世纪80年代末，为顺应政治多元化趋势，军人集团增设了公私合作国防课程班（简称 ป.ร.อ.），其学员除了传统的中高层军警与公务员，还接纳商界精英，通常是各行业的领袖人物或豪门新生代。

表3.3　　　　巴育政府内阁成员的国防课程班培训情况

序号	姓名	职务	身份	课程班类型	参加课程班时间
1	敦·巴穆威奈 Don Pramudwinai	外交部部长	非军人	ป.ร.อ.	1993年第6期
2	威苏迪·斯里苏潘 Wisudhi Srisuphan	财政部副部长	非军人	ว.ป.อ.	1995年第38期
3	披雅萨功·萨空萨塔雅宋 Piyasakon Sakonsatayathon	公共卫生部部长	非军人	ว.ป.อ.	1995年第38期
4	威萨努·克里纳干 Wissanu Krea-ngam	副总理	非军人	ว.ป.อ.	1996年第39期
5	巴威·翁素宛 Prawit Wongsuwan	副总理兼国防部长	军人	ว.ป.อ.	1997年第40期
6	阿道·圣格辛盖伍 Adul Saengsingkaew	劳动部部长	军人	ว.ป.อ.	1999年第42期
7	素提·玛科布恩 Sutee Markboon	内政部副部长	非军人	ว.ป.อ.	2001年第44期
8	阿努蓬·保金达 Anupong Paochinda	内政部部长	军人	ว.ป.อ.	2003年第46期
9	阿空·丁披他耶拜 Akhom Toemphitthayaphisit	交通部部长	非军人	ว.ป.อ.	2003年第46期

续表

序号	姓名	职务	身份	课程班类型	参加课程班时间
10	阿披萨·探提沃腊翁 Aphisak Tantiworawong	财政部部长	非军人	ป.ร.อ.	2003年第16期
11	维腊沙克迪·弗查坤 Virasakdi Futrakul	外交部副部长	非军人	ป.ร.อ.	2003年第16期
12	巴金·灿通 Prachin Chantong	副总理兼司法部部长	军人	ว.ป.อ.	2005年第48期
13	巴育·詹欧差 Prayuth Chan-ocha	总理	军人	ป.ร.อ.	2007年第20期
14	差德猜·萨里坎 Chatchai Sarikan	副总理	军人	ป.ร.อ.	2007年第20期
15	素拉萨克·坎查纳拉德 Surasak Kanchanarat	自然资源与环境部部长	军人	ป.ร.อ.	2007年第20期
16	楚提玛·布恩雅帕拉帕斯 Chutima Boonyaprapas	商业部副部长	军人	ว.ป.อ.	2007年第50期
17	阿南达蓬·坎查纳拉德 Anantaphon Kanchanarat	社会发展与人类安全部部长	军人	ว.ป.อ.	2008年第51期
18	素拉切特·猜翁 Surachet Chaiwong	教育部副部长	军人	ว.ป.อ.	2008年第51期
19	猜灿·昌蒙固 Chaichan Changmongkol	国防部副部长	军人	ว.ป.อ.	2009年第52期
20	颂猜·韩熙澜 Somchai Hanhiran	工业部副部长	非军人	ว.ป.อ.	2009年第52期
21	派林·促崇德塔翁 Pairin Chuchot-taworn	交通部副部长	非军人	ป.ร.อ.	2009年第22期
22	克里沙达·布恩莱 Krissada Boonraj	农业与合作部部长	非军人	ป.ร.อ.	2010年第23期

注：本表中为巴育政府2017年11月第五次内阁调整后的成员情况。

资料来源：笔者整理。

从表3.3可见，巴育政府内阁全部36名成员中，至少有22人曾参加过国防课程班或公私合作国防课程班，占比超过60%，并且其中有不少内阁成员还是同期学员。此外，值得留意的是，除内阁成员本人之外，其亲朋好友也有可能是课程班的庇护制关系的网络节点。例如，巴育总理夫人娜拉蓬女士曾是国防课程班2003年第46期学员，同期学员中就包括巴育内阁的内政部部长阿努蓬、交通部部长阿空以及副总理巴威的政治顾问塔威（Tawin Pleansri），从而在一定程度上有助于巩固巴育政府的关系网络。

四　泰国政治权力结构调整的多元化趋势

2019年军人集团"还政于民"举行大选后，巴育作为非民选议员非政党成员的"局外人"顺利连任，从政变军人总理转变为民选总理。尽管从大选结果来看，保守阵营并未完全达成既定目标，尤其是为泰党/他信派系依然拥有重要话语权，而且还出现了新兴资本集团的新未来党/塔纳通派系的黑马崛起，但至少确保了对政治主导权的有效把控。

从短期来看，泰国政治权力结构在2017年宪法的"泰式民主"政治体制影响下，形成了保守阵营占据核心圈层主导地位的多元衡平形态（见图3.7）。但是，2017年宪法的共识基础相对薄弱，更多是保守阵营以武力或以武力相威胁方式建构的政治架构，因此F阶段存在明显的过渡性特征。从中长期来看，泰国或将在下一阶段形成更为稳定的多元衡平形态。

从F阶段到G阶段的政治转型，主要有两条路径。

一条是从F阶段直接过渡到G阶段，各派政治权力集团在2017年宪法框架下，通过修宪等方式协商达成权力地位交替与利益边界划分。非政党博弈得到一定约束，政党政治的"泰式民主"色彩也有所下降。这一路径相对较为平稳缓和，将有利于避免社会经济动荡。

从2019年巴育组阁开始，泰国国会就纷争不断，各方势力围绕着主导权反复博弈，甚至出现保守阵营以"司法政变"强制解散新未来党的政治举措。但从总体趋势来看，始终是朝着多元化方向发展（见表3.4），不仅并未出现执政联盟对政治主导权的强势垄断现象，而且还在执政联盟与反对党联盟之间出现了中立派，使得泰国国会拥有了更多"斗而不破"的缓冲区间，有助于避免"红黄对立"时期的政治僵局。

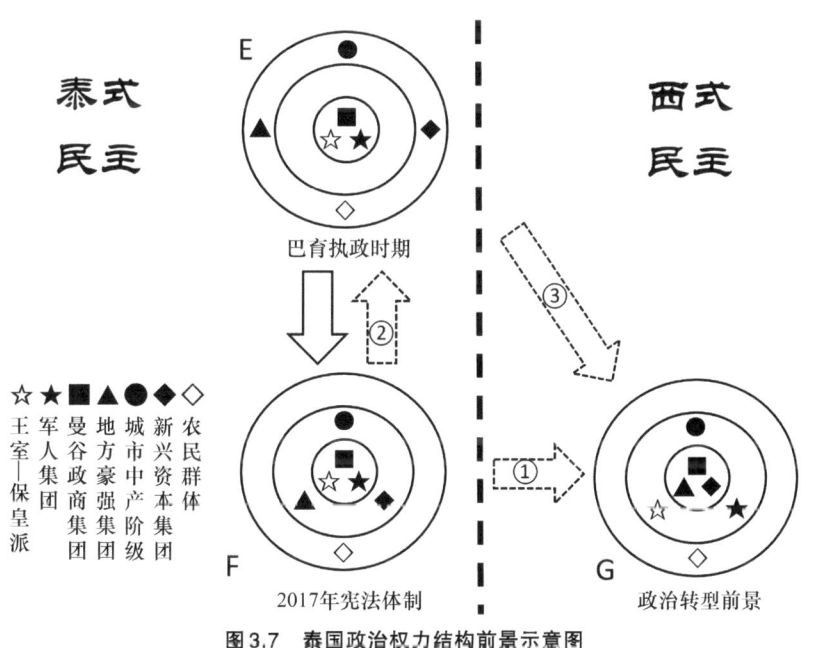

图3.7　泰国政治权力结构前景示意图

另一条是从F阶段重返E阶段，再直接转型到G阶段。这一路径很大程度上意味着严重的政治冲突，甚至是新一轮的大规模街头暴力运动与军事政变，以及惨重的经济社会代价；但这也很可能意味着非政党博弈得到有效遏制，政党政治也将从根本上摆脱"泰式民主"的体制束缚。

表3.4 泰国众议院政党议席情况（2022年）

执政党联盟	现有议席	相较2019年	反对党联盟	现有议席	相较2019年	中立派	现有议席	相较2019年
人民国家力量党	100	↘15	为泰党	134	↘2	远进党/新未来党	5（54）	↗5
民主党	51	↗1	远进党/新未来党*	49（54）**	↘31	国家党	1（7）	↗1
泰自豪党	64	↗13	自由党	10	→	泰国经济党	18	↗18
泰国发展党	12	↗2	国家党	6（7）	↘1	合计	24	
联盟行动党	5	→	为国党	5	→			
国家发展党	4	↗1	合计	204				
地方力量党	5	↗2						
森林保护党	2	→						
新经济党	6	→						
其他小党	10	↘1						
合计	259							

注：↘指代减少，↗指代增加，→指代持平。

* 新未来党于2020年2月被宪法法院判决强制解散，旗下议员大部分转入提前预备的前进党，括弧内的数字是该党旗下众议员总数，括弧前的数字是支持对应政治立场的该党众议员数。

** 该党旗下众议员在全国会分别执不同立场，括弧内的数字是该党旗下众议员总数，括弧前的数字是支持对应政治立场的该党众议员数。后同。

资料来源：泰国选举委员会网站，2022年2月14日，https://www.ect.go.th。

泰国政党政治的发展前景，将与政治权力结构调整的路径选择密切相关。这不取决于任何个体权威或政治派系的主观意志，而取决于各派政治权力集团的彼此势力消长与利益取舍，特别是在"政治资源转化—国家资源分配"过程中的竞争力变化。具体来看，主要表现在以下方面。

（一）保守阵营的调适与衰退

作为F阶段政治权力结构核心圈层主导力量，保守阵营将在很大程度上影响到政治转型的路径选择与政党政治的发展前景。目前来看，保守阵营正在进行积极调适，试图更好契合政党博弈的政治资源转化，但从中长期来看，由于对第一类国家资源分配过度依赖，保守阵营将很难避免政治资源的相对衰退。如果衰退进程平缓，将有助于保守阵营接受相对平和的协商路径，推进政党政治稳步摆脱"泰式民主"色彩；但是，如果衰退进程加剧，甚至出现坍塌式的"权力—利益"边缘化，就有可能引发冲突路径。

军人集团从2006年以来，不仅在积极夯实政治资源，而且在努力增强政党博弈的政治资源转化能力。从政治资源来看，军人集团通过修订《国防部组织法》，强化对人事自主权的制度化建设，巩固组织要素；通过增加军费开支，接管国有企事业部门，缓和资金要素压力；通过倡导核心价值观，填补话语要素短板。[1]与此同时，军人集团还赋予国内安全行动指挥部（Internal Security Operations Command，ISOC）更多非传统安全职能，试图建构军人集团与农民群体的直接沟通渠道，借以改变长期以来依托地方豪强集团的政治资源间接转化方式。目前来看，过去主

---

[1] 周方冶：《21世纪初泰国军人集团政治回归的路径、动因与前景》，《东南亚研究》2016年第4期。

要负责反共的国内安全行动指挥部[①]，正在更多承担扫毒打黑、环境保护、抢险救灾、扶贫开发、维稳促和等新职能，甚至承担起2019年大选规则的宣传工作，从而成为军人集团在基层进行政治动员与组织的重要渠道。[②]

不过，军人集团在"政治资源转化—国家资源分配"过程中的根本瓶颈，在于其对第一类国家资源的高度依赖。从世界银行数据来看，军人集团政变夺权后，泰国军费开支从2005年的19.8亿美元，增加到2017年的63.3亿美元，年均增幅高达18%。2018年，巴育政府的国家安全开支高达2740亿泰铢（约合85.6亿美元），并将2019年国家安全预算进一步增加到3291亿泰铢（约合102.8亿美元），从而引起各派政治力量强烈不满。[③]

由于军人集团很难像新兴资本集团那样从第三类市场增量资源中获取收益，因此在经济道路选择方面始终面临两难困境。一方面，如果采取保守政策，那么在国家资源呈现存量分配的情况下，军人集团既要保证本群体的可持续收益增长，又要以民粹主义的福利政策争取中下层选民支持，瓦解新兴资本集团—农民群体的政治联盟，那就很可能影响到其他政治权力集团，特别是城市中产阶级与地方豪强集团的国家资源分配，从而使其从"反他信"转而"反巴育"。事实上，近年来巴育政府推出的低收入群体福利卡政策，以及针对中下层民众的各类补贴项目，已引起城

[①] Puangthong R. Pawakapan, "The Central Role of Thailand's Internal Security Operations Command in the Post-Counterinsurgency Period", ISEAS Publishing, 2017, No.17, Yusof Ishak Institute, Singapore, pp.1–7.

[②] Kornchanok Raksaseri, "Isoc Power Boost 'Not Political'", Bangkok Post, 8 Jan. 2018, https://www.bangkokpost.com/news/general/1391986/isoc-power-boost-not-political.

[③] Aekarach Sattaburuth, "National Security Budget Hike Gets Flak", Bangkok Post, 8 June 2018, https://www.bangkokpost.com/news/politics/1480725/national-security-budget-hike-gets-flak.

市精英的强烈不满。①

另一方面，如果扎实推进"泰国工业4.0"的改革开放政策，那么在增量发展过程中，获取红利最多的将是新兴资本集团，而不是军人集团。这就意味着，改革开放政策越成功，军人集团的政治资源增长速度与新兴资本集团的差距就越明显，从而使其难以避免政治竞争力相对衰落的必然前景。

作为军人集团的长期政治盟友，王室—保皇派的政治衰落可能更为明显。尽管拉玛十世顺利继位，从而避免了曾经引起普遍担忧的王位更迭风险，但从政治资源来看，以拉玛九世的个人魅力与权威为基础构建的保守意识形态话语权却很难有效传承。于是，为弥补话语要素的政治资源衰退，拉玛十世近年来通过废止枢密院摄政王任命权、收回王室财产局管理权、掌控近卫部队指挥权等政治举措，着力巩固政治资源的组织要素与资金要素，并举办各类庆典活动，试图强化尊王观念。不过，总体来看王室—保皇派难掩颓势，2019年5月的国王加冕仪式，很可能成为后普密蓬时代的王室—保皇派影响力全面衰退的历史节点。

相对而言，曼谷政商集团的调适能力较强，不仅能有效获取第二类国家资源的分配收益，而且在一定情况下，也能从第三类市场增量资源中获取收益。事实上，以正大集团为代表的传统财阀，其全球化拓展与产业升级创新的前进步伐从未停顿，从而始终能在"政治资源转化—国家资源分配"过程中获得可持续的充裕资源。更重要的是，曼谷政商集团作为资金要素的提供者，将比军人集团的组织要素与王室—保皇派的话语要素更具有通用

---

① Aekarach Sattaburuth & Wassana Nanuam, "'Populist' Handouts Under Fire", *Bangkok Post*, 22 Nov. 2018, https://www.bangkokpost.com/news/politics/1579934/populist-handouts-under-fire#cxrecs_s.

性，有助于在政党博弈框架下与地方豪强集团相结合，以形成更强的政治竞争力，从而保证其在核心圈层的政治话语权。2019年大选前，保守阵营扶持的人民国家力量党在竞选筹资晚宴上一次性募集资金高达6亿泰铢（约合1.2亿元人民币），其中相当部分来自曼谷政商集团的政治献金。①

（二）地方豪强集团的延续与更迭

作为联结保守阵营与农民群体的传统枢纽，地方豪强集团面临新兴资本集团的替代性压力，但是泰国长期存在的城乡二元结构，以及农村地区根深蒂固的庇护制体系，为地方豪强集团延续政治影响力提供了充裕的生存空间。2006年以来，随着他信派系在保守阵营打压下的版图收缩，地方豪强集团开始收复更多的政治话语权。曾经在他信执政期间被泰爱泰党兼并的中小政党，相继脱离他信派系，再次成为掮客政党。目前来看，即使是他信派系主导的为泰党，新兴资本集团与地方豪强集团也开始由主从依附更多地转变为对等合作关系。

2019年大选后，获益最为丰厚的地方豪强势力当属泰自豪党的阿努廷（Anutin Charnvirakul），其不仅获得了副总理兼卫生部部长的政治高位，而且为党内盟友争取到了交通部部长、旅游与体育部部长，以及农业部副部长等重要职位。更重要的是，得益于政治权力结构多元化趋势，泰自豪党议席持续上升（见表3.4），其中不少议席都是通过挖角其他政党所得。

与此同时，保守阵营与地方豪强集团的政治互动也明显加强，不仅在2019年大选前专门扶持组建了地方豪强集团的人民国家力量党，而且通过政治掮客，从其他政党挖角拥有选票资源的

---

① "PPRP 'Feast' Nets Record Cash Haul", *Bangkok Post*, 19 Dec. 2018, https://www.bangkokpost.com/news/general/1596558/#cxrecs_s.

地方政客。例如,三友派系(The Sam Mitr)就为人民国家力量党从为泰党、民主党等挖角了70多名地方政客[①],并在巴育连任总理后,获得了工业部部长与司法部部长等内阁要职。

值得留意的是,地方豪强集团当前正处于代际更迭的发展阶段。以前总理班汉(Banharn Silpa-archa)为代表的旧时代地方政客开始相继退出政治舞台,从而为新生代腾出发展空间。作为班汉的政治接班人,其女坎查娜(Kanchana Silpa-archa)继承了班汉在素攀武里府的政治遗产,出任泰国发展党主席,并且在2019年大选后为其胞弟争取到了自然资源与环境部部长职位。

另一位颇具代表性的是春武里府的地方教父"甘南泊"(Kamnan Poh)颂猜(Somchai Khunpluem)的政治接班人颂塔亚(Sontaya Kunplome)。作为春武里府力量党(Phalang Chon Party)主席,颂塔亚接管了父亲颂猜的政治资源,并以此为筹码与巴育派系进行勾兑,不仅使得因谋杀罪入狱服刑的颂猜获得假释,并且在2019年大选后为其四弟伊提蓬(Ittipol Khunplome)谋取了文化部部长职位。

(三)新兴资本集团的扩张与自律

作为泰国政治权力结构的新兴力量,新兴资本集团还将在相当长时期内持续处于上升通道。这在很大程度上得益于新兴资本集团的高度市场化与全球化水平,从而能在第三类市场增量资源中获取更多收益,使其在"政治资源转化—国家资源分配"过程中始终保持相对优势地位。如果"泰国工业4.0"有序推进,那么新兴资本集团的政治资源增速还将进一步提升。因此,无论保守

---

① "PPRP 'Confident' of Election Prowess as Sam Mitr Joins in", *Bangkok Post*, 19 Nov. 2018, https://www.bangkokpost.com/news/politics/1578154/pprp-confident-of-election-prowess-as-sam-mitr-joins-in.

阵营如何进行制度化布局，新兴资本集团重返权力核心圈层都是大概率事件。不过，新兴资本集团的回归路径却并不确定，如果在"权力—利益"诉求方面相对自律，就有可能走上协商路径，反之则很可能引发冲突路径。

新兴资本集团在过去20年的强势崛起，最直接地体现为他信派系的政治成就。从民选连任总理他信，到他信密友沙玛，到他信妹夫颂猜，再到他信小妹英拉，他信派系已先后产生了4位总理。从2019年大选及随后的府、市、县基层选举来看，他信派系的为泰党依然把持着泰国近半数的中下层选票，即使在政党政治的"泰式民主"框架下也拥有重要话语权。

尽管他信与英拉兄妹在军事政变后长期流亡海外，他信二妹、前总理颂猜的夫人、政治派系汪布班"Wang Bua Ban"领导人瑶瓦帕（Yaowapa Wongsawat Shinawatra）也在巴育政府的压力下宣布退出政坛[①]，但在2021年他信小女儿贝东丹（Phaetongtarn Shinawatra）出任为泰党"参与和创新顾问委员会"主席，并成为"为泰党家族领袖"之后，他信派系的新生代力量正式登上政治前台，从而进一步增强了新兴资本集团的代际竞争力。

不过，值得留意的是，对于目前依然处在上升通道的新兴资本集团而言，混迹政坛近30年的他信派系已经难掩疲态。从领导层来看，他信本人已年逾七旬，为泰党高层也多为"老一代"政客，即使是2021年党内领导层更替后，也主要是以中生代政客为主，政治风格开始趋于保守求稳；从追随者来看，作为他信坚定支持者并曾在街头怒洒热血的"红衫军"，也都相继步入中老年，

---

① Aekarach Sattaburuth, "Yaowapa Ditches Pheu Thai, Exits Politics", *Bangkok Post*, 5 April 2018, https://www.bangkokpost.com/news/politics/1440734/yaowapa-ditches-pheu-thai-exits-politics.

难以再像当年那样充满勇气和干劲；从"成本—收益"来看，一方面他信派系在崛起过程中，曾先后两次遭遇政变打击，两次被强制解散政党，充分印证了激进路线的高风险性，另一方面为泰党作为国会第一大党和第一大反对党（见表3.4），政治上更进一步的边际收益有限，因此在"急取之"风险高收益低的情况下，夯实基本盘，融入既有体制，通过改良而非改革方式"缓图之"，也就成为他信派系的理性选择。但这对新兴资本集团却明显"缓不济急"，难以满足其抢占核心圈层并引导国家发展模式变革朝着更有利于其的方向发展的迫切诉求。

于是，近年来新兴资本集团开始在他信派系之外，逐渐形成新的政治代言人。其中，最具代表性的是2019年大选"黑马"塔纳通派系。泰国"三友集团"继承人、社交媒体"网红"政治家塔纳通·宗龙伦吉（Thanathorn Jungrungreangkit）生于1978年，比他信年轻近30岁。

2018年，塔纳通创立新未来党，以亿万富豪身份，正式踏足政坛。正值壮年的塔纳通，仿佛30年前初涉政坛的泰国前首富他信一般自信、桀骜、充满野心。塔纳通敏锐抓住泰国步入老龄化社会后日趋严重的代际分化问题，将政治基本盘锁定为新生代选民，并借助移动互联网的社交媒体，打造出"改革创新""自由民主""多元包容"的政治人设，从而迅速赢得了大量对保守阵营长期执政不满的新生代选民的支持。2019年大选后，新未来党获得了众议院全部500个议席中的80个议席，成为国会第三大党，不仅远胜于一众地方豪强势力的中小政党，而且也力压老牌的保守派民主党（见表3.4）。

作为新崛起的政治力量，塔纳通派系在泰国引发了新一轮的政治冲突。塔纳通派系不仅在意识形态上与保守阵营针锋相对，而且在政治权力运作上缺乏妥协性，更倾向于颠覆性改革甚至革命，而不是渐进式的改良调整。此外，塔纳通派系备受美西方"民主人权"势力的青睐与支持，也引发保守阵营强烈不满。于是，塔纳通派系在成为大选"黑马"的那一刻起，就成了众矢之的。2020年2月，泰国宪法法院判决解散新未来党，并判决包括塔纳通在内的16名执行委员会委员10年内禁止从政。

不过，塔纳通派系却并未就此偃旗息鼓，而是愈挫愈勇。一方面，塔纳通派系启用了后备政党远进党，接纳了大部分新未来党议员，继续开展国会斗争；另一方面，塔纳通发起了"前进运动"，开始了国会外的政治斗争。更重要的是，以新未来党被解散为转折节点，泰国时隔近半个世纪再次爆发极左翼学生运动，从而有可能导致泰国政治权力结构调整偏离当前的协商路径，甚至转向高风险的冲突路径。

五 中泰战略合作有待拓展多元化沟通渠道

中泰建交以来，尤其是冷战结束以来，双方在国家层面的沟通渠道相当畅通，高层互访频繁。其中，最具代表性的是王室—保皇派核心成员诗琳通公主。从1981年首次访华开始，诗琳通公主就成为中泰沟通的重要桥梁。从1994年到2019年，诗琳通公主更是常态化地每年都来华访问，足迹遍布中国所有省级行政区。2019年，诗琳通公主被授予中国"友谊勋章"。截至2022年新冠疫情期间来华出席冬奥会开幕式，诗琳通公主来华访问已接近50次，为中泰沟通做出了卓越贡献。

除王室—保皇派之外，泰国军人集团、曼谷政商集团、技术官僚集团等，也都与中国保持密切沟通，从而在很大程度上避免了战略误判风险。2006年以来，泰国发展模式变革引发持续性的政局动荡，也并未影响中泰政治互信，"红黄对立"的任何一方掌权都不会影响对华政策。英拉政府时期，他信派系积极推动中泰交流与合作，曾备受保守阵营质疑与抵制；但在2014年军方政变上台后，巴育随即于年底应邀访华，重申对接"一带一路"和深化中泰高铁合作等关键议题，从而为进一步深化中泰战略合作夯实基础。

从过去30多年的中泰交往来看，双方以高层沟通为引领的"自上而下"模式发挥了积极作用，取得了显著成效，并成为"一带一路"政策沟通的重要支撑。不过，随着中泰战略合作逐步进入深化落实阶段，再加上泰国发展模式变革过程中的权力运作多元化日益明显，使高层沟通的边际收益开始呈递减趋势。一方面，经过多年努力，中泰合作具有帕累托改进效果的"低垂果实"基本都已采摘完毕，剩下的通常都要面对"成本—收益"的不均衡分配问题。这就使沟通难度显著提升，而且更加琐碎、具体和非标准化，必须通过"算小账"方式逐一解决，很难再像过去那样借助高层沟通"算大账"方式统一处置。另一方面，泰国社会多元化使得"成本—收益"核算的基准不再是单一的经济指标，更多的环保、民生、传统价值观等要素开始影响核算结果，使高层沟通在国家战略层面很难进行细致入微的全面把控。

于是，对中泰战略合作而言，充分理解和把握泰国发展模式变革的权力结构调整，进一步拓展多元化沟通渠道，也就成为当务之急。具体来看，有必要重视以下方面工作。

其一，加强与地方政府的交流合作，深化与泰国地方豪强集团的发展共识。

尽管地方豪强集团在泰国政坛拥有重要影响力，但在中泰关系中的存在感却一直并不明显。究其原因，很大程度上是由于长期以来中泰合作都主要集中在国家层面，即使落到地方也是以曼谷及其周边地区为主，较少深入到泰国外府地区。于是，中泰合作的相关交流与沟通，通常是与中央高层打交道，尤以保守阵营"铁三角"或技术官僚集团为主，偶有地方豪强势力参与，也都是站在国家层面发表意见，从而模糊了其地方豪强的本来面目。

近年来，随着中泰战略合作的深化发展，诸多重要项目落地，开始与泰国外府地区发生更直接的联系，从而遭遇各类新现象和新问题，特别是泰国中央与地方、政府与民间、上层与中下层的利益分歧甚至冲突。由于相关问题都是泰国内生性的长期顽症，因此很难通过"自上而下"方式解决，唯有依托地方豪强集团的协调与勾兑，才有可能得到缓和或化解，以保证中泰合作有序推进。

泰国地方豪强普遍具有"接地气"、功利务实、差异性强、缺乏"大局观"等特征，通常与国家层级的思维方式格格不入，难以形成共同语言。因此，依托与地方政府的交流合作，通过更有针对性的基层工作对接，构建双方发展共识，既有助于"自下而上"解决中泰合作在泰国地方上面临的诸多难题，也有助于进一步夯实中泰合作的社会根基，从而在泰国政治多元化进程中，对中泰关系起到重要的托底作用。

其二，加强新华商投融资合作，增进泰国新兴资本集团的道路认同。

近年来，随着中泰经济合作蓬勃发展，大量中国新移民开始定居泰国，甚至在曼谷临近中国大使馆的新城区"汇狂"形成了新的华人聚居区，与老城区的传统华人聚居区"耀华力路"遥相辉映。相较于传统华商更多是从事当地小商小贩或依附于泰国权贵开展垄断性政商业务，新华商主要是以跨境贸易尤其是电商业务以及跨境产业链投资为主，因此国际化程度要比传统华商高得多。

尽管大部分新华商都是侨居泰国，但有不少已在当地安家落户，迎娶泰国配偶并育有二代混血子嗣，从而在中泰两国间形成了坚韧纽带。相较于传统华商更多是在泰国政府的同化政策压力下被动融入当地，新华商在融入当地的过程中表现得更为自信、主动和灵活，更契合曼谷的国际化都市氛围。

从泰国新华商的投融资关系网络来看，其中有不少与当地新兴资本集团存在交集，并主要聚焦于泰国当前政策鼓励的新兴产业领域。因此，在泰国政府积极对接中国"一带一路"倡议，特别是泰国东部经济走廊对接中国粤港澳大湾区的战略框架下，鼓励新华商群体在投融资过程中加强与当地新兴资本集团的沟通与交流，将有助于在中美战略竞争背景下，从产业合作与技术进步角度，增进后者对中国发展道路的理解与认同，从而共同促进中泰经济合作行稳致远。

其三，加强多元化非官方合作，引导泰国新生代群体的包容性观念。

泰国新生代群体政治诉求相当多元，从环保主义，到LGBT权益保护、教育改革、传统文化保护、抵制消费主义、劳工保护、反对网络监管，再到"反王室"等，广泛涉及泰国社会经济的各个方面。从2019年大选及2020年以来持续性的街头运动来看，泰国新生代群体在美西方"自由民主"观念影响下，不仅表现出强烈的政治参与热情，而且具有明显"反建制"倾向，并容易被误导产生"反华"思潮。

从中长期来看，中泰关系的未来走向很可能受到当前新生代群体的重要影响。因此，妥善引导和塑造泰国新生代群体的政治立场与对华认知，也就成为政治多元化趋势下未雨绸缪的必要举措。不过，新生代群体的多元化诉求，尤其是存在不少内部分歧或敏感诉求，使其通过官方渠道直接沟通很可能难以兼顾，反而引发不必要风险。

于是，通过非官方的1.5轨或2轨方式开展交流合作，将有助于更灵活地与泰国新生代群体开展对接。在此基础上，一方面应深入理解和把握泰国新生代群体的具体政治诉求，并将其中具有积极意义的内容有序纳入中泰合作范畴，努力塑造更具有包容性的"中泰命运共同体"观念；另一方面应努力讲好"中国故事"，通过增信释疑和正本清源，切实防范美西方以"带节奏"方式误导泰国新生代群体。

第三节 泰国政治极化的意识形态困境

近年来，泰国政治极化现象日趋明显。2019年以来的新生代极左翼政治运动，不仅延续了"红黄对立"时期贫富分化、城乡分化、地区分化问题引发的"反建制"政治冲突与社会分裂，而且在代际分化问题上，进一步引发了意识形态矛盾，甚至出现前所未有的"反王室"动议。对中泰关系而言，深化"命运共同体"观念建构，将有助于在泰国重塑意识形态过程中，避免其受到美西方误导和负面影响。

一 泰国新生代极左翼政治运动兴起

2019年军人集团"还政于民"以来，泰国"00后"的新生代表现出强烈的参政倾向，不仅在当年的大选中促成了新兴资本集团塔纳通派系的强势崛起，使其成为力压老牌政党民主党的国会第三大党，而且在新未来党被宪法法院判决强制解散后，掀起了持续性的街头政治运动，成为保守阵营主导的新一轮国家发展模式变革尝试的最大不确定性因素。

相较于2006年至2014年"红黄对立"时期的街头政治运动，以"00后"为主的新生代街头运动，呈现出诸多新特质。从参与群体来看，具有跨区域、跨阶层、跨性别的融合性特征，使得代际分化的社会矛盾表现得极为明显；从组织手段来看，通过移动互联网的社交媒体开展动员和协调，具有扁平化分布式的结构特征，很难以传统方式鉴别主导核心；从政治诉求来看，具有"反建制"共识框架下的多元化甚至碎片化特征，其中既有"反巴育、反政府、反王室"的强政治性诉求，也有诸如LGBT权益保护、性工作者权益保护、就业保障、抵制资本无序扩张，甚至是取消中小学生强制性发型与校服等弱政治性诉求。

不过，与泰国过去半个多世纪以来的历次大规模街头政治运动殊途同归的是，新生代极左翼政治运动最终还是无可避免地走向了暴力冲突。尽管在初始阶段，新生代街头运动更多以诙谐幽默的政治讽刺方式表达诉求，并引入了大量的"二次元"等新要素，甚至产生了嘉年华的社会错觉，但最终还是在各方势力尤其是美西方介入下失去了以和平方式解决问题的政治初心，引发了大规模的街头暴力冲突。

具体来看，从2020年延续到2021年的新生代街头运动"首秀"，主要包括以下三个发展阶段。

（一）线上酝酿阶段

2019年大选后，随着保守阵营对新未来党/塔纳通派系的政治打压日趋明显，泰国新生代选民开始在移动互联网的社交媒体上组建各类线上团体，以"发推""点赞""转推"等方式进行政治声援。例如，"自由青年"组织（Free Youth）于2019年11月成立，旨在反政府和支持新未来党。

2020年2月23日，新未来党被宪法法院强制解散。此举随即引发新生代街头运动。泰国法政大学、朱拉隆功大学、兰甘亨大学、农业大学、诗纳卡琳皇太后大学的在校学生于2月24日率先发起抗议活动，但影响力有限。随着新冠疫情暴发，线下运动在巴育政府的行政管制下趋于平息。

不过，尽管线下运动受阻，但线上反政府"串联"却在持续增加，前学生运动领袖、历史学家颂萨克（Somsak Jiamthirasakul）通过社交媒体在线上提出了针对拉玛十世的反君主制议题，引发新生代选民的广泛回应。4月24日，泰国学生联盟（Student Union of Thailand）在社交媒体发文，号召抵制政府。同年6月，泰国学生联盟发起运动，谴责异见人士在柬埔寨的强制失踪问题，并开始采用"白丝带"作为标识进行线上线下融合抗议。

（二）线上线下融合阶段：从和平示威到暴力冲突

1.新生代形成广泛的"反建制"政治共识

2020年7月18日，"自由青年"组织在曼谷民主纪念碑举行集会，提出三大政治诉求，即解散国会、停止骚扰异见人士、修正军方制定的宪法。该运动要求政府在两周内回应，否则将持续推动线下抗议活动。随后，抗议活动在全国蔓延。

7月19日，"自由青年"组织和清迈大学学生在清迈府举行示威。

7月19日，乌汶叻差他尼大学学生和教职员在乌汶府举行和平示威。

7月22日，诗纳卡宁威洛大学的学生以"SWU世代转变"名义，在民主纪念碑举行"褒颂这个美丽的花园"活动，讽刺军政府在18日为阻止示威者而在广场摆满盆栽植物的政治举措。

7月23日，新生活联盟（Nawachiwin）运动在国会大厦前开始绝食抗议，试图引发对新冠疫情应对不当引起极端贫穷问题的关注。该运动有3个要求：政府必须立即解决人民的福利和经济问题；国家必须为失业者提供帮助；必须在反对派和反政府方面的参与下审查当前政府的政策。

7月25日，"自由变性者"（Free Theoy）LGBT组织在曼谷民主纪念碑集会，提出同性婚姻立法等三大诉求。

7月26日，"自由青年"组织等发起名为"奔跑吧，哈姆太郎"活动，包括围绕曼谷民主纪念碑跑步和合唱经改编并讽刺政府腐败的哈姆太郎主题曲，讽刺政府浪费纳税人的税款。随后，数日内很多示威都以哈姆太郎为主题。

7月26日起，在法国巴黎、美国纽约和英国伦敦等地，都有当地泰国人发起反泰国政府的抗议行动。根据美西方扶持的泰国非政府组织"人权律师"（TLHR）统计，截至7月31日，泰国全境有44个府举行了75场活动。

2.新生代矛头指向君主立宪政体与"国土权威"

8月1日，"自由青年"组织改组成立新的政治团体"自由人民"组织（Free People），并号召各个年龄段的人与新生代一起反巴育政府。

8月3日，"大都会争取民主"组织（Mahanakorn for Democracy Group，MDG）与卡塞特村前进运动（Kased Movement）采用了"#เสกคาถาไล่คนที่คุณก็รู้ว่าใคร（#你知道不能称呼的那个人）"作为标签召

集政治运动，矛头直指君主制。200多名示威者在曼谷民主纪念碑聚集，要求解散国会、重新制定宪法、取消或是改革亵渎君主罪。示威者大多打扮成哈利·波特角色，声称要施放"保护民主"咒语。

8月初，泰国学生组织了"#ไม่รับปริญญา（#不参加毕业典礼）"运动，抵制拉玛十世发放毕业证书。

8月7日，美西方扶持的泰国非政府组织"iLaw"组织活动收集签名，试图推动修宪。

8月10日，"法政与示威统一阵线"组织（United Front of Thammasat and Demonstration）在泰国法政大学兰实校区举行了"#ธรรมศาสตร์จะไม่ทน（#法政大学不再容忍）"政治集会，其间有学生意见领袖宣读了改革君主制十大纲领，其内容包括以下几点。

（1）废除禁止任何人指控国王的宪法第6条，赋予议会对国王的制衡权，恢复泰国全面民主制度。

（2）废除《刑法》第112条亵渎君主罪："诽谤、侮辱或威胁国王、王后、法定继承人或摄政王"的人将被处以3—15年的监禁。允许人民言论自由，批评君主制。

（3）废除《2018年王室财产管理法》，将国王的个人财富与王室预算（来自纳税人的钱）分开，并让后者接受财政部的监督。

（4）根据国家的经济状况相应地减少王室预算。

（5）废除不必要的机构，如枢密院。取消国王的军事力量。

（6）废除皇家慈善项目。建立监督王室开支的制度。

（7）国王不应公开表达其个人政治观点。

（8）取消公共关系运动和崇拜君主制度的教育课程。

（9）调查有关杀害评论或批评君主制的公民的真相。

（10）国王不应签署文件支持军事政变。

8月16日,"自由人民"组织在民主纪念碑前举行集会,约2万民众参加,要求改革君主制。

8月18日起,泰国多所大学及高中学生响应示威。"坏学生"组织在校园集会,效仿电影《饥饿游戏》举起象征反极权的"三指礼"手势,并系白丝带,表示质疑校内钳制言论自由。部分学生聚集在教育部前进行抗议,以响应反政府示威行动。

8月26日,部分学生通过街头运动向国会提交了修宪议案。

9月9日,"法政与示威统一阵线"组织发起了2006年"9·19"政变纪念大会的社交媒体号召。

9月19日,泰国法政大学学生与2万民众响应号召涌入曼谷王家田广场,在曼谷大王宫前发动示威,高喊"政府下台、人民万岁"口号,表达对巴育政府施政的不满。

9月20日,示威学生与民众在王家田广场地面上,镶嵌了刻着"国家属于人民,不属于泰王"等字样的铜制圆牌。次日,该铜制圆牌被拆除。

9月20日,示威学生与民众到大王宫递交十项要求王室改革的请愿书。随后,警方决定以亵渎君主罪起诉主要的学生领袖,并以违反公共集会法等罪名起诉参与者。

9月24日,宪法修正案国会表决,示威民众再次集会,对参议院施压。国会表决并未按计划进行,而是在保守阵营主导的执政联盟临时推动下,成立特别委员会对宪法修正案草案进行审议,从而使得表决至少推迟一个月。随后,"#RepublicofThailand"的标签冲上Twitter热搜,从而首次在泰国公开表达了对于共和制的政治诉求。

10月2日,"坏学生"组织举行抗议活动,要求教育部部长辞职,并改革学校教育制度,放松管制。

3. 新生代街头运动出现暴力化倾向

10月13日,数百名示威者在民主纪念碑附近聚集,其间有示威者向警方泼蓝漆,并向警方防线推进,双方爆发冲突,警方表示,有至少21人被拘留。

10月14日,聚集在民主纪念碑的示威者增至数千人,以纪念1973年10月14日民主运动并呼吁政府改革以及限制王室权力。泰国王后素提达座驾途经集会现场附近时遭遇示威者阻路,并举"三指礼"抗议。此时,有支持泰国王室的"黄衫军"团体在该地集会,同示威者发生冲突,导致多人受伤,警方随即分隔两方民众,并对泰国总理办公室礼宾府外的集会进行清场。

10月15日,巴育政府颁布紧急状态令,禁止5人以上集会,新闻报道亦受限,禁止作出会引起恐惧、刻意扭曲信息、误导、危害国家安全的报道,并授权相关部门禁止民众进入特定区域。随后,多名示威者领袖被捕,但数千名示威民众无视政府颁布的紧急状态令,继续在曼谷商业区和四面佛附近的拉巴颂街头举行示威集会,敦促政府释放被捕人士和要求巴育下台。

10月16日,巴育总理公开警告示威者"不要低估你的生活风险。因为一个人随时可能死,不要引用佛陀教义的一部分来挑战死神"。当日晚间,泰国警方出动加入化学剂的水炮车和催泪弹,驱散示威人群。示威者组成伞阵抵挡,与防暴警员推撞。最终,示威领袖向示威者宣告示威暂时结束。泰国逾1000名医生联署公开信,要求巴育政府遵守禁止对和平示威者使用化学刺激剂的国际法规。

10月17日,"民党"组织(效仿1932年发动民主革命的"民党")号召民众在下午4时在最近的空铁(BTS)以及地铁(MRT)站点集会。泰国政府紧急下令曼谷铁路全线服务在下午3时起暂停,多个地铁站被关闭。警方也封锁多条主要道路,企图阻止示威,不准民众进入车站。

10月18日,曼谷连续第5天发生反政府示威活动,上万名示威者聚集在曼谷胜利纪念碑等数个地点继续抗争。总理府发言人表示政府愿意让步,准备倾听来自各方人民声音,并会不留余力解决各地区出现的各种问题。示威者也在网上发起在线联署,要求德国政府将拉玛十世哇集拉隆功国王列为不受欢迎人物。[①]此外,泰国流行音乐明星、选美皇后、电视名人等也纷纷加入发声行列,在社交媒体上对数百万粉丝贴出支持示威者的公开信息。

10月19日,泰国警方下令调查4家媒体以及一个抗议团体的Facebook网页,称"从情报部门收到信息,有关媒体的内容和不实信息被人引用和传播,引发混乱并煽动社会动荡"。此举引发新闻媒体强烈不满,指责巴育政府妨碍新闻自由。

10月21日,"民党"组织发出社交媒体号召,上万示威者在曼谷民主纪念碑集会,要求巴育政府释放被捕示威者,并撤销紧急状态法。示威者在曼谷地铁站游行时高喊"打倒封建、人民万岁"口号,在奏响国歌时,集体高举"三指礼",之后游行到泰国政府办公大楼,要求巴育三天内下台。

10月22日,巴育政府颁布取消紧急状态法。

10月25日,数千示威者举行抗议活动要求巴育下台,并公开拉玛十世在德国"躲避疫情"的情况。示威者沿着市中心拉差巴颂十字路口集会,要求巴育下台。

10月26日,"自由青年"组织举行示威集会,随后游行至德国大使馆提呈请愿书向泰国王室施压,要求德国政府调查拉玛十世是否在德国远程操控泰国政治局势,以及拉玛十世相关行为是

---

① 拉玛十世从王储时期开始就长期客居德国,甚至曾数月不返回泰国。

否违反德国法律。德国大使馆准许3名示威者代表进入使馆递交请愿书，并获准与德国大使交谈。德国大使馆外的示威民众也分发了泰、德、英三语版本的通告，并且当场诵读。

4.新生代街头运动暴力升级

11月1日，拉玛十世与诗琳通公主前往玉佛寺祈福。当天下午，大批皇室支持者在玉佛寺广场集会，以示对王室的支持。晚7时许，拉玛十世来到集会现场问候支持者。其间，BBC记者史无前例地获得授权，当面询问国王有什么话想传达给示威者，国王说了三遍"我依然爱他们"。记者又问是否会与示威者妥协，国王表示"泰国是妥协之地"。

11月3日，数字经济部关闭色情网站Pornhub的泰国接口，以防范亵渎君主罪内容传播，引起社会的广泛不满，以及街头示威集会。

11月8日，示威者再度前往曼谷民主纪念碑广场集会，王室支持者率先来到广场，但被示威者挤开。示威者成功占据广场后，开始集体撰写"给王室的信"，随即高举写好的信朝着皇宫进发。警方沿途设置公车和铁丝网作为路障，并向示威者发射水炮，致使多人受伤。

11月14日，大约20个抗议团体，包括大中小学生、妇女权益保护团体、LGBT活动家等，举行示威集会，要求巴育下台和改革君主制。

11月17日，国会开始审议宪法修正案。示威者在国会大楼外示威，警方朝示威者发射水炮及催泪弹，造成至少18人受伤。

11月18日，国会通过了部分修宪提议，但否决了君主制相关修宪内容。示威者游行至曼谷警察总部，朝着门牌泼油漆和喷漆，并宣称将于11月25日前往王室财产局示威，要求拉玛十世改革王室财产制度。

第三章　泰国发展模式变革对中泰关系的影响　259

11月21日，部分学生举行示威集会，主题是"再见恐龙"，嘲讽国会议员已经过时的想法。

11月23日，泰国警方在王室财产局外布置了铁丝网和集装箱，以阻止抗议示威。

11月25日，"民党"组织召集抗议者，前往暹罗商业银行举行示威集会。①

11月27日，"民党"组织举行的"反政变演习"示威集会，讲解如何与政变作斗争，包括将汽车停放在曼谷及其附近的多条道路上以阻断军事武器移动等。

11月29日，"民党"组织改变了原定前往第1步兵团的示威集会，因为警方在第1步兵团外的道路上设置了集装箱和铁丝网，转而前往第11步兵团营区外，要求拉玛十世将第11步兵团的指挥权交还给陆军。

12月1日，"坏学生"组织举行抗议活动，公然违反学校着装要求，穿常服上学。孔敬学生联盟更是举行了模拟婚礼，进行制度讽刺。

12月31日，"我们志愿者"（We volunteer）组织召集示威集会，进行公开活虾销售②，随后在警方驱散过程中发生暴力冲突，致使多人受伤。

2020年年底，由于新冠疫情第二次暴发，巴育政府加强管制措施，使得新生代街头运动再次趋于平息。

（三）跨境联动阶段

2021年年初的第三波新生代街头运动，具有明显的跨境联动

---

① 暹罗商业银行是泰国王室名下财产的重要组成部分。
② 由于泰国第二波新冠疫情是在活虾市场暴发，所以巴育政府禁止了活虾销售，使得相关产业链谋生者陷入困境。

性。尽管在2020年的新生代街头运动中，已经出现了线上跨境联动现象，部分美西方扶持下的乱港分子以"支持民主"为幌子与泰国学生意见领袖沆瀣一气，试图将泰国"反建制"运动与"反华"进行勾连，但未得到泰国新生代街头运动的关切与认可。不过，随着2021年2月缅甸军方接管政权，跨境"反政府"运动开始得到泰国新生代的广泛支持，并成为引发第三波街头运动的重要因素。

2021年2月9日，泰国警方对4名示威领袖以"亵渎君主罪"提起指控。随后，抗议者宣布因第二波新冠疫情干扰而暂停的街头示威活动重新启动，并重申三大要求：罢免巴育总理、修改军方支持的宪法、改革君主制。

2月10日，数千名抗议者聚集在曼谷市中心的购物区进行游行示威，要求巴育总理下台和释放被捕的示威领袖。示威领袖介绍了缅甸的抗议活动，并呼吁泰国示威者动员起来。其间，在泰缅甸劳工也参与了抗议活动，以示对缅甸军方接管权力和罢免昂山素季的政治不满。部分泰国示威者也携带了昂山素季海报，并模仿缅甸捣打锅碗瓢盆的活动。晚上9时许，示威者领导宣布示威活动结束。

2月13日，抗议者重返曼谷民主纪念碑举行集会，反对亵渎君主罪，并用大红布包裹了民主纪念碑，上面写着支持民主改革。示威者用椰子壳拼出"112"的数字，表示反对刑法第112条亵渎君主罪。当夜，抗议者游行前往皇宫，但被警方设置的路障和铁丝网阻拦。泰国警方试图驱散示威人群时，部分抗议者朝警方投掷油漆和土制炸弹，结果引发暴力冲突，造成40多人受伤。

2月16日，"民党"组织与"人民网络前进"组织（People Go Network Group）共同组织"天空漫步复兴人民力量"运动。

该运动从呵叻府出发,徒步游行247.5千米到曼谷,历时33天,最后于3月7日到达目的地。

2月28日,"重塑民主"组织(REDEM)作为"自由青年"组织的政治分支,号召抗议者前往巴育官邸示威集会。对此,泰国警方在总理官邸附近的军营车道上堆积集装箱和铁丝网形成路障。当日,约2000名抗议者从曼谷胜利纪念碑出发,游行至总理官邸所在军营外抗议,要求修改宪法和改革君主制。泰国警方为驱散示威民众,在总理官邸附近朝抗议者使用高压水枪、催泪瓦斯和橡皮子弹,结果引发街头暴力冲突,造成10名抗议者和22名警察受伤。

与此同时,大量在泰缅甸劳工也积极参与集会,声讨巴育总理会见缅甸军政府任命的新任外交大使,并抗议昂山素季被政治软禁。美西方扶持的所谓"奶茶联盟"也推动中国香港、中国台湾、缅甸及泰国的成员在线上发帖呼吁线上线下共同努力,以支持东亚各地的"反政府"活动。

3月6日,抗议者在泰国刑事法院集会游行,并在法院前焚烧垃圾堆,以示抗议。

3月13日,"天空漫步复兴人民力量"2.0运动从民主纪念碑出发,前往总理府进行游行示威。随后,该运动在曼谷建立宿营地,准备进行长期拉锯战。

3月20日,"重塑民主"组织在王家田广场举行示威集会,引发暴力冲突。警方在驱散过程中使用了高压水枪、催泪瓦斯和橡皮子弹,造成至少33人受伤,包括13名警察及3名记者,并有32人被捕。

3月21日,"重塑民主"组织召集"反政府"示威集会,开展滑板运动、集体健美操、放风筝等活动,被禁止从政10年的前新未来党主席塔纳通到现场参加集会，并公开表示支持。

3月24日，"法政与示威统一阵线"组织等再次举行示威集会，成为"民党"组织的第五次集会。

3月28日，泰国警方强行驱散"天空漫步复兴人民力量"3.0运动的宿营地，并逮捕近百人。

随后，由于泰国新冠疫情形势进一步恶化，巴育政府采取更为严格的社会管制措施，从而使得新生代街头运动再次趋于平息。

二 泰国政治极化的结构性原因

相较于2006年到2014年"红黄对立"时期的政治乱局，2019年军人集团"还政于民"后的政治困境最为显著的差异在于从"政治分化"到"政治极化"的矛盾升级，原本呈现为"左右/保革/红黄"对峙的政治光谱上，衍生出极右翼与极左翼（见图3.8），进一步撕裂了泰国社会。

2014年巴育靠政变上台后，通过"党禁"压制了政治纷争，但长达五年的"军管"却未能弥合社会裂痕，反而进一步激化了保革矛盾。从发展模式变革的道路选择来看，尽管巴育军政府宣称将超越"左右"束缚，探索中间道路，但保守阵营在2017年宪法第75条规定社会经济发展的"充足经济"道路指导原则，并通过《国家20年发展战略规划》提前锁定中长期国家发展政策的做法，却引起了革新阵营的普遍质疑；从政策效果来看，由于受全球经济衰退及国内灾害影响，尽管巴育军政府推出了"公民国家"（Pracharat）民粹主义政策[1]，但2015年至2018年泰国的贫

---

[1] Thorn Pitidol & Weerawat Phattarasukkumjorn, "Pracharat Welfare Depoliticises Thailand's 'Political Peasants'", New Mandala, 29 Nov., 2019, https://www.newmandala.org/how-pracharat-welfare-depoliticises-thailands-political-peasants/.

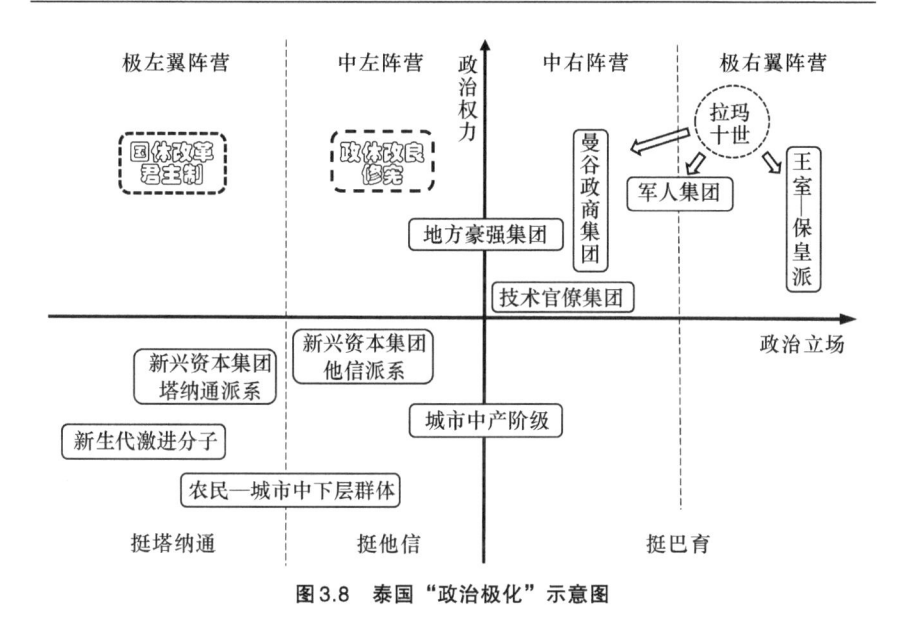

第三章　泰国发展模式变革对中泰关系的影响　　263

图3.8　泰国"政治极化"示意图

资料来源：笔者绘制。

困率却从7.21%反弹至9.85%，近200万民众"返贫"，再次陷入绝对贫困的艰难困境，城乡分化、地区分化与贫富分化问题也未有明显改善[1]；从制度安排来看，尽管巴育军政府承诺多元政治包容性，但在2017年宪法中全面恢复参议员任命制度以及取消总理必须为民选众议员的限制，却在很大程度上否定了20世纪90年代以来的政治多元化改革成效，从而在固化了保守阵营主导地位的同时，封闭了多元化的政治协商路径。

于是，随着新兴社会力量登上历史舞台，相较于"军管"前更为狭窄的政治空间最终引发了"极化"，使得极左翼阵营从革新阵营分化而出，并将斗争矛头指向了事关国体的"君主制"改

---

[1] "Taking the Pulse of Poverty and Inequality in Thailand", the World Bank, March 5, 2020, p.VII, https://www.worldbank.org/en/country/thailand/publication/taking-the-pulse-of-poverty-and-inequality-in-thailand.

革议题。

具体来看，2020年引发大规模极左翼政治运动的背景主要有以下方面。

首先，新兴资本集团塔纳通派系崛起是导火索。

作为政坛新生力量，新兴资本集团塔纳通派系面临严重的发展空间不足问题，既有的政治版图早已被各派势力瓜分殆尽，外府农村票仓被地方豪强集团长期把持，城市中产阶级票仓则是保守阵营的自留地。同时，作为亿万富豪的塔纳通又无意屈居人下，成为他信派系的依附势力，以分润为泰党依托"红衫军"网络构建的基层票仓。

于是，塔纳通派系将新票仓的目标锁定在新生代群体，以相较其他政治势力更激进的议题选择与话语表达，诸如军队改革、LGBT（同性恋、双性恋、跨性别者）权益保护、性工作合法化等，持续激发新生代群体的政治化倾向。为此，塔纳通甚至不惜打"擦边球"，采用超额献金与媒体操纵等方式推动新生代群体的政治化动员。

尽管塔纳通的"擦边球"最终成为巴育政府借以进行司法打压的重要凭据，使得塔纳通创立的新未来党被强制解散，其本人也被禁止从政十年，但新生代群体的政治化已形成气候，不仅在2019年大选中将新未来党推上了第三大党宝座，而且在新未来党解散后，随着塔纳通的振臂高呼，时隔五年再次开启了街头运动的"潘多拉魔盒"。

其次，新生代群体政治化是火药桶。

作为当前极左翼政治运动的主力军，泰国新生代群体与其父祖辈相比，除了青少年叛逆期的共通性外，还表现出相当明显的时代特征。

一方面，作为普遍出生于1997年亚洲金融危机之后的青少年，其成长记忆既缺乏冷战前中期的民族存亡危机与苦难，也缺乏冷战中后期及冷战后初期的经济腾飞自豪与自信，更多的是落入"中等收入陷阱"的乏力感与阶层日益固化的无奈感。这使其普遍缺乏对既有体制的认同与敬畏，很容易在政治上走极端，或是消极逃避，彻底"去政治化"成为沉默者，或是积极叛逆，受到各类似是而非的美西方意识形态影响，自诩为打破"旧体制"的激进分子。

另一方面，当代泰国青少年基本都是互联网空间的原住民，从小接触互联网甚至是移动互联网，从而在思维模式与行为逻辑等方面，相当适应扁平化的互联网动员与组织，并且很容易在互联网"同温层"的信息茧包围下，形成政治极端化的自我认同。

于是，随着泰国新生代群体在2019年大选期间被政治化，其缺乏有效自我约束的政治诉求，也就难免外溢为极左翼运动最大的不确定因素。

再次，极右翼势力复兴是助燃剂。

随着拉玛九世（1927—2016年）与枢密院主席炳（1920—2019年）相继过世，长期以来依托枢密院为核心的"网络君主制"模式[1]难以为继。尽管该模式既能保持国王形式上政治超然，又能通过枢密院权力运作有效贯彻国王的政治意图，从而有助于在民主环境下规避有关王权干政的社会质疑，但其前提是"明君能臣"的高度互信与巧妙配合。由于难以复制"拉玛九世—炳"的君臣搭档，拉玛十世在继位之初就从枢密院收回了权柄，并以其本人为核心重塑了国王权力运作模式（见图3.8）。

---

[1] Duncan McCargo, "Network Monarchy and Legitimacy Crises in Thailand", *Pacific Review*, Vol. 18, No. 4, 2005, pp. 499–519.

于是，从修改宪法以收回枢密院的摄政王任免权，到将王室财产收归国王个人名下并废止政府对王室财产运作情况监督权，到收回国会大厦等曼谷中心区用于公共服务的王室地产，到介入军警人事任免升迁，再到直接掌控特警部队与曼谷卫戍部队的陆军步兵团等，原本隐匿于保守阵营"铁三角"之下的国王权力运作日益公开化，并在拉玛十世周边迅速聚集了极右翼势力的"小圈子"，其中最具代表性的是通过"国王卫队培训计划"从现役军官中筛选的"红镶边兄弟会"成员，包括2020年卸任的第41任陆军司令阿披腊以及继任的第42任陆军司令纳隆潘等。

对于出生在民主化时期，并未经历过冷战时期的军人威权体制及半民主体制的泰国新生代群体而言，巴育军政府时期的极右翼势力复兴难免引发不满情绪，但从虚拟空间的推文、画作、说唱、短视频等更多表现为文化现象的不满情绪释放，演化为走上街头举行大规模示威集会的政治运动，却是冲突持续升级的互动结果。在此过程中，急于通过激进表态彰显"忠君"立场以争取拉玛十世认可的极右翼势力，成为推动新生代群体政治化的"助燃剂"。例如，极右翼军人领袖阿披腊屡屡公然斥责新生代激进分子，就为其与保守阵营拉满了"仇恨值"。

三 泰国发展模式变革的意识形态困境

在2020年的极左翼政治运动中，泰国新生代群体公开提出了"改革君主制"的政治诉求，从而跨越了上一轮政治动荡的冲突界限，首次将事关国体的根本性问题纳入公众视野，使得长期存在的"反君主制"议题不再局限于极少数知识精英与异见人士，开始逐渐成为新生代激进分子的常态化话语表达。这一转变，所折射的是在冷战期间的第三次发展模式变革过程中形成的"泰式民主"官方意识形态，正随着拉玛九世驾崩而日益"空心化"，难以继续为保守阵营"铁三角"提供干政合法性来源。

（一）传统"曼陀罗式"的"泰式民主"意识形态

"泰式民主"观念于20世纪60年代首次被军人威权领袖沙立提出以来，就一直是泰国官方意识形态的最核心要素。其中，最具概括性的表述方式就是泰国宪法中明确规定的"以国王为元首的民主体制"。[①]这一表述并不是通常意义上"君主立宪制"的泰国式修辞，而是对于"王室民主"的"有效委婉表述"。[②]其本质上印刻着传统"曼陀罗式"的政治理念，具体表现在以下方面。

1.作为先验性的权威核心，国王拥有至高地位与裁判权

"泰式民主"源于泰国数百年一脉相承的"君父权威"。在19世纪中后期的第一次国家发展模式变革过程中，王室—保皇派将传统王权的神圣性与权威性嵌入方兴未艾的民族主义思潮，构建起"民族、宗教、国王"立国三原则，从而确立了中央集权的君主专制正当性，并顺势将当时政治光谱上极右翼的保守势力分封贵族集团彻底扫进了历史垃圾堆。

20世纪前中期的第二次国家发展模式变革过程中，尽管民党领袖披汶建立起威权统治，并不遗余力地打压王室—保皇派，但在意识形态方面却并未另起炉灶，而是采用"鸠占鹊巢"策略，试图以"领袖"观念取代"国王权威"。对此，披汶辩称：适逢乱世，泰国虽有"民族、宗教、国王以及宪法，但民族尚未真正成型，宗教已失去信徒尊崇，国王是仅能在相片上看到的孩子，

---

① 金勇：《以国王为元首的民主制：当代"泰式民主"的文化建构》，《东南亚研究》2018年第2期。

② Thongchai Winichakul, "Thailand's Hyper-royalism: Its Past Success and Present Predicament", Singapore: ISEAS-Yusof Ishak Institute, 2016, No.7, p.4.

宪法不过一纸空文。国家正面临缺乏凝聚力核心的艰难时刻。故而，我（披汶）要求你们追随总理"。①

冷战期间的第三次国家发展模式变革过程中，军人集团依托武力掌握了政治主导权，但军人领袖沙立无论资历还是能力都不及前辈披汶，难以承继"领袖"观念，因此选择"泰式民主"回溯"国王权威"，依托军人集团与王室—保皇派的政治联盟，为其提供执政合法性来源。于是，从20世纪60年代开始，泰国甚至国际社会都耳熟能详的场景是政变领袖手持国王御令，宣称已拥有合法性授权，将代行国事以保证社会公平正义得到有效贯彻落实。

2. 呈现从中心到边缘的等级分化，社会各阶层尊卑有序各安其分

作为东南亚唯一的非殖民地国家，泰国社会并未经历以土地改革为表征的根本性冲击与结构性裂变。于是，即使泰国较稳妥地完成了从传统农业国到新兴工业国的经济社会转型，但传统社会结构与意识形态依然根深蒂固，并在政治上保留着明显的封建"庇护制"残余，强调"上位庇护者对下位追随者恩赏关照，以及下位追随者对上位庇护者拥戴顺从"。

这不仅在根本上阻碍了泰国现代政党制度的有效运作，使得地方豪强集团很容易把持中小政党权柄，而且在"网络君主制"体系下②，形成了以国王为核心的保守阵营"铁三角"。事实上，无论是在冷战期间的第三次国家发展模式变革过程中依托拉玛九世的政治权力庇护成长起来的曼谷政商集团，还是在拉玛十世继

---

① 政府内阁会议备忘录，20/2485，1942年4月25日，转引自Kobkua Suwannathat-pian, *Thailand's Durable Premier: Phibun through Three Decades 1932-1957*, Oxford University Press, 1995, p.72。

② Duncan McCargo, "Network Monarchy and Legitimacy Crises in Thailand", *Pacific Review*, Vol.18, No.4, 2005, pp.499-519.

位后形成的极右翼阵营,都在努力靠近"国王权威",以攫取更高地位与更多资源。

3. 存在精英阶层的政治妥协,有助于体现协商式"民主体制"

从传统"曼陀罗式"的同心圆结构来看,除了"国王权威"的中心恒久不变,其他各阶层都具有一定流动性,将会根据彼此势力变化调整上下尊卑关系,并在此基础上重塑与"国王权威"的远近亲疏关系,厘定新的社会地位与政治版图。

事实上,无论是20世纪70年代初的"三年民主实验",还是1992年的"五月流血"民主运动,如果仅就结果而言,都不过是政治权力结构的等级重塑。前者从根本上改变了曼谷政商集团对军人集团的政治依附,使之成为"铁三角"的对等合作者;后者则是为地方豪强集团入主中央铺平了道路(见图3.4)。

(二)难以与时俱进的"泰式民主"意识形态

经过保守阵营数十年的持续话语建构,"泰式民主"作为第三次发展模式变革过程中的意识形态共识,曾被冷战时期成长起来的一代人视为理所当然。1992年"五月流血"民主运动中,随着军人领袖素金达与民运首领占隆皆匍匐于拉玛九世脚下、恭受教诲并幡然醒悟握手言和的影像传遍泰国全境乃至海外各国,"以国王为元首的民主体制"优越性也成为不容置疑的先验典范。然而,这种个人化、等级化、精英化的官方意识形态,本质上依然是特定时期的政治产物,具有相当明显的历史局限性。

1. "泰式民主"话语不再受到美西方青睐

"以国王为元首的民主体制"本质上是冷战产物。第二次世界大战后,泰国王权影响力一度跌入谷底。事实上,如果不是美国基于冷战需要,认为"传统主义"比"民主主义"更适合在中南半岛抵制"共产主义",那么,泰国王室—保皇派很可能会在第三次发展模式变革过程中被彻底"去政治化"。冷战结束后,美国开始转向"自由民主"的价值观外交,从而使"泰式民主"日渐失去美西方势力的青睐与支持,开始成为被抵制的非普适价值"异端"。

冷战期间,保守阵营压制极左翼"共产主义"势力时得到美西方力挺,但当前巴育政府在打压新生代极左翼政治运动的时候,却遭到来自美西方的严厉斥责甚至政治威胁。在塔纳通接受司法审查时,美西方驻泰使领馆官员公然前往法院为其站台助威,而在宪法法院判决解散新未来党并禁止塔纳通十年从政之后,美国与欧盟等西方势力更是公开发声干预。

2."中等收入陷阱"使精英失去协商意愿

从20世纪60年代到90年代,泰国经济社会总体上处于持续高增长状态,人均国内生产总值差不多翻了四番。因此对当时的精英阶层而言,政治上达成妥协的空间相对宽松,但在1997年亚洲金融危机以来的20多年里,人均国内生产总值仅增长一倍多,从而在存量改革甚至减量改革背景下,严重抑制了各方达成妥协的可能性。[①]

当前泰国大批新生代群体走上街头,很重要的原因就是对前途失去信心,面临毕业即失业,或是长期打零工的无保障状态。这在20世纪70年代初一度出现,并引发了1973年大规模民主运动,直到泰国基本达成"进口替代"到"出口导向"的战略调整,使经济社会恢复增长态势,新生代群体的"政治化"现象才得到有效缓解。

---

① 数据来源:世界银行数据库,https://data.worldbank.org.cn/indicator/NY.GDP.PCAP.KD?locations=TH。

3. 拉玛九世驾崩使参照系锚点"空心化"

对于"曼陀罗式"传统意识形态而言,"国王权威"的锚点作用极为关键,因为其他部分都必须以此为参照系确立彼此亲疏远近与上下尊卑,保证权力有序运行。不过,"国王权威"并不是自然而然的血脉产物,而是需要长期经营的公关结果。

传统上,泰国的"国王权威"主要源于"神王"和"法王"两个方面。前者源自婆罗门教信仰,认为国王是神明化身,"王之所以为王,因其生而为王",其统治合法性在于血统的神圣传承;后者源自上座部佛教信仰,认为国王是功德凝聚,"王之所以为王,因其德行最高",其统治合法性在于国王对"国君十德"——仁慈、道义、慷慨、公正、恭顺、自制、无忿、非暴力、宽容、无碍——身体力行。为此,拉玛九世在位期间,言行举止无不遵从"国君十德",尤其是数十年如一日坚持访贫问苦,并持续设立"王室项目"促进边远乡村农业开发,甚至获得了国际国内公认的"农业国王"美誉。

冷战后尤其是亚洲金融危机爆发以来,"泰式民主"基本上是仰赖拉玛九世个人权威支撑以保持惯性运作。2016年拉玛九世驾崩,使"泰式民主"彻底失速,并开始摇摇欲坠。尽管拉玛十世继位在形式上满足了"国王权威"对"神王"方面的要求,但长期旅居德国且品行与先王相去甚远的拉玛十世,很难在互联网时代再次营造"符合传统想象的君父形象",进而弥补"法王"方面的"空心化"问题。

这就使得2019年军人集团"还政于民"后,保守阵营在推动国家发展模式变革过程中,始终无法摆脱意识形态困境——曾经被视为理所当然的价值观标准与是非曲直立场,却难以取得新生代的认可与尊重,甚至引发"叛逆性"的强烈不满情绪与抵制行为，致使巴育军政府历时五年规划的"政治体制—经济道路"不仅未能取得预期成效，反而引发更为严峻的政治冲突与社会分裂。

四 "人类命运共同体"观念夯实中泰合作共识

对中泰关系而言，意识形态差异在冷战期间曾是关键性的扰动因素，尤其在美西方影响下，严重阻碍两国政治互信建构与正常社会经济文化交流。冷战结束后，虽然中泰双方在意识形态上依然存在诸多差异，但在全球化繁荣发展背景下，多元与包容成为主流，求同存异得到尊重，"各美其美，美美与共"逐渐成为中泰两国在意识形态领域和谐共存的指导原则与成功经验。

目前来看，泰国发展模式变革引发的意识形态困境，短期将会冲击冷战后中泰两国在意识形态领域的良好局面，甚至引发不确定性风险，但其中长期"破旧立新"，则有可能为中泰合作夯实新的共识根基。

由于拉玛九世"国王权威"的形成与发展，具有强烈的时代背景和个人特征，因此无论保守阵营如何努力修补，都很难在拉玛十世时期全面再现先王权威。这就意味着，泰国主流意识形态唯有"破旧立新"，方能从根本上化解困境，继而推进国家发展模式变革。

"破旧"不易，"立新"更难。作为国家发展模式变革"本土化检验"环节的核心要素，主流意识形态备受各派势力重视，都试图在其中掺入有利于己的观念与立场。再加上当今正值世界百年未有之大变局，各类观念思潮汹涌而至，更进一步加剧了协调取舍难度。其中，最具辨识度的有以下观念思潮。

其一是保守化的狭隘民族主义与极端民粹主义观念，受到极右翼阵营的认可与支持，试图在逆全球化浪潮下，通过闭关锁国和以邻为壑的保守主义做法，维护其国内传统地位和垄断红利。

其二是美式化的片面性"自由民主人权"观念，受到极左翼阵营的推崇与追捧，并在美西方支持下，试图建立依附于美西方的发展路径，从而以放弃政策独立与自主为代价，换取虚妄的发展承诺。

其三是全球化的多元包容与和谐共生观念，受到泰国各阶层民众的广泛理解与拥护，旨在以开放的视野、兼容并蓄的心胸、自尊自信自强的信念、合作共赢的立场，携手各国共克时艰，跨越"中等收入陷阱"。

从过去百余年的国家发展模式变革来看，泰国主流意识形态转型一直相对保守，更多是在原有基础上的改良性调适，而不是颠覆性重构。本轮以保守阵营主导的国家发展模式变革，总体上很可能会因循旧制，一方面努力保留意识形态的传统内核，另一方面顺应时势融入不同观念，构筑多棱面外观，以回应和折射不同政治权力集团的利益诉求。

尽管近年来受美国推动逆全球化的负面影响，再加上新冠疫情冲击，全球化共识在泰国社会有所动摇，但在泰国主流意识形态转型过程中，全球化观念依然发挥着积极作用，从而为中泰战略合作提供有力支撑。不过，必须看到的是，美西方势力在泰国社会长期深耕细作，当前更是借助极左翼阵营介入泰国政治冲突，不仅为新兴资本集团塔纳通派系站台，而且为新生代学生街头运动背书，旨在引导泰国主流意识形态朝着美式化方向发展，并在此基础上推动泰国构建依附于美西方的国家发展模式。

因此，在泰国发展模式变革过程中，为了更好夯实中泰战略合作基石，有必要依托"一带一路"倡议与"全球发展倡议"等体制机制深化多层次交流与沟通，增强泰国社会各阶层对全球化发展尤其是"人类命运共同体"方向的坚定信念，助力泰国构建更为多元开放包容的主流意识形态。

第四章　深化中泰民心相通的路径与方法

国之交在于民相亲。从中泰两国的长期交往来看，无论国际国内形势如何风云变幻，民心相通始终是维系双边关系的根本纽带，既有助于在关系遇冷时兜牢底线，防范难以挽回的关系破裂，又有助于在关系升温时进一步激发合作活力，催生新的增长点。近年来，随着"一带一路"倡议稳步推进，中泰民心相通进一步深化发展。不过，相较于冷战以来长期在泰国深耕细作的美西方势力，中泰民心相通依然存在短板，尤其在主流媒体的国家形象塑造、社交媒体的新生代信息传播、智库国际传播能力建设等方面尤为明显，有必要以务实态度加以开拓和创新，以应对中美战略竞争的意识形态角力。

第一节 主流媒体的国家形象塑造

近百年来的中泰交往历经波折，中国国家形象在泰国也是多番变化。其中，既有源自中华文明交流与传承的"大国上邦"历史刻印，也有殖民时代被西方列强欺凌压迫但奋发图存的"半殖民地"共情记忆，亦有冷战时期被美西方妖魔化的"红色中国"刻板印象，更有全球化时代中国和平发展的"负责任大国"生动形象。近年来，国际社会对"一带一路"是和平之路、繁荣之路、开放之路、绿色之路、创新之路、文明之路、廉洁之路的基本共识，更是为中国国家形象增添新的积极元素。不过，随着中美战略竞争升级，泰国主流媒体的美西方话语权优势开始对中泰民心相通，尤其是国家形象塑造产生日益明显的负面作用。对此，有必要进一步克服国际传播"短板"，精细化讲好"中国故事"，进一步提升中国国家形象。

一　中泰民心相通的国际传播路径

从国际传播的路径选择来看，中泰民心相通在过去相当长时期内，主要都是依托三类传统方式传播。其一是人员传播，包括文艺演出、巡回演讲、国际会议、进修培训等；其二是纸媒传播，包括报刊发行、图书出版、宣传册散发、通过本土报刊发布新闻评论等；其三是影音传播，包括广播、电视、电影、可视广告板等。这三类传统方式在传播效果上各具特色，都有不可替代的重要作用，但也都有明显短板。

其中，人员传播具有很强的互动性，能通过"面对面"的信息传播形成深刻的影响力，并在直接交流与沟通中，进行即时调适和修正，有效避免误解，从而保证国际传播工作达到预期效果。不过，人员传播的局限性相当明显。首先是成本过高。无论是传播者还是受众，都要付出相当高的时间成本，以及其他相应成本，才能进行"面对面"的交流与沟通。其次是覆盖面较低。通常情况下，人员传播都选择在中心城市，很难上山下乡开展国际传播工作，因此除了极少数的中上层精英，大多数的中下层民众都无缘参与。最后是渗透力不足。对多数受众而言，人员传播不具有可重复性，虽然在"面对面"的高效交流与沟通下，形成了即时性的强烈冲击，但却很难发挥持续性的潜移默化作用，从而随着时间推移而淡化传播效果。

相比之下，纸媒传播的互动性虽然比不上人员传播，但是在覆盖面与渗透力方面，却有着明显改善，特别是纸媒传播的可重复性，使得受众能通过反复阅读，深入理解和把握国际传播的核心思想与本质精神。不过，对现代社会而言，纸媒传播的不足也日益明显。一方面是传播效率偏低。由于相关信息附着于纸质媒介，使得信息传递难免受到地理空间限制，非中心城市的对象国民众要获得纸媒产品，不仅会在时间上存在延后，而且要为运费付出更多成本。另一方面是面临信息传递的版本时效难题。这一现象在过去并不明显，因为以往国际传播工作要传递的信息稳定性较高，通过纸媒传播的材料很少出现版本差异。但是，随着信息化时代来临，相关信息的更新明显加快，从而使得通过纸媒传播的国际传播产品在不同时间段，很可能存在版本差异。这就意味着，如果受众得到的并不是最新版的外宣产品，就有可能在理解与认知上出现偏差，而问题就在于，对象国受众特别是非中心城市受众，很难在纸媒传播的情况下，每次都不错过最新版的国际传播产品。

相对晚近发展起来的影音传播，目前已得到更广泛运用，并取得明显成效。其优势在于覆盖范围较广和时效性强，很大程度上能有效克服地理空间的局限性。同时，影音传播在形式上也更灵活，更具有表现力，不仅能将抽象和枯燥的信息转化为生动的影音产品，降低抽象信息认知和理解难度，而且能有效调动视觉和听觉的感受能力，提高信息接收效率。不过，影音传播具有明显的单向性特征，作为受众而言，通常仅是被动接受信息，难以形成积极互动，特别是对相关信息开展更深入的了解和掌握。此外，相较于纸质媒介，影音产品所承载的信息更富有层次感，但却缺乏广度和深度，难以促进受众的独立思考。

从国家形象塑造来看，中泰民心相通的上述三类传统方式中，最核心的还是纸媒传播，尤其是主流报刊传播。因为就目前而言，泰国社会舆论的原创性观念与话语文本，主要还是源于传统主流报刊。值得留意的是，尽管近年来泰国新媒体发展的速度相当快，但从内容生产来看，更多是转载、摘编甚至是换个标题"洗稿"，尤其是涉华议题方面的各类数据、案例、分析、议论等，都直接或间接来自主流媒体特别是传统主流报刊。相较于后者的规模化采编能力，新媒体在信息生产特别是深度信息发掘方面，还是存在明显短板。

二 新时期中国形象塑造的现实挑战

习近平主席指出："要注重塑造我国的国家形象，重点展示中国历史底蕴深厚、各民族多元一体、文化多样和谐的文明大国形象，政治清明、经济发展、文化繁荣、社会稳定、人民团结、山河秀美的东方大国形象，坚持和平发展、促进共同发展、维护国际公平正义、为人类作出贡献的负责任大国形象，对外更加开放、更加具有亲和力、充满希望、充满活力的社会主义大国形象。"①冷战结束以来，经过中泰民心相通的长期交流与互动，中国已树立了"负责任大国"的良好国家形象，但在百年未有之大变局下，尤其是中美战略竞争升级条件下，要想在泰国进一步提升中国形象，从而为推动"一带一路"倡议与人类命运共同体创造更有利条件，依然面临诸多现实挑战。

（一）"形象传播"的点面结合难题

随着"一带一路"倡议从起步阶段迈入深化阶段，国家形象的国际传播要求也在进一步提升。其中，最重要的就是对现有中国国家形象拼图的全方位拓展。这一方面要在原有拼图上不断添加新符号，使既有的中国国家形象变得更为立体和全面，充分展示传统与现代、人文与自然、独特与包容有机结合的负责任大国形象；另一方面要对既有符号进一步延伸拓展，使其承载的中国信息更生动和形象，从而为泰国受众提供更深刻印象与更传神感悟。"符号—拼图"的点面结合必须协调，才能形成"立足于点，由点及面"的全方位传播效果。

对拼图而言，符号是基本立足点，唯有在具体符号的"点"上下功夫，抓住有特色的符号做深做实，力求在泰国受众的脑海中留下深刻的印痕，使其将符号所含信息与中国形象进行有效关联，方能形成有效切入口，进一步引导其对中国的全面认知。

对符号而言，拼图具有统御作用。符号从属于拼图，无论相关符号有多么特别，都是中国国家形象的单一侧面，难以体现国家的整体形象。事实上，如果过度渲染单一符号，使其成为泰国

---

① 《建设社会主义文化强国　着力提高国家文化软实力》，《人民日报》2014年1月1日第1版。

受众的刻板印象，那么对国家整体形象而言，就可能产生以偏概全的负面作用。因此，符号必须置于拼图整体下，促使不同符号之间相互协同，方能更准确、客观、全面地展现中国国家整体形象。

目前来看，中泰民心相通面临的"形象传播"难题是：原有的传统符号已难以满足当前对中国创新型现代化国家形象的拓展诉求，亟待引入彰显新时代特征的创新符号。近年来，中国形象有明显提升，但就符号来看，依然是体现传统特征的占据主流，其中包括长城、熊猫、功夫、中餐、麻将、书法、儒家等。相比之下，天宫、蛟龙、天眼、悟空、墨子、大飞机等重大科技成果，青蒿素等人类重大贡献，一国两制、政治协商、民族自治等制度创新，习近平新时代中国特色社会主义思想等伟大理念，泰国受众的认知度与接受度就明显不足，因而在"由点到面"构建中国国家形象过程中普遍存在片面性，其难以理解中国推动"一带一路"倡议与倡导"人类命运共同体"的宏大构想及自信底气。

近年来，随着国际传播工作的开拓创新，承载新时代中国形象的符号有所增加，尤其是《习近平谈治国理政》等经典著作的泰文版发行，更是填补了意识形态方面的国家形象空缺；但总体来看，无论在数量上还是质量上，都难以满足现实发展需求。

更具挑战性的是，致力于"一带一路"与"人类命运共同体"建设的新时代中国形象，将与传统中国形象既有联系又有区别，因此在增添新符号的过程中，就要重新梳理和协调与传统符号的相对关系。由于当前的新符号不足及新旧符号定位不清，使得泰国社会经常感到中国形象在漂移，难以从各类新旧符号"由点及面"勾勒清晰完整的新时代中国形象拼图。

（二）"纠偏释疑"的风险防控难题

近年来，随着中美战略竞争持续升级，国际传播领域的舆论战也显著增强。由于受美西方势力误导，包括泰国在内的东南亚社会涉华负面舆论有所增加。据统计，近年来泰国主流媒体涉华敏感报道明显增加，并且议题也从过去低敏感度的社会与文化领域，逐渐延伸到高敏感度的政治与安全领域。其中，高敏感度涉华报道增长最快的是英文报纸《曼谷邮报》，从2015年30多篇逐年递增到2018年60多篇；相比之下，发行量在百万份以上的泰文报纸《泰叻报》与《每日新闻》等，高敏感度的涉华报道在总量上要少得多，年均在20篇左右，但与以往相比也呈上升趋势。除了泰国，东盟国家的马来西亚、印度尼西亚、菲律宾等重要的"一带一路"沿线国家，也都存在类似情况。

美西方势力在"一带一路"沿线国家的舆论攻势，通常不会针对传统的中国符号，而是聚焦于新时代中国形象的"符号—拼图"。具体来看，一方面是针对"点"，试图歪曲新符号的信息内涵；另一方面是针对"由点及面"的拼图过程，误导当地受众对中国整体形象的理解与认知。

从泰国主流媒体涉华敏感报道来看，主要涉及"湄公河问题""南海问题""新疆问题""香港问题""中国政治改革问题""国际债务问题"等关键符号。对此，中方通过国际传播进行了大量解释与澄清，但就泰国社会而言，效果不尽如人意。究其原因，关键在于国际传播工作的本土化渗透不足，并由此产生了风险防控不及时，以及舆论反制不到位的现实难题。

相较于美西方势力在泰国深耕多年，中国的国际传播工作更多在官方与半官方层面开展活动，未能像美西方势力那样深入当地社会。这就导致美西方势力抹黑中国后，中方通常要到事态发酵后才有所察觉，以致错过舆论反制的黄金时间，很难彻底消弭负面影响。

更困难的是,由于中国国际传播工作在话语表达上的本土化程度有限,尤其是新时代中国符号,更是缺乏传统符号的本土化演绎与重构,很难有效传递符号背后所蕴含的深刻信息,更难引发泰国受众共鸣,结果在舆论反制行动中,甚至会出现中方"越描越黑"的不利局面。

(三)"群体区分"的精准分类难题

随着"一带一路"建设深化发展,中泰交流与合作进一步拓展,泰国民众也会越来越感受到中国要素,并在此基础上产生各类对华认知的客观诉求。由于泰国民众在阶层、教育、年龄、信仰等方面存在差异,因此在对华认知的诉求方面,侧重也会有所不同。

通常情况下,顶层社会精英特别是政治家、大商人、高级公务员等,更关心中国宏观层面的体制机制改革和中长期政策问题,并对意识形态有较高的敏感性。依托专业的顾问团队,泰国顶层社会精英普遍都能较好地理解和把握中国在国际传播中所要传达的核心信息与精神实质,并能以中国特色的表述方式加以回应提问,从而与"一带一路"建设形成较为顺畅的信息沟通渠道。

相比之下,泰国中上层精英特别是地方政客、城市商业白领、中级公务员、专家学者、中小商人等,更关心中国政治经济的微观现状与短期政策问题,并在意识形态方面存在一定分化,其中亲西方派会戴着有色眼镜进行观察,而中立派与友华派则表现得较为客观。但问题在于,中国国际传播工作通常较少涉及微观现状与短期政策问题,主要原因是相关信息过于烦琐,不仅翻译方面负担很重,而且难以可靠性自检。这就使得泰国中上层精英通常都处于对华认知的饥渴状态,并为美西方势力留下了歪曲和误导的可乘之机。当前，泰国为数不少的城市中产阶级都是通过西方媒体获得对华认知，并在大量素材似是而非且难以证伪的情况下，很容易形成对华认知的误判与臆断。

泰国中下层民众在对华认知方面，更多关注的是社会生活类信息，因此与顶层和中上层有明显差异。长期以来，中国对泰国中下层民众的国际传播，主要是推介中国传统文化，包括饮食、曲艺、字画、诗词、民间艺术等。传统文化产品在经过历史长河磨砺后，拥有醇厚的底蕴和魅力，很容易得到中下层民众认可，但其本质上是历史的，展现的是中国过去的繁荣与辉煌，虽动人心弦，却无法体现正在阔步迈向中华民族伟大复兴的现代中国的奋发与雄浑，难以赢得中下层民众对于现代中国的理解与认同。

三 泰国主流媒体的美西方影响力：以报业为例

从冷战时期开始，美西方势力就在一直深耕泰国社会，并通过意识形态引导、股权控制与代理人扶持、意见领袖培养等方式，有效掌握了泰国主流媒体的话语优势。全球化时代，随着泰国社会多元化发展，尤其是新媒体蓬勃发展，美西方对主流媒体的掌控力有所下降，但相较中方国际传播能力依然优势明显。其中，长期以来作为泰国知识精英舆论阵地的主流报刊，更是美西方深耕的关键领域。因此，以报业为例，将有助于管窥美西方影响力的运作机制。

（一）泰国报业发展历程：兴盛与衰退

从1858年泰国官方发行首份《泰国皇家政府公报》开始，泰国陆续出现报纸，但由于当时的识字率较低，因此报业无利可图，使得大多数报纸都被迫停刊。20世纪中后期，随着泰国现代化进程加快，报纸开始成为信息传播的重要途径。在冷战背景下，泰国报业也形成了保革分野的政治光谱。其中,得到官方支持的保守媒体,尤其是《泰叻报》和《每日新闻》,最辉煌的时候合计占到泰国报纸销售量半数以上;与此相对的是具有民主改革色彩的报刊,包括《民意报》《国家报》和《泰国邮报》。20世纪90年代是泰国报业的辉煌时期,民主转型和经济繁荣的双重红利,使报业不仅思想解放充满自信,而且广告佣金丰厚,甚至促成跨行业扩张的话语霸权。

21世纪以来,随着互联网革命与移动互联网革命的连续打击,泰国报业正处于持续衰落的进程之中。统计显示,泰国报业的广告收入,已经从2006年的154亿泰铢,降至2015年的123亿泰铢,并呈现持续下降趋势。与此同时,从2006年政变以来,泰国舆论监管也在不断加强。2016年年初,巴育政府出台新规,对外国记者的工作签证进行了严格限制,要求必须有全职雇佣关系,从而将自由撰稿人与新媒体记者排除在工作签证之外,同时要求申请签证必须提交工作期间的所有报道附件,以审核是否有不当报道负面新闻的违规行为,以免对公共利益产生影响。

近年来,泰国主流报刊都在积极创新,试图在信息化时代找到新的发展路径。其中,最常见的是拓展互联网和移动互联网平台,依托网站和手机APP进行主流报刊的数字化转型。例如,1971年创刊的《民族报》(*Nation*),就于2019年彻底停止刊印,全面转向网络发行。此外,亦有部分传统报业集团涉足了多元化跨界经营,试图借此弥补单一报刊盈利水平特别是广告收入持续下降的不利局面,但成效总体上不容乐观。值得留意的是,泰国主流报刊财务水平持续恶化引发的股权变更,很大程度上为美西方借势加强影响力,提供了重要契机。

（二）泰国主流报刊涉华敏感报道情况

为了更确切评估国际传播工作在泰国主流报刊面临的难点与堵点，我们选取了《曼谷邮报》《新闻报（英文版）》《民意报》《泰叻报》《每日新闻》5份泰国主流报刊，对其在2015年1月至2019年6月刊载内容中的涉华敏感报道进行了统计。

表4.1　　　　　　　　　　泰国主流报刊基本情况

名称	创办时间	发行量	办报特点
曼谷邮报 Bangkok Post	1946年	7万份	政治立场相对中立偏右，经常会有言论与政府相左，但总体上保持严格的自我审查以避免打压。读者八成在曼谷，过半为泰国本地精英
新闻报 （英文版） Khao Sod ข่าวสด	1991年	95万份	隶属民意报业集团。相较于《民意报》，内容上更体现"群众性"特征。为扩大国际影响，推出英文版在线新闻，力求面向海外介绍泰国当地新闻
民意报 Matichon มติชน	1978年	90万份	过去被视为新兴中产阶级必读报纸。"红黄对立"期间，由于立场偏向"红衫军"，受到曼谷中产阶级质疑，甚至引起编辑解雇风波。政治上属于温和改革阵营
泰叻报 Thai Rath ไทยรัฐ	1962年	100万份	长期以来都是泰国最有影响力的报纸，主要关注犯罪和娱乐等八卦事件。政治立场属于温和民粹主义，得到大多数的农村和城市中下层民众认可
每日新闻 Daily News เดลินิวส์	1964年	85万份	政治立场温和保守，风格及受众都与《泰叻报》相似

资料来源：笔者收集整理。

从调研对象的选择来看，上述5份主流报刊兼顾了代表性与周延性的客观需要。具体而言有以下几点。

首先是涵盖了泰文与英文两类报刊。泰国在20世纪中后期就基本实现了全民扫盲,因此泰文是传播信息最直接的有效载体。因此在这5份报纸中,《民意报》《泰叻报》和《每日新闻》都是发行量排名前列的泰文报纸。除泰文之外,英文在泰国社会也具有重要影响力。尽管从英文语用能力来看,泰国在东南亚国家属于中流,中下层民众基本不会英语,但中上阶层的知识精英却拥有较好的英语水平,很多还在国外接受教育,因此在信息获取方面,对英文报纸的认可度较高。此外,海外泰国人或对泰国感兴趣的西方人在获取泰国信息的时候,也会倾向于泰国英文报纸。

其次是涵盖"泰式民主"与"西式民主"两类立场。从2006年开始,泰国媒体生态就在持续的政治与社会动荡中被重构,曾经的左右翼分野让位于"泰式民主"与"西式民主"的政治界限。作为"泰式民主"的支持者,《泰叻报》与《每日新闻》在立场上与保守阵营一致,并极力表现保皇主义与维护传统价值观的积极态度,同时在政治上较少发言,更多关注社会八卦新闻,以避免受到政治打压。与此相对,《民意报》《新闻报(英文版)》《曼谷邮报》则呈现较明确的"反建制"立场,主张泰国摆脱"泰式民主"传统束缚,再次转轨到20世纪90年代的"西式民主"道路。较微妙的是,《民意报》与《曼谷邮报》曾是泰国左右翼分野的重要旗帜,前者更强调公平,后者更重视自由,但当前却在保守阵营打压下,开始形成"反建制"的相似话语表述。

最后是涵盖家族企业与上市公司两类股权模式。泰国传统报业集团多为家族企业,使得家族政治立场与利益诉求对报纸意见表达有着决定性影响。不过,随着资本运作的客观需求,泰国报纸上市融资也开始变得常见。这就使得资本力量有可能在上市报业集团的立场上产生潜在影响。《曼谷邮报》和《民意报》是上市企业,《新闻报(英文版)》是民意报业集团的下属子公司;《泰叻报》与《每日新闻》还保持着传统的家族企业运营模式。

从涉华敏感报道的统计结果来看，主要呈现以下特征。

第一，涉华敏感报道数量不多，占比不高，影响范围有限。

从数量来看，在调研覆盖的54个月期间，5份报纸中涉华敏感报道数量最少的是《新闻报（英文版）》，仅28篇，最多的是《曼谷邮报》，约为440篇。但从占比来看，《新闻报（英文版）》却占比最高，约占其所有涉华报道总量的12%；《曼谷邮报》次之，涉华敏感报道约占其涉华报道总量的4%，以及所有新闻报道的3‰；《民意报》再次之，涉华敏感报道近400篇，约占其涉华报道总量的2%，以及所有新闻报道的1‰；《泰叻报》与《每日新闻》占比最低，两者涉华敏感报道分别约占其所有涉华报道总量的1%，以及所有新闻报道的5‰。

第二，涉华敏感报道以热点事件为节点，呈现非均衡分布。

泰国主流报刊的涉华敏感报道并不是在各个时间段均衡分布，而是在出现热点事件的时候，爆发式地集中推送报道与评论，从而在分布图上呈现一个接着一个的小高潮。这就使得尽管涉华敏感报道总量有限，但在短期内造成的负面冲击和恶劣影响却相当明显，特别是经过新媒体尤其是社交媒体的转发后，很容易引发"脉冲式"的对华不满情绪。此类波动骤起骤伏，中国驻泰使领馆要监控也相当困难，即使有所察觉，要采取行动也可能为时已晚，而且事后补救也相当困难。一方面，随着热点过去，如果再要通过官方渠道进行解释或澄清，反而会使热点沉渣泛起，甚至产生二次负面影响；另一方面，如果放任不管，则会促使亲西方势力变本加厉，再次利用热点推送涉华敏感报道。

更重要的是必须认识到，即使热点事件引发的社会不满情绪平息，泰国读者或社交媒体使用者也不再讨论涉华敏感报道，相关负面影响却不是消散而是蛰伏。事实是，对华不满情绪，很可能会在泰国读者和社交媒体使用者的心中留下印痕，并随着热点不断出现，反复唤醒记忆，最终形成难以改变的对华负面的刻板印象，从而阻碍中泰民心相通工作和人类命运共同体建设。

第三，涉华敏感报道中的高敏感性议题，呈现上升趋势。

泰国主流报刊的涉华敏感报道大体可分为两类。

一类是低敏感性的社会类和经济类议题，主要涉及中国国内环保、犯罪、突发事件等，以及在中泰经贸交往与人员流动过程中出现的冲突摩擦等。例如，中国的雾霾问题、沙尘暴问题、校园安全问题、电信诈骗问题等，以及中国对泰国的钢铁倾销、榴莲垄断性采购、旅客举止不雅等。

从泰国读者的评论留言来看，此类议题很容易引起热议，但更多被视为八卦类报道，可能一定程度上影响对华观感，却不会在根本上损害中国国家形象。事实上，此类问题在泰国国内也较为常见，所以读者多以情绪发泄和自我吐槽为主。

另一类是高敏感性的政治类与安全类议题，主要涉及中国政治体制、司法体制、民族政策、地方自治、地缘政治与安全、国际合作等。例如，中国的网络监管问题、西藏问题、新疆问题、香港问题、台湾问题、民间传教问题、南海问题、湄公河水资源问题、中泰军购问题、债务陷阱问题等。

从泰国读者的评论留言来看，此类问题引起的关注较为有限，但影响较为深刻，有可能引起泰国读者和社交媒体使用者对华认知的根本性偏移。即使在热点事件发酵后，中国驻泰使领馆发布正面信息，也会被误认为是文过饰非，难以起到正本清源的国际传播效果。

从统计来看，近年来高敏感性的涉华敏感报道呈现上升趋势。以《曼谷邮报》为例，高敏感性报道2015年为36篇，2016年为35篇，2017年为62篇，2018年为66篇，2019年前5个月为30篇；低敏感性报道的数量则相对稳定，基本上每年保持在40篇左右。

（三）美西方话语影响力的作用机制

通过前述评估可见，泰国主流报刊在涉华敏感报道方面，总体上存在三类行为模式。

第一类是对涉华敏感报道表现积极，主要包括《曼谷邮报》与《新闻报（英文版）》，不仅在热点事件出现后大量转发海外媒体观点尤其是负面观点，而且积极刊发评论员文章，对相关问题进行演绎式解读，以期引发更大范围的关注与热议。

第二类是对涉华敏感报道相对中立，主要是《民意报》，虽然在热点事件出现后，也会及时转发海外媒体观点，并刊发评论员文章，但通常就事论事，较少进行演绎式解读，立场相对客观公正。

第三类是对涉华敏感报道相对消极，主要包括《泰叻报》与《每日新闻》，通常都是在热点事件已引发社会热议后，才会象征性地转发部分海外媒体观点，但很少刊发评论员文章，更多是应付式交代前因后果，以示对社会关切有所回应。

尽管从因果关系来看，直接或间接促成泰国主流报刊在涉华敏感报道上采取不同行为模式的要素很多，诸如办报宗旨、市场定位、受众品位、盈利模式等，但其中最关键的还在于美西方话语影响力。具体而言，其作用机制主要体现在以下方面。

首先，从意识形态层面锁定办报宗旨。

从创刊背景来看，《民意报》《泰叻报》与《每日新闻》各有不同，但都建立在泰国本土化的意识形态基础之上，倾向于对传统理念"扬弃式"的改革或改良。与此相对，《曼谷邮报》与《新闻报（英文版）》则更多尊崇美西方意识形态，更强调对泰国传统理念的否定与改造。这就在很大程度上直接影响到各报刊在面对中美战略竞争时的立场取向。

《曼谷邮报》是由美国战略服务局（即中央情报局前身）前官员亚历山大（Alexander MacDonald）及其泰国助手普拉西特（Prasit Lulitanond）共同创办。当时泰国是唯一设立苏联大使馆的东南亚国家，因此，美国认为有必要加强话语引导，以遏制苏联意识形态扩张。《曼谷邮报》很大程度上就是美国话语传声筒，其创办经费也主要来自美国国务院。20世纪50年代初的政变后，亚历山大离开泰国。此后，《曼谷邮报》经营权数次易手，但其"自由主义"的办报理念却一直延续，迄今依然是美西方话语的重要载体。

《新闻报》虽然创刊要比《曼谷邮报》晚了近半个世纪，但其诞生在泰国社会"自由主义"情绪高涨的20世纪90年代初。时值城市中产阶级崛起，并将美西方模式视为圭臬，试图借以跨越"中等收入陷阱"。尽管虚妄的"自由主义"幻象在1997年亚洲金融危机的冲击下瓦解，但《新闻报》却在一定程度上延续了"自由主义"的创刊风格，并以英文版在线新闻的方式，试图迎合美西方口味，借以扩大海外影响力。

其次，通过资本运作影响办报方向。

尽管媒体从业者经常会受到诸如理想、情怀、信仰等主观要素影响，但就媒体运营而言，本质上还是一门生意，难免在客观上受到"成本—收益"的盈亏约束。于是在报业兴盛时期，泰国主流报刊现金流宽裕，通常都会高调标榜"新闻自由"的坚定信念，但在衰退期，由于行业生存压力，难免要与资本达成妥协，尤其是对上市公司而言，大股东偏好甚至可以直接影响办报方向。事实上，近年来《新闻报（英文版）》对涉华敏感报道的立场变化，很大程度上就与其股权变动有关。

《新闻报（英文版）》与《民意报》同属1989年在泰国证券交易所上市的民意报业集团。从2018年财报来看，布潘家族（Boonpan）拥有控股权。民意报创始人、第一大股东、董事长堪猜·布潘（Khanchai Boonpan）持股34.95%，其女儿班布（第5大股东）持股3.45%，儿子巴拉普（第9大股东）持股2.8%，家族合计持股41.2%。第二大股东是泰国三友集团总裁、原新未来党主席塔纳通的母亲宋蓬·宗龙伦吉，持股19.33%，拥有重要话语权（见表4.2）。

表4.2　　　　　　　　　民意报业集团股权结构

排名	姓名	股份比例（%）				
		2014年	2015年	2016年	2017年	2018年
1	Mr. Khanchai Boonpan	34.93	34.93	34.93	34.95	34.95
2	Mrs.Somporn Jungrungruangkit	19.97	20.07	20.07	19.33	19.33
3	Siber Venger Co., Ltd.	5.50	5.50	5.50	5.50	5.50
4	Mr. Wicharat Chawanaumporn	3.45	3.51	3.52	3.49	3.52
5	Miss Parnbua Boonpan	3.45	3.45	3.45	3.45	3.45
6	Mrs.Mayuree Wongkaewcharoen	—	—	—	2.72	3.34
7	Mrs. Varaporn Puangrueangsri	2.83	2.85	2.85	2.80	2.80
8	Mr. Sirichai Jarungsathitpong	2.78	2.80	2.80	2.80	2.80
9	Mr.Prap Boonpan	2.80	2.80	2.80	2.80	2.80
10	Thailand Securities Depository Company Limited for Dopository	2.43	2.43	2.40	2.35	2.31
	其他	21.86	21.66	21.68	19.81	19.20
	合计	100	100	100	100	100

资料来源：民意报业集团年报。

近十多年来，民意报业集团股权结构曾于2005年和2013年发生两次重大变化。2005年，GMM公司的董事长，泰国媒体界重量级人物派奔·丹隆猜亚谭（ไพบูลย์ ดำรงชัยธรรม）计划从民意报业集团部分外国股东手中大笔购入股票，约占总股本的32.18%，加上此前已购入股份，届时GMM公司将占有民意报业集团32.23%的股份。如果再加上股东里面GMM的商业伙伴，派奔将有可能控制民意报业集团过半股份，从而超过布潘家族成为实控人。这引起民意报业集团的内部恐慌，担忧《民意报》有可能偏离既定办报方向。通过协商，最终GMM公司占股被限制在20%以下，原计划购入的其他股票，则由堪猜·布潘购入。这一次股权变更后，民意报业集团持股量最大的两大股东变为堪猜和GMM公司。

2013年，GMM公司将名下股份全部转让给泰国三友集团总裁宋蓬女士，从而使后者成为民意报业集团的第二大股东。根据2013年民意报业集团的一季报，其税前亏损高达4780万泰铢，呈现明显衰退趋势。再加上GMM公司当时急需40亿泰铢的资本竞标更具有政治和社会影响力的数字电视台，因此选择了抛售民意报业集团股票。尽管民意报业集团江河日下，但宋蓬在长子塔纳通力推下，还是接手了民意报业集团股票。2013年6月28日，塔纳通正式出任民意报业集团董事会董事。

尽管从商业角度来看，塔纳通投资民意报业集团明显是亏本生意——2013年5月每股买入价格为11.11泰铢，时至2019年3月已跌至每股4.88泰铢——但对塔纳通而言，掌握民意报业集团的话语权，更多是为其从政布局，借以引导社会舆论。2018年3月，塔纳通从民意报业集团离职，并创立新未来党，成为2019年泰国大选的政治"黑马"。尽管塔纳通已经离开，但其资本影响力犹存。事实上，无论是大选期间，抑或是2020年新未来党被强制解散后，《新闻报（英文版）》都是塔纳通派系的坚定支持力量。

正如我们在前文第二章和第三章中分析指出，作为新兴资本集团的新生代政治代言人，塔纳通具有强烈的"反建制"立场与"自由民主"倾向，因此深受美西方势力青睐。泰国保守阵营在打压塔纳通派系期间，美西方势力甚至公开为塔纳通"站台"和"背书"，结果引发巴育政府强烈不满。对于中美泰三边关系，塔纳通始终与美西方保持一致立场，不仅对巴育政府积极开展对华经贸合作表示质疑，而且与"乱港分子"黄之锋等有密切往来。从塔纳通的亲美"资本"视角出发，也就不难理解为何长期在涉华议题上较为中立的民意报业集团，近年来会在《新闻报（英文版）》呈现出过于积极的涉华敏感报道的政治倾向。

再次，依托意见领袖引导社会舆论。

长期以来，泰国主流媒体与意见领袖都是共生关系，前者提供平台，后者产出观点，联合炒作热点，引发社会关注度，进而获取远高于日常新闻传播的超额广告红利。近年来，随着移动互联网的自媒体发展，泰国主流媒体与意见领袖合作的社会舆论影响力有所下降，难以保持垄断地位，但从权威性与认可度来看，依然会在相当长时期内占据主导地位。

由于存在超额广告红利，因此难免存在行业壁垒，以限制"不适格"的参与者。尽管是现代化国家，但泰国社会的等级化观念相当严重，"草根"意见领袖很难得到主流媒体的认可与尊重。如果要"登堂入室"，那么除了与生俱来的"血统"或"身份"以外，最可行的方式就是通过高等教育尤其是海外留学"镀金"，或是得到美西方的"专业认证"。于是，冷战以来美西方通过资助留学、研修、兼职等方式，扶持了大批的亲美西方意见领袖，并成为当前在泰国社会发动对华舆论战的中坚力量。

从《曼谷邮报》涉华敏感报道作者来看，除34篇未标注来源、45篇转自法新社、4篇转自路透社、2篇转自美联社、2篇转自彭博新闻之外，其他作者大多是西方记者，或是有美西方教育/任职背景的泰国知识精英，以及少部分印度、东南亚等地学者（见表4.3）。

表4.3　　　　　　　《曼谷邮报》涉华敏感报道作者情况

姓名	篇数	身份
Achara Ashayagachat	7	《曼谷邮报》高级记者
Adam Minter	5	美国记者
Aekarach Sattaburuth	3	《曼谷邮报》记者
Amornrat Mahitthirook	3	《曼谷邮报》记者
Anchalee Kongrut	6	《曼谷邮报》助理编辑
Andrew Browne	3	彭博新经济论坛编辑部主任，曾任《华尔街日报》专栏作家
Brahma Chellaney	6	新德里政策研究中心战略研究教授，柏林罗伯特博世学院研究员
Gwynne Dyer	6	美国独立记者
Nauvarat Suksamran	3	《曼谷邮报》记者
Nehginpao Kipgen	2	印度金德尔全球大学东南亚中心助教
Nopporn Wong-Anan	2	《曼谷邮报》副主编
Niwat Roykaew	1	清孔府环保委员会主席
Nicholas Khoo	1	新西兰奥塔哥大学政治系高级讲师
Paritta Wangkiat	9	《曼谷邮报》记者
Pianporn Deetes	4	国际河流运动泰国与缅甸区域总干事
Thitinan Pongsudhirak	8	朱拉隆功大学政治学院安全与国际研究学院副教授兼主任
Umesh Pandey	3	《曼谷邮报》高级编辑
Wassana Nanuam	4	《曼谷邮报》高级记者
Minxin Pei（裴敏欣）	1	美国加州克莱蒙特·麦肯纳学院政府学教授

从人员构成来看，《曼谷邮报》在记者、编辑和评论员方面，

大多数在对华立场上深受美西方影响。其中，以涉华敏感报道发文量较多的评论员西提楠（Thitinan Pongsudhirak）为例，此人于1967年出生于泰国曼谷，但从小学六年级开始就一直在西方接受教育，先后获得加州大学圣塔芭芭拉分校国际关系专业学士学位、约翰·霍普金斯大学国际关系专业硕士学位、伦敦经济学院国际政治经济学博士学位。回归泰国后，此人就职于朱拉隆功大学，并担任泰国安全与国际研究所（ISIS）主任，长期为路透社、法新社、美联社、美国有线电视新闻网、英国广播电视公司、《时代周刊》等西方媒体撰写评论稿。作为美国在东南亚地区开展学术影响力建构的前沿机构，ISIS在意识形态上具有明显的亲美立场。从教育经历与职业背景出发，也就不难理解西提楠为何会在涉华敏感报道中采用看似中肯，但却充满隐喻和机锋的演绎式评论。

四　精细化讲好"中国故事"

从总体上看，经过多年努力，中国在泰国的国际传播已形成相对完整的工作架构。通过在泰自建派驻机构或与泰国主流媒体签订战略合作协议等方式，中国各大媒体基本都在泰国落地，从而搭建了全方位多层次的国际传播网络。不过，相较于美西方的长期深耕细作，中国在泰的国际传播工作还处于起步阶段，无论是受众把握方面，还是内容创新方面，抑或人才储备方面，都存在明显短板。对此，有必要进一步打磨完善，构建更为精细化的国际传播体系，从而更好依托泰国主流媒体提升中国形象。

其一，建立分类受众定期评估机制，准确把握不同群体的情况差异。

近年来，随着中泰交往持续朝着纵深方向发展，国际传播受众分化现象日趋明显。长期以来"标准化"的国际传播模式,已很难适应对泰工作的客观需要,有必要针对不同受众,根据其受教育程度、收入阶层、年龄差异、职业界别、宗教信仰、族群特征等,"量身定制"更具有针对性的国际传播方案,从而有效提升不同受众对中国形象的认知与接受程度。

但要留意的是,国际传播方案的差异化程度越高,所要投入的人力财力物力也就越多,而且随着方案精细化水平上升,其成本甚至有可能会呈现几何级数增长。为此,有必要构建分类受众的定期评估机制,以保证将有限资源投入最具有"性价比"的差异化方案。具体来看,一要引入本土化的第三方评估机构,针对泰国不同受众定期开展国际传播的效用评估,以辨识既有国际传播方案的不足之处,努力"补短板";二要根据中泰战略合作推进情况,针对不同阶段,筛选优先受众,调整方案,夯实共识,积极"锻长板";三要及时把握美西方在泰舆论动向,针对其重点受众出台"对冲"方案,以避免美西方依托"热点事件"进一步扩大在泰国主流媒体的话语影响力。

其二,建立国际传播话语评估机制,提高中国符号的本土化适配能力。

中泰两国有着深厚的文化交流背景,因此在经过漫长历史磨合与演化的传统中国符号的话语表达上,基本不存在歧义或误读可能。例如,中国在国际传播过程中推出孔子学院项目,得到泰国社会广泛认可与支持。尽管美西方一直在妖魔化孔子学院,试图将中国倡导的"文明互学互鉴"善意,歪曲成为意识形态输出,并在部分西方国家和发展中国家引发负面反响,但对深受中国传统文化影响的泰国而言,美西方的做法毫无作用。2006年以来,泰国已有27家教育机构与中方合作设立了16家孔子学院与

11家孔子课堂,成为全球孔子学院最密集的国家之一,有力助推了中泰民心相通工作。

但是,泰国与中国在语言逻辑、文化传统、历史记忆等方面依然存在诸多差异,因此在创新中国符号的过程中,就有可能出现偏差,尤其是在中方看来表达准确的翻译内容,其深刻内涵却难以为泰国受众所理解或接受,更遑论引发理念共鸣。同时,泰国受众的细分差异特别是受教育程度问题,更进一步加剧了国际传播准确表达难度。

由此可见,创新中国符号的本土化演绎与重构必须审慎,避免为美西方所趁,进而引发不确定性风险。例如,2016年湄公河下游地区干旱,中方以负责任态度在上游水库开闸放水,有效缓解了下游地区旱情。对此,中方在国际传播工作中着力塑造的是"负责任大国"形象,但美西方势力却抓住泰国社会观察视角与思维逻辑方面的惯性误区,指责当地干旱是由于中方在上游建水库所致,结果在很大程度上歪曲了水库放水所传递的中国符号信息,反而引起沿岸受众的不满情绪。

因此,有必要建立国际传播的话语评估机制。一是在中国符号的本土化过程中,重视智库国别专家的意见和建议,进行学术层面的可行性评测,其重点是对象国在宗教、文化、民族、历史等方面的敏感表达;二是在泰国开展国际传播工作前,加强小范围的适应性评估,重点选取有代表性的收入阶层、生活地域、教育背景、宗教信仰等小范围受众,听取其对国际传播话语的直观感受,保证在不同背景下的广泛接受度;三是在国际传播工作中,引入本土化的第三方评估机构,针对创新中国符号进行定期评估,为进一步深化或修正相关中国符号提供依据。

其三,建立人才培养全周期责任机制,提升"友华"群体的凝聚力与话语权。

从美西方在泰国主流媒体的长期深耕来看，意见领袖的人才培养始终是重中之重。尽管人才培养周期相当长，而且成材率也有限制性，但在美西方"掐尖"策略与"滚动式"布局下，始终能保证有意见领袖在泰国主流媒体发挥舆情引导作用。

随着中泰战略合作深化发展，从中长期来看，泰国社会对"知华"精英和"友华"意见领袖的需求将会持续上升。因此，借鉴美西方国际传播经验，有必要提前建构人才培养的全周期责任机制，以避免人才"缺口"问题影响中泰民心相通工作。

具体而言，一要拓宽人才筛选推荐渠道。长期以来，中泰交流与合作中的人才培养，通常是官方机构负责遴选，因此始终面临覆盖面窄、渠道有限、代表性不足等难题，严重影响到候选者的多元性，尤其是在地域、种族、宗教等方面更是难以兼顾。为此，有必要鼓励在泰中资企业特别是华为（泰国）等企业、在泰开展落地合作的国内智库、在泰新华人社团等，共同参与人才筛选推荐工作，从而形成更具有吸引力的人才培养正反馈机制。

二要加强新时代中国国情讲解学习。尽管中泰两国人员往来频繁，尤其是新冠疫情前每年有多达上千万的中国赴泰旅客，使得泰国社会对中国现状并不陌生，但从我们的访谈来看，即使是官产学界的"知华派"，也有不少对中国发展是知其然而不知其所以然，并不真正理解中国坚持和平崛起的内在逻辑与根本原因。这就使得不少泰国"友华"人士在面对美西方的歪曲误导时，很难从根源上加以驳斥，从而无法发挥意见领袖的引导作用。因此，未来在人才培养过程中，必须加强理论培训，深化"友华"人士对中国国情的理解与认知，并在此基础上打造有信服力的"知华派"意见领袖。

三要构建常态化回访联络机制。泰国社会"知华"精英和"友华"意见领袖的人才培养工作是长期性的渐进过程，短期来华培训、进修或留学不过是起步工作，更重要的是其归国后可持续的成长空间。对此，有必要效仿美西方工作经验，构建常态化回访联络机制：一方面在泰国促进来华培训、进修或留学人员的相互交流与协助，提升"友华"群体的凝聚力与话语权；另一方面依托在泰中资企业、学术机构、民间团体等，针对有发展潜力的"友华"人士提供帮助，协助其拓展社会成长空间，争取更快更好发挥意见领袖作用。

第二节　社交媒体的新生代信息传播

随着移动互联网的蓬勃发展，社交媒体（Social Media）已成为泰国民众特别是新生代民众获取信息和开展日常交流的重要渠道。这一方面为促进中泰民心相通提供了便捷路径，有助于跨越时间和空间局限，形成更为密切的交流与互通；但另一方面也面临诸多隐忧，特别是信息传播失真问题、"同温层"问题、网红负面效应等，都有可能对中泰关系产生严重冲击。因此，有必要针对社交媒体信息传播的新情况与新问题，提前做好引导工作和应对预案，从而为新生代民心相通工作保驾护航。

一　泰国社交媒体的发展现状

社交媒体通常是指依托互联网技术为用户提供社交网络服务特别是内容生产、储存与交换的信息平台。相较于通常为极少数社会精英所主导的传统媒体，社交媒体具有很强的参与性与平权性，可以让互联网用户拥有更多的选择权利和编辑能力，从而自行集结成某种阅听社群，并通过文本、图片、音乐、视频等多元化方式承载观念与思想，更有助于创作、分享、交流意见、观点及经验。

当前泰国社交媒体发展主要有以下特征。

其一，社交媒体渗透率高，但增速明显放缓。

作为中等偏上收入国家，泰国信息通信基础设施较完善，从而有力助推了国内民众尤其是新生代民众对社交媒体的广泛使用。从统计来看，2022年泰国全国7000万总人口中，移动电话用户数为9560万户，相当于人均1.5部手机；互联网用户数5450万户，渗透率77.8%，高于全球62.5%的平均水平；社交媒体用户数5685万户，渗透率81.2%，远高于全球58.4%的平均水平，其中13岁以上人群的渗透率更是高达94.1%。[①]不过，高渗透率也就意味着到达成长天花板。泰国社交媒体用户数增幅在2013年一度高达33.3%，但随后一路下滑，2017年甚至出现零增幅。2020年新冠疫情暴发后，社会人员流动管制，很大程度上促使了互联网使用率的大幅上升，但即使如此，社交媒体用户数年均增幅也仅为4.5%。

其二，社交媒体黏性较强，已形成较稳定分布格局。

1967年，哈佛大学心理学教授Stanley Milgram（1933—1984年）创立了六度分割理论，其核心观点是："你和任何一个陌生人之间所间隔的人不会超过六个，也就是说，最多通过六个人你就能够认识任何一个陌生人。"早期的社交平台，通常都是基于"熟人的熟人"建构社交网络，例如Facebook最早是校园平台，主要面向学生间的社交活动。事实上，所谓Facebook指的就是学

---

① Simon Kemp, "Digital 2022: Thailand", Datareportal, Feb. 15, 2022, https://datareportal.com/reports/digital-2022-thailand.

生花名册。不过，随着互联网覆盖范围的日益扩张，陌生人之间基于共同的兴趣、话题、诉求等要素形成的社交网络也开始蓬勃发展，并成为很多用户网络社交活动的重要组成部分。

社交网络具有内在的扩张性，无论用户的联系人是熟人还是陌生人，都有可能以联系人为节点，再次与联系人的联系人形成关联，并在双边或多边的互动交流过程中，拓展用户的社交网络边界。社交网络的持续性拓展，有可能受到功利性目的驱使，特别是在职业性社交平台上，例如LinkedIn，表现得尤为明显，但也可能并不存在明确的功利目的，仅是受人类特有的冒险或好奇天性驱使，试图通过与陌生人建立联系，以获得新的理性知识和感性体验。与此同时，随着用户的社交网络拓展以及与联系人的互动增加，用户对社交网络的依赖性将会不断加深，并且很难摆脱，除非用户割舍在社交网络上结交的大多数联系人。

对于社交媒体而言，能否有效利用社交网络的扩张性与依赖性，很大程度上决定了其发展前景。因此，多数社交平台都会重视三项工作：一是为用户结交新的联系人提供条件，更多的联系人也就意味着更多的羁绊和更高的退出成本；二是提供更多个性化服务，增加用户在社交平台的获得感；三是建构技术壁垒，形成半封闭的社交环境，避免用户将社交网络关系转移到其他社交平台。

目前来看，泰国社交媒体的分布格局已基本形成。从常用社交媒体来看，用户数量位居前列的主要有：Facebook（5005万人），YouTube（4280万人），TikTok（3580万人），Facebook Messenger（3570万人），Instagram（1850万人），Twitter（1145万人），LinkedIn（330万人），Snapchat（27.7万人）。此外，还有Line、WhatsApp、Telegram

以及微信（WeChat）等。①

其三，社交媒体创收多元，但主要依赖广告投放。

对于商业化运作的社交媒体而言，如何创收始终是关键性的发展难题。从目前来看，包括Facebook与YouTube在内的大多数社交媒体，都是通过广告推送方式开展创收。统计显示，Facebook的经营收入中，97%来自广告及相关业务，仅有3%来自平台程序开发商的服务分成，特别是游戏分成。

通过大数据分析的方式，社交媒体能相当全面细致地掌握用户的行为特征，包括兴趣、品位、癖好、立场、倾向等，从而有针对性地在用户浏览页面上推送广告，甚至使用"过滤器泡泡"的信息筛选技术，屏蔽与广告内容相冲突的多元信息，以提高用户对广告产品的消费积极性。由于在大数据分析和信息推送过程中，社交媒体无可避免地存在侵犯用户隐私权的灰色甚至黑色行为，因此备受各界质疑抨击。

从泰国16岁至64岁的社交媒体用户来看，其每天人均使用时长约为3小时，仅次于观看电视节目的每日人均4小时，并远高于阅读报纸、收听广播等其他信息传播方式。其中，使用社交媒体的目的最主要的是"联系朋友与家人"（58.7%），其次是"阅读新闻故事"（44.2%），以及"了解热点话题"（37.8%），"分享观点"（37.2%），"打发空闲时间"（35%），"找点事做或购物"（34.3%），"缓和错失恐惧症"（34.2%），"选购商品"（32.6%），"找新朋友"（29.7%），"寻找感兴趣内容"（28.6%），"展现个人私生活"（27.7%），"了解体育消息"（27.2%），"看直播"（26.5%）等。②

---

① Simon Kemp, "Digital 2022: Thailand", Datareportal, Feb. 15, 2022, https://datareportal.com/reports/digital-2022-thailand.
② Simon Kemp, "Digital 2022: Thailand", Datareportal, Feb. 15, 2022, https://datareportal.com/reports/digital-2022-thailand.

二 社交媒体的信息传播规律与新挑战

社交媒体是依托互联网技术在虚拟空间搭建服务平台，因此在信息传播方面与现实空间的传统媒体存在很多区别，特别是空间上的跨越性、时间上的即时性，以及交流上的全息性，使得社交媒体呈现独特的传播规律。这一方面为中泰民心相通提供了新契机，但另一方面也引发了诸多新挑战。

（一）社交媒体的蒲公英式传播，使其传播效果不仅取决于首次推送范围，而且很大程度上受到用户认同度与网红用户的再传播影响

从结构关系来看，社交网络存在于社交媒体搭建的虚拟空间之中，整体而言是去中心化和扁平化的，任何一个用户节点都是自主和独立存在，并与其他用户节点形成双向或多向的互动关联。于是，在理想化的传播条件下，信息在某一用户节点产生后，将会像蒲公英那样首先散布给与该用户节点直接关联的其他用户节点，而后沿着新用户节点的其他关联，再散布给其他用户节点，最终形成几何级数的爆炸式传播。不过，现实情况下，用户节点通常都有过滤和筛选信息的功能，从而使未能获得用户理解和认同的信息，将很难进一步散布给其他用户节点。因此，社交媒体的信息传播，将主要取决于三方面要素。

其一是发布信息的用户节点的关联用户数量。

对于社交媒体的信息传播而言，首次推送的有效散布范围，将主要取决于发布信息的用户节点的关联用户数量，并在很大程度上直接影响到相关信息在社交媒体上的生存周期。通常情况下，作为信息生产者的用户节点的关联用户越多，那么接受并转发信息的可能性也就越高，反之亦然。

其二是关联用户对信息内容与观点的认可度。

社交网络的信息传播能形成"一传十,十传百"的扩散效应,但前提是信息得到用户的理解与认同。例如,从《人民日报》在Facebook公众号的信息传播来看,软新闻的传播能力明显高于硬新闻:讲述中国大熊猫的趣味新闻,就很容易得到粉丝的点赞和转推,从而形成大规模的扩散效应,甚至是跨平台传播;而使用政治语言表达中国立场的新闻信息,在传播上就表现得不尽如人意,很少得到泰国受众点赞和转推,从而在很短时间内就淹没在新的信息洪流之中。

其三是传播链上的网红用户数量及支持力度。

在社交媒体上,各个用户的影响力并不是均质分布,而是存在少数意见领袖的网红用户,以及大多数的追随者或旁观者。如果在传播链上得到网红用户的认可与支持,将会引发爆炸式的传播效果,因为网红用户不仅在关联用户数量上具有规模效应,而且很容易引起关联用户的观点共鸣,促使关联用户进行转推,进一步拓展传播范围。

(二)社交媒体的信息内容在传播过程中,很可能会在用户筛选与评论过程中被重塑,从而偏离信息的传播初衷

社交媒体用户在虚拟的社交网络中,并不是单纯的信息接收者或转推者,更是重要的信息内容生产者。通过对信息本体内容的再补充或深加工,作为传播链中间环节的用户节点,就有可能改变信息传播初衷,尤其是在信息本体内容相对敏感或存在取舍的情况下,更容易受到影响。从信息传播过程来看,用户节点的内容生产主要表现为追加评论和转推评论两种形式。

前一种是用户接收信息后,通过在信息末端追加评论的方式表达观点。由于追加评论的字数通常不多,因此很少会有逻辑清晰的观点陈述,更多是缺乏指向性的情绪化宣泄或"抓住一点不放"的质疑与反驳。对信息本体而言，任何单一的追加评论都不足以影响原意表达，但问题在于，如果信息本体的内容与观点引起广泛关注，使得追加评论大量增加，那就很可能发生"盖歪楼"现象，即追加评论的关注重点偏离了信息本体的原意表达，甚至喧宾夺主，促使后续用户在接收信息时，更关注追加评论的讨论主题，而不是信息本体的内容与观点。

后一种是用户转推信息前，通过在信息前端增加评论的方式阐释立场。由于转推评论通常立场鲜明，并且普遍与信息本体的原意表达有所差别甚至截然相反，因此接收转推的后续用户在浏览转推评论之后，将很容易先入为主地以转推评论者的视角去解读信息本体，而不是独立自主地理解信息本体的原意表达。相较于追加评论需要有大量的评论用户才有可能产生实质性影响，转推评论的影响力与转推者直接挂钩。如果转推者是拥有大批关联用户的网红用户，那么很可能仅一篇转推评论，就会对信息本体的原意表达产生根本性的扭曲甚至颠覆。

（三）社交媒体的信息表现形式日益丰富，使得细节传递更加直观和生动，但很容易引起信息碎片化的传播失真

互联网技术高速发展，特别是网络数据的传输速度提升，以及终端设备的硬件功能改善，很大程度上推动了社交媒体用户在信息表现形式方面的多元化进程。20世纪80年代，电子公告板开始出现，但由于网速限制，仅能上传文字与解析度很低的图片。从20世纪90年代开始，随着网速提升，以及硬件计算能力增加，音频与视频在互联网上日益成为信息传递的重要方式。

从目前泰国的主要社交媒体来看，TikTok主打短视频；Instagram主打照片；Facebook表现得更为多元，不仅有文字、图片、音频、视频，而且还在推动虚拟现实的信息表现方式；即使

是主打文字，并限定每篇推文不超过140个单词的Twitter，也在鼓励用户为文字配上图片和视频，以增加信息可读性。

多元化的信息表现形式，不仅有助于全方位调动信息接收者的生理感知，刺激大脑皮层兴奋度，使得社交媒体用户能更直观地接收信息内容，而且会使得信息细节更生动，内容与立场更具有说服力，更能促使社交媒体用户产生转发信息的分享冲动。

不过，对社交媒体用户而言，单位时间内所能接收的有效信息存在总量上限，因此在信息传递过程中，始终存在宽泛性与细致性的结构平衡。从文字、图片，到音频、视频、虚拟现实，承载信息的细致性上升，但宽泛性下降。这就使得社交媒体在步入"读图世代"和"观影世代"之后，其信息传播过程中的碎片化现象日益明显。

相较于传统纸质媒体在信息传递方面强调的逻辑性与完整性，社交媒体特别是在智能手机平台上传递的信息更重视全息性与冲击性，力求在最短时间内，通过最具冲击力的细节描述，引发用户的互动激情，使得信息能通过用户转发或评论进一步传播。这就使得社交媒体的信息传播失真相当普遍。其中，既有炮制虚假信息以制造轰动效应的；也有刻意忽略甚至隐藏相关信息与背景资料，以营造管中窥豹效果的；更有拼凑信息移花接木的。由于社交媒体的信息并不具有完整的逻辑与佐证，因此要对其证伪相当困难，除非进行大量排查工作，否则很难对失真的社交媒体信息形成有力批驳。

更严重的是，社交媒体信息的更新速度极快，很多失真信息在产生负面影响后，甚至来不及做出反应，就已经被新的失真信息所淹没。因此，通常很少有用户会仔细斟酌社交媒体信息的可靠性，更多的仅是将其作为狂欢节烟花进行消费。但在此过程中，失真信息的负面影响很可能已经对社交媒体用户潜移默化，成为其刻板印象与"有色眼镜"的重要组成部分。

（四）社交媒体的信息传播存在群体区隔，除非引发普遍性争议，否则很难穿透"同温层"形成有效跨群体传播

社交媒体构建的虚拟空间，看似毫无屏障，所有用户都能自由自在地交友和分享信息，但在现实中，被称为"同温层"的信息屏障却时刻在发挥作用，阻碍用户获取多元信息。

从形成机制来看，"同温层"一方面是受到外部因素影响，特别是社交媒体运营商利用"过滤器泡泡"对信息进行筛选和有针对性的精准推送，使得用户将更容易获取符合其偏好的外部信息。任何不符合用户偏好并曾被拒绝的信息，都有可能被社交媒体进行技术过滤，以免引起用户不满甚至流失。

另一方面是受到自我因素影响。社交媒体是建立在社交网络基础之上的，任何用户节点都属于特定的群体圈子，并在某一方面存在相似性，可能是职业或经历特别是学习经历，可能是宗教、种族、意识形态，也可能是兴趣或爱好。这就使得社交媒体用户很容易产生从众心理，更倾向于分享群体圈子的观念共识，并自觉不自觉地抵制不符合群体圈子观念的外部信息，担忧被群体圈子所排斥。

"同温层"使社交媒体用户始终处于自我感觉最为舒适的同质信息包围之中，并对异质信息视而不见。因此，跨群体的信息传播变得相当困难，特别是在相关信息可能与用户既有观念相左甚至相悖的情况下，很可能引发社交媒体与用户的双重"过滤"，从而在"同温层"悄然消逝。除非相关信息引起普遍性争议，并足以穿透"同温层"对用户形成冲击，否则很难激发用户的关注度与转发积极性。

（五）中泰民心相通的社交媒体新挑战：以"奶茶联盟"事件为例

泰国社交媒体的蓬勃发展，使得中泰民心相通在新生代交流与互动方面，形成了新的信息传播渠道。这一方面是重要的新契机，有助于泰国新生代民众更为直观、即时、多元地了解中国动态，甚至可以形成"身临其境"的互动体验，有效改善了以往传统媒体"纸上得来终觉浅"的疏离感和滞后性；但另一方面，这也是严峻的新挑战，尤其在大多数新生代民众的社会阅历有限、难以准确辨识信息真伪的情况下，很容易在外力误导下引发群体性的情绪失控，造成"乌合之众"式的爆发性负面冲击，进而损害中泰民心相通的网络舆论氛围。例如，"奶茶联盟"事件就是颇具代表性的社交媒体风波。

"奶茶联盟"事件缘起于2020年4月的一场社交媒体的线上争执。当时，泰国网红影星瓦齐拉威特（Vachirawit "Bright" Chivaaree）在Twitter上转发"港独"图片，结果引发中国网民在社交媒体的大量批评，迫使其撤回照片并道歉。随后，中国网民发现其女友，网红模特维拉雅（Weeraya "Nnevvy" Sukaram）长期支持"台独"，于是发起新一轮社交媒体的网络批评。不过，此轮网络批评未能取得预期成效，反而引发了中泰网民以#Bright和#Nnevvy为标签的大规模Twitter"骂战"。

由于事涉"港独"和"台独"问题，因此当时香港暴乱分子罗冠聪与黄之锋都第一时间通过社交媒体介入事件，利用瓦齐拉威特主演的同性恋影片《天生一对》走红泰国及中国的舆情契机，将中国大陆"保守政治体制"对"多元社会文化（同性恋）缺乏包容"议题引入Twitter"骂战"，试图推波助澜搅浑水，引导网络争执进一步"政治化"。

4月中旬，随着中泰网民的Twitter"骂战"扩大化，中国驻曼谷大使馆在其Facebook公众号上发表长篇声明，先是强调"一个中国原则"，而后引述"中泰一家亲"传统友谊，积极引导中泰网民平复情绪。但事与愿违，中泰网民的Twitter"骂战"不仅未曾平息，反而在泰国社交媒体出现了针对性的"奶茶浓于血"的Twitter标签，其大意为"泰国、中国台湾、中国香港都喝奶茶，我们在新生代文化上的相互认同感，要比你们官方所谓的古老血脉相连更有活力"，其英文标签为#MilkTeaAlliance（奶茶联盟），并迅速替代了#Bright和#Nnevvy的原初标签。

随着"奶茶联盟"标签的普遍共识达成，该标签下的Twitter议题，很快就在美西方势力引导下迅速转向"反华"方向，其中不仅涉及从一开始就卷入其中的"港独"与"台独"问题，而且很快就关联上湄公河合作的"修水坝"问题、"拓水道炸礁石"问题、"危害自然环境"问题等，甚至是有关"新冠病毒来自中国"的美西方无稽之谈也开始在"奶茶联盟"标签下大行其道。

从泰国国内局势来看，"奶茶联盟"标签也被用于新生代的反政府斗争工具。随着2020年7月新生代的第二轮大规模街头反政府运动爆发，"奶茶联盟"标签再次活跃，并开始大量转发"港独"街头运动经验，尤其是HK19文件包被广泛分享，其内容是美国中情局为"港独"量身定制的街头运动"小技巧"指南。同时，中国台湾有"台独"分子在线下聚集，声援泰国示威；而中国香港也有"港独"分子如黄之锋之流在社交媒体上声援泰国示威，并使用"奶茶联盟"Twitter标签。

与此同时，在美国印太战略下引发的周边地缘紧张状态下，"奶茶联盟"具有鲜明独特的政治符号与象征意义，并开始在泰国—中国香港—中国台湾的一国两地范围之外持续发酵。①

2020年10月，印度尼西亚佐科政府颁布了《创造就业综合法案》，结果引发新生代劳工强烈不满，认为政府旨在保护外国（尤其是中国）投资者利益，损害劳动者权益。随即，印度尼西亚多个工会和学生组织在多个城市发动大规模的示威游行。"奶茶联盟"Twitter标签也在暴乱中被广泛使用，并且将矛头指向中国投资者与中国非法劳工问题。自此，"奶茶联盟"开始加入印度尼西亚元素。

此外，在印度、缅甸、日本、韩国、澳大利亚、马来西亚、白俄罗斯等国，也有网友宣称加入"奶茶联盟"。2021年4月，"奶茶联盟"出现一周年之际，Twitter宣布，由于"奶茶联盟"Twitter标签下推送超过1100万条，所以特别制作了专属表情符号，即在使用#MilkTeaAlliance标签以英语、中文、泰语和缅甸语发布推文时，将自动显示三种茶色杯子图片。此举进一步提升了"奶茶联盟"的社交媒体辨识度和共情性。

随着时间推移，"奶茶联盟"Twitter标签的热度逐渐下降，最终很可能像其他"网络梗"一般成为记忆，但在其"万众转发"过程中对中泰民心相通产生的负面影响，尤其在泰国新生代网民心中留下的观念印痕，却在相当长时期内都很难彻底消弭。

回顾"奶茶联盟"事件发酵的信息传播全过程，将有助于理解社交媒体的新生代信息传播风险，以及中泰民心相通工作的网络舆情短板。具体来看，主要有以下方面。

其一是在泰国社交媒体上，缺乏对新生代网民有影响力的

---

① Wolfram Schaffar & Wongratanawin Praphakorn, "The #MilkTeaAlliance: A New Transnational Pro-Democracy Movement Against Chinese-Centered Globalization?", Advances in Southeast Asian Studies (ASEAS), Vol.14, No.1, 2021, pp.5-36.

"友华"网红用户，使得中泰民心相通缺乏有支撑力的社交网络节点。

从"奶茶联盟"事件的扩散来看，泰国社交媒体的网红用户发挥了重要引导作用，尤其是部分美西方势力扶持的极左翼学生意见领袖，更是在很大程度上起到了混淆视听的负面作用。与此相比，尽管中方也通过驻泰大使馆的社交媒体公众号发声，努力正本清源，但传播效果有限，很快就被各类负面信息淹没。从Twitter"骂战"来看，中国网民参与度不低，但基本上都属于低影响力甚至无影响力的普通用户，难以在社交媒体的舆论话语主导权争夺中发挥节点作用。这就使得在"奶茶联盟"事件中后期，泰国社交媒体上已经基本见不到来自中国大陆话语表达，形成了"一边倒"的负面舆论氛围。

其二是在构建观念共识的过程中，缺乏对泰国网民尤其是新生代网民认知模式的准确把握，难以形成有穿透力的共情表达方式。

社交媒体的信息传播很大程度上依赖于碎片化的细节冲击。事实上，信息化时代很少有网络用户会对信息进行全面完整的梳理总结，更多是抓住一两个有深刻印象的信息片段就会脑补出"想象中的客观事实"。于是，信息片段的细节越丰满，表现形式越有穿透力，也就越能引发网络用户的共情体验，并在此基础上构建起观念共识，形成社交媒体"同温层"。

美西方扶持的网红用户，就是在信息传播过程中，抓住了新生代最熟悉的"奶茶"日常符号与青春期最普遍的"反权威"冲动，并以新生代最喜闻乐见的二次元漫画方式，最直观生动地建构起横跨泰国与中国台湾及中国香港的"反建制"文化认同，从而塑造了"奶茶联盟"的想象共同体，并以此为平台，进一步扩散到印度和印度尼西亚等周边国家。

与此相对，中泰民心相通工作在泰国社交媒体的舆情引导，通常都采取较"正统"的话语表达方式。其中最常见的就是"中泰一家亲"及其相关意象塑造。虽然从信息传播手法上来看，不乏对文字、图片、音频、视频等元素的多元运用，但从内容来看，通常会遵从传统主流媒体圭臬，缺乏有冲击性的创新表达，不仅难以激发泰国新生代网民的共情认同，反而有可能引起后者对"正统"模式的逆反情绪。

其三是在社交媒体的算法推送方面，美西方主导的跨国企业存在非中性的政治立场，使得有利于中方的话语表达难以有效传播。

"奶茶联盟"事件的主要传播渠道是Twitter。作为社交媒体运营商，包括Twitter在内的各大跨国企业一直都标榜"政治中立"，并强调"自由意志"和"多元价值"。但从"奶茶联盟"事件来看，Twitter不仅从商业利益角度出发，利用算法推送"奶茶联盟"话题，积极助推现象级"热梗"，以吸引更多新用户参与互动；而且从美西方价值观的"政治正确"立场出发，利用"过滤器泡泡"屏蔽来自中方的信息传播，甚至直接冻结中国网民的Twitter账号，旨在构建虚妄信息"同温层"，促使泰国新生代网民更多流连于"反华"的狂欢式舆论氛围，并在此基础上烙刻"对华遏制"的意识形态认同。"奶茶联盟"事件一周年之际，Twitter特别制作专属表情符号，更是充分体现了美西方"炒冷饭"的政治意图。

三　构筑新生代信息传播"新高地"

作为泰国新生代获取信息的重要途径，社交媒体在信息通信技术升级换代的持续推动下，正处于高速进化与发展过程中，因此相较于早已成熟的传统媒体，拥有更广阔的成长空间。这就为中泰民心相通工作提供了"弯道超车"的重要契机，有助于绕过美西方长期深耕细作的传统媒体，构筑社交媒体信息传播的"新高地"。为了更好利用泰国社交媒体开展中泰民心相通工作，有必要在信息传播的内容、形式、渠道等方面做好以下工作。

第一，从内容来看，要针对新生代受众偏好，"以点带面"讲好中国故事。

从社交媒体的信息传播来看，首要要解决的是"同温层"信息过滤问题。这就需要改变传统信息传播的"大而全"陈述方式，采取更为灵活的"以点带面"方式讲述中国故事，避免在全面系统阐释的过程中，由于部分内容引发"同温层"信息过滤机制，致使所有内容都被隔离在新生代受众的圈子之外。具体来看，有必要从三方面开展工作。

首先是调研新生代受众偏好，找准切入点，绕开"同温层"信息屏蔽。

"同温层"具有很强的求同斥异性，因此要将中国故事传递给新生代受众，就必须找准目标群体偏好，采取有针对性的信息推送，激发目标群体用户的关注度，并在讲述中国故事的过程中，策略规避目标群体的敏感议题。不过，这并不意味着就不谈敏感议题，而是要采取"以点带面"方式，从目标群体最关注的议题切入，首先争取新生代受众对中国声音的认可度，再循序渐进拓展到敏感议题，绕过"同温层"开展信息传播工作。

其次是对信息进行多角度内容挖掘，以适应新生代受众的不同偏好与关注重点。

在社交媒体传播信息，要避免单线条的官方表述，必须根据不同群体偏好，进行多角度的内容挖掘，以满足目标群体的关注重点，引导其成为新闻信息的转推节点，有效拓展传播范围。同时，由于社交媒体的单次信息传播，存在有效信息承载上限，如果超过就很可能引起新生代受众的信息疲劳，影响传播效果，因此在多角度挖掘过程中，有必要对原始的信息内容加以取舍，除了核心内容，其他细节要酌情删减压缩，以保证智能手机的浏览舒适度。

最后是追踪新生代受众的追加评论与转推评论，确保信息反馈及时准确全面。

信息传播要重视互动工作，针对不当评论要及时纠偏，避免群体性无意识"盖歪楼"，并对各种质疑及时反馈，提供准确全面信息，防范臆断与误判。此外，如果在新生代受众缺乏反馈的情况下，也可采用"自问自答"的评论方式补充相关信息，进一步激发目标群体的关注度。

第二，从形式来看，要综合运用多元表现手法，"深入浅出"讲好中国故事。

作为社交媒体的信息受众，通常呈现两种状态：其一是被动接受信息推送；其二是主动开展信息检索。从信息传播来看，第二种状态的活跃用户要比第一种状态的沉默用户更有价值，有助于显著提升传播效果。因此，必须灵活运用信息的多元表现手法，引导新生代受众从第一种状态发展为第二种状态。

具体而言，一方面要定期推送信息，频次要高，篇幅要短，内容要简明易懂，形式要精致兼具冲击力，为新生代受众浏览信息提供视听享受，从而在感官刺激下培养用户接收信息推送习惯。对处在第一种状态的受众而言，阅读文字是最不友好的表现形式，特别是在翻译质量很难达到泰国用户的母语水平情况下。

因此，尽量少用甚至不用文字表述，更多采用图片、音乐、影像，甚至虚拟现实作为信息载体，将有助于增加社交媒体用户长期订阅推送信息的可能性。

另一方面要在社交媒体上开设公众号，提供中国信息的进阶资料，引导用户循序渐进地学习和理解。由于篇幅限制，推送信息通常呈现碎片化特征，难以全面系统地介绍中国国情。社交媒体用户在多次接收推送信息并浏览后，就会有较大可能产生好奇，希望获得更进一步的信息解读。不过，这种好奇的情绪冲动转瞬即逝，如果无法即时回馈，就很可能被其他信息转移视线。因此，推送信息的同时也要在社交媒体上准备好相关的进阶资料。其中，初阶资料应当图文并茂，力求浅显易懂，避免专业化表述；中阶资料可以通过类似百科词条的方式呈现；高阶资料应提供专业化的文献与影音资料，并可开设互动交流的客服渠道，进一步增强用户的学习积极性。

第三，从渠道来看，要积极筛选和培养"友华"网红讲好中国故事。

网红用户对社交媒体特别是其所在"同温层"的信息再传播，具有重要影响力。因此，通过线上线下相结合方式，积极筛选和培养泰国当地的"友华"网红用户，将有助于切实提升信息传播效果。具体来看，有必要开展以下工作。

其一，争取泰国线下有知名度的网红用户。

泰国社交媒体相当普及，当地体育明星、歌星影星、知名学者作家、社会活动家等，都在社交媒体开设账号，而且通常都有为数不少的粉丝关注。此类网红用户有不少原本就是"友华"人士或对华存在好感。通过线下交流与沟通，积极争取泰国知名人士参与社交媒体的信息传播，将有助于"中泰一家亲"的传统线下资源转化为线上优势，形成"1+1＞2"的传播效果。

其二，引导泰国线上"风口型"网红用户。

近年来，泰国社交媒体的蓬勃发展催生了不少有影响力的"风口型"网红用户。不过，社交媒体惯常"喜新厌旧"，缺乏线下社会根基的网红用户，绝大多数都会在流行风潮过后泯然众人。此类网红用户普遍存在"求生存"的紧迫感，试图寻求事业新增长点以拓展社交媒体的生存周期。于是，适时沟通"风口型"网红用户，引导其将讲好中国故事作为新的事业增长点，将有助于借助流行风潮推动"友华"信息传播，进而形成互惠共赢的良好局面。

其三，培养泰国新生代"知华"网红用户。

从中长期来看，培养对中国国情尤其是中国发展模式有深刻理解的"知华"网红用户，将是必不可少的国际传播工作重点。通过全链条的自主培养，将有助于保证信息传播的准确性与全面性，提升网红用户专业化水平，并有利于防范美西方"挖角"，增强信息传播的可控性与稳定性。

第三节　智库国际传播能力建设

中泰智库交流与合作在两国民心相通工作中发挥着积极作用。不过，相较于美西方智库在泰深耕细作，中国智库在国际传播的深度与广度方面都还存在明显差距。随着中美战略竞争持续升级，中国智库可以适当借鉴美西方智库的工作方法与实践经验，从平台建构、话语创新、项目落地等方面，进一步提升国际传播的智库能力。

一 智库国际传播能力建设的概念与特征

2015年1月，中共中央办公厅、国务院办公厅印发《关于加强中国特色新型智库建设的意见》指出，"树立社会主义中国的良好形象，推动中华文化和当代中国价值观念走向世界，在国际舞台上发出中国声音，迫切需要发挥中国特色新型智库在公共外交和文化互鉴中的重要作用，不断增强我国的国际影响力和国际话语权"[①]，从而对智库国际传播能力建设提出了明确要求。

从实践来看，智库国际传播能力建设是指依托智库的知识储备、人才队伍与合作平台等优势，为国际传播工作提供内容生产、渠道开拓、决策咨询等服务，将中国国情、观念、立场、诉求等主客观信息全面、清晰、细致、准确地传递给对象国精英受众，发挥增信释疑作用，推进"一带一路"建设，塑造人类命运共同体信念。对此，有必要从以下方面加以理解。

（一）智库国际传播能力建设的核心优势在于有针对性的内容创作

从"一带一路"建设来看，中泰民心相通的国际传播工作有三个渐次递进的任务目标。其一是"知"，保证泰国受众深刻理解"一带一路"；其二是"信"，引导泰国受众全面认同"一带一路"；其三是"行"，促使泰国受众主动参与"一带一路"，从而达成"知行合一"的最终目标。

近年来，随着国际传播工作积极推进，中国的国际影响力与国际话语权都有显著提升，包括泰国在内的沿线国家日益认同"一带一路"。2018年1月，《习近平谈治国理政》第一卷已经以

---

① 《关于加强中国特色新型智库建设的意见》，新华网，2015年1月21日，http://www.xinhuanet.com/zgjx/2015-01/21/c_133934292.htm。

24个语种面向海内外出版发行，受到国际社会广泛关注与好评。[1]泰文版发行时，时任泰国总理巴育在内阁会议上郑重推荐，并要求每位内阁成员人手一本认真阅读。[2]

但问题在于，泰国社会对中国道路与"一带一路"的理解尚不充分，很多泰国受众对"一带一路"的认知较为片面，未能从根本上把握"一带一路"的深刻内涵。"知"的根基不牢，使得由"信"到"行"的转化面临重重障碍，难以走向"知行合一"。

究其原因，很大程度上是国际传播内容的有效供给不足。尽管从数量来看，近年来国际传播成效明显，2016年中国媒体涉"一带一路"议题英文报道总量约4535篇，月均报道量378篇左右，2017年上半年报道量达5363篇，月均报道量超890篇，报道量大幅提升；[3]但问题是，国际传播工作成效不仅在于数量，更在于质量。由于包括泰国在内的对象国受众在语言逻辑、文化传统、历史记忆、宗教观念、价值立场、生产生活经验等方面，都与中国国内受众存在差异甚至显著差异，因此并不能简单照搬翻译国内既有的宣传内容，而是要根据受众差异，进行有针对性的国际传播内容创作。

相较于传统以媒体为中心的国际传播模式，智库国际传播能力建设依托智库的知识储备与人才资源，在有针对性的国际传播内容创作方面呈现显著优势。

---

[1] 《〈习近平谈治国理政〉第一卷由外文出版社面向海内外再版发行》，央广网，2018年1月29日，http://china.cnr.cn/news/20180129/t20180129_524115545.shtml。

[2] 《一部中国著作的世界回响——从〈习近平谈治国理政〉泰国、柬埔寨、巴基斯坦三国首发式说起》，新华社，2017年4月15日，http://www.xinhuanet.com/world/2017-04/15/c_112081 6528.htm。

[3] 《大数据看十八大以来成就："一带一路"篇》，人民网，2017年9月30日，http://yuqing.people.com.cn/n1/2017/0930/c414603-29570125.html。

首先是在洞察力方面，智库国际传播能力建设有助于针对泰国的发展水平、社会矛盾、民意诉求等，找准泰国受众最关注的现实问题，并以此为切入点创作国际传播内容，因势利导激发受众参与"一带一路"的自主性与积极性，从而取得事半功倍的国际传播效果。

其次是在说服力方面，智库国际传播能力建设有助于针对泰国受众的语言逻辑、价值立场、生产生活经验等，选择契合其逻辑思维与理性思辨的表述方式，"以理服人"促使其从根本上认可"一带一路"。

最后是在感染力方面，智库国际传播能力建设有助于针对泰国受众的文化传统、历史记忆、宗教观念等，选用最能引起受众共鸣的文学金句、历史典故、宗教箴言等作为国际传播内容引证，并谨慎规避可能引起负面影响的敏感议题与言论，从而切实提高泰国受众的舒适度，降低文化差异引起的排斥反应。

（二）智库国际传播能力建设的作用和定位在于精英层受众的民心相通

对国际传播工作而言，最理想的局面显然是全方位、多层次地覆盖泰国受众，从而形成有效的舆论引导，但在国际传播资源相对有限的条件下，唯有选择"成本—收益"最优解的精英层受众开展工作。早在1954年，美国新闻署委托的一份研究报告就指出：争取国际舆论支持的最有效途径是通过外国的舆论领袖，即所谓的舆论精英，而非一般大众。因为，在任何一个国家或地区，真正主导舆论的人群不会超过总人口的5%，另有10%的民众起着某种配角的作用，剩下的85%都只是盲目追随者。[①]

---

① 陈开和：《美国对外传播中的智库运作及其启示》，《对外传播》2010年第2期。

从既有经验来看，做好泰国精英层受众的国际传播工作，将起到承上启下的关键作用。一方面，精英层受众能向上影响国家政策走势。尽管国家决策是由高层拍板，但政策的提出、论证、修正、落实与评估，很大程度上取决于精英层的筹划与推动。事实是，如果得不到精英层的理解与认可，政府高层意愿也很难得到有效落实。另一方面，精英层受众能向下引导社会民意取向。通过对社会主流话语体系的灵活运用，精英层能充分发挥信息不对称优势，促使普通民众接受精英层预设的看法与立场。

但问题在于，精英层受众普遍拥有良好教育背景，对外界事物的理解与认知过程更为理性，并或多或少受西方价值观和意识形态影响，因此要做好精英层受众的国际传播工作存在相当的难度。相较于政府公务员和媒体人士等国际传播主体，智库国际传播能力建设具有一定的工作优势。

首先，智库国际传播能力建设的学理性有助于积极应对精英层受众的理性思辨诉求。精英层受众对国际传播"知"的诉求通常不止于"是什么"，而是进一步深入到"为什么"，并有可能在基础理论层面提出质疑，如果未能及时给予回应，或是回应内容照本宣科缺乏针对性，都很难得到精英层受众的理解与认可。这就使得缺乏相应知识储备的其他国际传播主体在面对精英层受众时，很容易出现隔靴搔痒的工作瓶颈，难以见成效。智库专家拥有充裕知识储备，不仅能从容解答精英层受众对"一带一路"的相关理论质疑，而且能从理论高度驳斥源于西方价值观与意识形态的错误观念，从而在交流与交锋过程中积极引导精英层受众。

其次，智库国际传播能力建设的超脱性有助于在政治多元化条件下兼顾各方民心相通。精英层受众从来都不是铁板一块，而是存在不同立场与诉求。近年来，泰国政治多元化趋势明显，精英层各派力量竞相争取核心圈层的话语权，甚至引起持续性的政治摩擦与动荡。这就使得官方国际传播工作聚焦于当权派的做法难以满足需要。智库在政治上相对超脱，有助于承担起兼顾精英层在野派或反对派的国际传播工作，避免官方国际传播的政治敏感问题，从而构建更为全面的国际传播机制，保证精英层各方都能形成有利于"一带一路"的发展认同。

再次，智库国际传播能力建设的钻研性有助于在专业领域深化精英层受众的接受程度。从国际传播的成效来看，其通常呈现不均衡发展态势，精英层受众在不同领域的接受程度各不相同，因此有必要区分领域开展针对性深耕细作，避免受热点影响"打一枪换一个地方"。智库是建立在学术研究基础上的专业机构，相较于其他国际传播主体，具有更强的钻研精神与工作定力，有助于形成可持续"交互式"国际传播关系，促使泰国精英层受众在不断交流与沟通过程中，逐步深化对"一带一路"的理解与认同。

最后，智库国际传播能力建设的公信力有助于缓解精英层受众对国际传播工作的抵触情绪。作为泰国社会中坚力量，精英层受众通常存在强烈的民族主义立场，因此具有明显政府背景的国际传播工作很容易引发抵触情绪，使得交流与沟通事倍功半，甚至产生相反效果。智库以学术合作为切入点开展国际传播，有助于依托专家学者的社会形象与公信力，淡化相关工作的政治背景，促使泰国精英层受众秉持较为客观中立的平常心态。

（三）智库国际传播能力建设的着力方向在于搭建平台整合资源

长期以来，国内高校与科研院所都与泰国同行开展国际交流与合作，但与智库国际传播能力建设相比，关键差别在于缺乏全局性、系统性与可持续性，更多是碎片化举措，难以成为国际传播工作主力军。不过，对外学术交流与合作积累了大量经验与人脉关系，从而为智库国际传播能力建设升级改造提供了坚实基础和有利条件。因此，就智库国际传播能力建设而言，当前最主要的着力方向是立足体制机制改革，搭建贯通"生产—转化—输出—评估"全流程的多元平台，有效整合国内外相关资源。具体来看，应重视以下方面。

首先在生产环节要鼓励智库加强基础性特别是细分领域研究。国际传播内容要有针对性，如果是缺乏依据与佐证的夸夸其谈，很难产生有穿透力的外宣效果，无法获得泰国受众特别是精英层受众的理解与认可。因此，智库国际传播能力建设在进行高屋建瓴的宏大叙事之前，有必要夯实基础性特别是细分领域研究，避免细节上有含糊、疏漏与偏差，保证国际传播内容在泰国的话语体系与国情条件下经得起推敲，特别是在面临美西方势力质疑与责难时，能够立足智库研究成果展开有理有据的学术交锋与话语反制。

其次在转化环节要提高智库对国际传播决策过程的有效参与。国际传播必须抓住时机和把握切入点，方能充分发挥作用，取得事半功倍效果。不过，无论是时机还是切入点，都需要对泰国受众有深刻认知。因此，国际传播决策过程中有必要引入智库参与，有的放矢制定"一国一策，一事一策"的国际传播方案，合理选择智库研究成果转化为国际传播产品，切实避免过度与重复转化引起的资源浪费。

再次在输出环节要打通智库对外交流与合作的制度梗阻。国际传播产品在泰国推广与传播并不是简单的单向投放过程，而是与当地媒体与智库等国际传播节点反复沟通协调的持续互动过程。故而，作为国际传播产品的核心内容生产者，国内智库必须更多开展对外交流与合作，参与一线沟通协调，以提高国际传播工作效率。为此，国内现行对外学术交流与合作制度就有必要进一步深化改革，以满足智库国际传播能力建设在资金流动与人员往来等方面的发展诉求。

最后在评估环节要加强流程监管以提高国际传播资源利用率。国际传播工作具有很明显的外溢效应，因此难以简单套用"成本—收益"进行衡量。不过，仅就国际传播资源的利用率而言，以多国间的横向评估以及本国不同时段的纵向评估为基准进行流程监管，并构建相应奖惩机制，还是有助于在一定程度上促进资源整合与有效利用，特别是避免人为因素的无效资源配置。

二 美西方非政府组织在泰案例分析：经验与模式

近年来，中国智库在对泰国际传播方面做出不少努力，尤其是通过孔子学院，有力提升了国家形象，但相较于美西方的深耕细作，中国智库在泰本土化工作尚处于起步阶段。因此，以亚洲基金会、人权观察等代表性美西方非政府组织为例，对其在泰运作开展分析，将有助于从资金运作、项目设置、人才培养等方面，为中国智库因地制宜深化本土化发展提供参考与借鉴。

（一）亚洲基金会（The Asia Foundation）

亚洲基金会在形式上是非营利性国际发展机构，标榜"通过有活力与发展的亚洲改善生活"，主要针对的是五个领域的议题：提升妇女能力（性别平等），拓展经济发展机会（包容发展），改善治理能力（善治），促进国际合作（应对全球化引发的非传统安全），增强环境恢复力（环保与自然资源有效利用）。

亚洲基金会除了在美国华盛顿设立总部，下设亚洲地区的18个代表处，其中东南亚地区有9个，除高收入的新加坡和文莱之外，泰国、柬埔寨、越南、缅甸、老挝、马来西亚、菲律宾、印度尼西亚、东帝汶都设有代表处。

1.历史沿革

亚洲基金会的前身是1951年美国中央情报局（CIA）设立的"自由亚洲委员会"（Committee for a Free Asia）。1954年，"自由亚洲委员会"更名为"亚洲基金会"，并于加利福尼亚州成立总部机构，试图通过非政府方式开展民间文化与教育活动，促进战后亚洲地区的西方意识形态传播与市场经济发展。

亚洲基金会的早期活动经费，主要来自中情局资金，曾用代号为"Project DTPILLAR"。随着冷战在亚洲的进一步加剧，1966年时任国务卿戴维·腊斯克（David Dean Rusk）推动国会做出决议，保留亚洲基金会，并开始由美国政府公开资助。自此，亚洲基金会成为"准非政府组织"，并且"核心预算"通过美国政府的拨款支持，其目标也从"建立民主体制和鼓励民主领导者发展"转向"亚洲发展"。

2.资金来源

从财务报表来看，亚洲基金会的总资产近7000万美元，年度收支平衡。年度收入约1.1亿美元左右，主要包括四部分：其一是美国国会的财政拨款，占到总收入的15%左右，基本与雇员工资及运营经费相当；其二是美国政府的委托项目经费，主要是美国国际开发署，占到总收入的35%左右；其三是外国政府与双多边组织的委托项目经费，占到总收入的45%左右；其四是企业与个人捐款，每年大约500万美元，占到总收入的5%左右。

表4.4 2019年度亚洲基金会的主要横向课题经费来源　　　　单位：美元，%

机构名称	机构中文名称	经费总额	经费占比
Australian Department of Foreign Affairs and Trade	澳大利亚外交与贸易部	22340832	48.95
Department for International Development (DFID)	英国国际发展署	8030553	17.59
Multiple Funders	多边资助	2176780	4.77
Foreign and Commonwealth Office	英国外交和联邦事务部	1548668	3.39
Deutsche Gesellschaft fur Internationale Zusammenarbeit	德国国际合作机构	1345566	2.95
New Zealand Embassy	新西兰大使馆	1315258	2.88
Swiss Agency for Development and Cooperation	瑞士发展与合作署	1209679	2.65
CARDNO	澳大利亚	762131	1.67
European Union	欧盟	757560	1.66
Canadian DFATD	加拿大外交贸易与发展部	607330	1.33
Development Alternatives	（印度）发展替代组织	579269	1.27
New Zealand Ministry of Foreign Affairs	新西兰外交部	523515	1.15
International Development Enterprises	国际开发企业	484645	1.06
Korea International Cooperation Agency	韩国国际协力团	399853	0.88
Korea Development Institute	韩国开发研究院	383595	0.84
Netherlands Embassy in Jakarta	荷兰驻印度尼西亚大使馆	350510	0.77
British Embassy	英国大使馆	316050	0.69
Centre for Peace and Conflict Studies	和平与冲突研究中心	281303	0.62
International Labour Office	国际劳工组织	256359	0.56
Global Affairs Canada	加拿大全球事务部	238506	0.52
Aecom Services PTY LTD	澳大利亚艾伊肯服务公司	186371	0.41
International Development Research Centre	加拿大国际发展研究中心	166029	0.36
United Nations Environment Programme	联合国环境署	164909	0.36
The World Bank	世界银行	162694	0.36
European Commission	欧洲委员会	156693	0.34
Conciliation Resources	（英国）和解资源	150464	0.33
Palladium Group	帕拉丁集团	145391	0.32

续表

机构名称	机构中文名称	经费总额	经费占比
Asian Development Bank	亚洲开发银行	113742	0.25
Scope Global Pty Ltd	全球远景公司	94240	0.21
Italian Agency for Development Cooperation	意大利发展合作署	88404	0.19
Royal Danish Embassy	丹麦大使馆	85786	0.19
Royal Netherlands Embassy	荷兰皇家大使馆	62414	0.14
Korea International Development Corporation Centre	韩国国际发展合作中心	40342	0.09
Coffey International Development	科菲国际发展	35665	0.08
United Nations Children's Fund	联合国儿童基金会	34337	0.08
Forum Organizasaun Non-Govermentais Timor-Leste	东帝汶非政府组织论坛	17743	0.04
Ministry of Rural Rehabilitation and Development, Afghanistan	阿富汗农村复兴与发展部	10360	0.02
Niti Foundation	尼蒂基金会V	7154	0.02
United Nations Economic and Social Council	联合国经济及社会理事会	5610	0.01
New Zealand Agency of International Development	新西兰国际开发署	3280	0.01
Cowater Sogema	科沃特索格玛	1468	0.00
Embassy of Canada	加拿大大使馆	1385	0.00
合计		45642443	100

资料来源：亚洲基金会2019年度财务报告。

值得留意的是，如表4.4所示的第三项横向课题收入情况，对亚洲基金会而言其意义不仅是经费支持，更多的是建构国际关系网络，特别是西方意识形态下的人脉网络，形成互通有无的情报交流与人员往来。从横向课题的经费构成来看，委托方多达45个，但是大多数的经费额度都不高，1/3左右机构的委托课题经费总额不到10万美元，七成以上机构的委托课题经费在亚洲基金会横向课题经费中的占比不足1%。

此外，从合作方来看，脉络也相当清晰，主要是盎格鲁-撒克逊阵营。横向课题的经费来源，半数以上来自澳大利亚，1/5来自英国方面。换言之，亚洲基金会的资金总体上有1/4左右间接来自澳大利亚，特别是澳大利亚外交与贸易部，并有1/10来自英国，特别是英国国际发展署。

3.项目设置

从亚洲基金会的项目设置，尤其是在泰项目设置来看，其通常具备三类功能。

其一，信息收集功能。

此类项目有助于美国把握亚洲发展中国家的社情民意。以泰国为例，近年来亚洲基金会泰国代表处公开发表的项目成果有"泰国街头运动人员构成调查""泰国青少年对美观感调查""泰国精英阶层对美观感调查""泰国东北部地区不平等状况调查"等社会调研工作。

此类社会调研工作，除牵头人或项目主管是亚洲基金会在编人员之外，其他的通常都是以项目委托形式外包给泰国当地的智库或专家学者。这一方面保证了信息收集的有效性与可靠性，另一方面也通过项目资金持续注入，有效渗透、巩固和拓展了亚洲基金会在泰国学界、政界与传媒界的人脉关系。例如，泰国代表处主任托马斯·帕克斯牵头"泰美关系的未来"项目，就在序言中特别指出，要感谢卡威（Kavi Chongkittavorn）、西提楠（Thitinan Pongsudhirak）等泰国学者的鼎力相助。从泰国代表处的其他研究报告与活动公告中，也经常能看到泰国学者的身影，卡威与西提楠更是常见合作伙伴。

其二，人脉拓展功能。

此类项目有助于在美国与泰国之间建立点对点沟通的合作网

络。其代表性项目包括以下几个。

（1）"发展研究员"项目

该项目旨在为亚洲高素质青年专业人士提供能力提升契机。通常是为期一年，针对其职业加以规划，开展跨区域的领导者交流与社区合作，旨在提供多方面体验，开展短期课程进行强化学习，在亚洲和美国进行考察旅行，以增强领导技能，提升亚洲发展知识，拓展专业网络和国际影响力。近年来，每年的参加人数是12名。

（2）"亚洲青年外交官"项目

该项目在2019年开办第一届活动，得到亨利·卢斯基金会的协助与支持，旨在为40岁以下的外交官提供为期三周的密集美国学习之旅，使参加者了解美国对外和国内政策，并培养对未来领导有价值的技能和观点。此外，各国外交官的交互式对话与游学，可以为未来的区域合作打下基础，并在亚洲基金会支持与引导下，开展校友交流，以培育友谊与合作纽带。

（3）"东南亚青年领导力倡议"（YSEALI）项目

YSEALI于2013年启动，是美国国务院的一项标志性计划，旨在加强东南亚地区的领导力发展和人脉。通过各种计划和参与，YSEALI寻求建立东南亚地区青年的领导能力，加强美国与东南亚之间的联系，并培育一个跨境工作以解决共同问题的东盟领导人社区。

（4）"国会研究员"项目

该项目是为东南亚国家外交部的外交官提供前往美国国会进行研修的机会，成为国会议员工作助理，以理解美国国会的运作流程与行为逻辑，从而更好地与美国政策对接，迎合美国需要。当前泰国外交部不少高官都曾是该项目的受益者。

其三，社会干涉功能。

针对亚洲发展中国家的政治改革、经济转型、社会发展、安全建构等提出"美式预案",并引导对象国政府采纳,或依托当地社区开展工作,进而在对象国政治、经济与社会发展中烙印美式价值观与意识形态,并引导民众产生政府的西化预期。以泰国为例,相关代表性项目包括以下几个。

(1)"我们来谈谈权利"脱口秀节目

2009年,亚洲基金会启动了以泰语进行的每周一小时的脱口秀节目"我们来谈谈权利"(Let's Talk Rights)。该节目由前国家人权事务专员苏妮·查亚罗斯(Sunee Chaiyarose)主持,并得到泰国亚洲基金会高级计划协调员伦拉尼(Ruengrawee Pichaikul)指导,目的是在泰国媒体创造更多空间讨论侵犯人权行为。2012年1月,"我们来谈谈权利"荣获泰国国家人权委员会颁发的"创意人权媒体"奖。

(2)泰南村庄更名活动

2014年2月,亚洲基金会与当地合作伙伴泰国南部边境省地方文化与环境保护中心(PUSTA)合作,协助南部边境省行政中心(SBPAC)组织了村庄更名庆祝活动。该活动标志着亚洲基金会和PUSTA与SBPAC合作在泰国南部10个村庄进行的为期15个月的试点项目获得成功。

(3)"亚洲图书"计划的泰北行动

从1954年以来,亚洲基金会就通过"亚洲图书"计划,每年向21个亚洲国家的数千所贫困教育机构捐赠印刷书籍。迄今为止,捐赠图书累计已超过5200万册,每年经费开支700多万美元,从而为输出美国价值观与意识形态发挥了重要作用。近年来,随着信息通信技术发展,亚洲基金会开始在发展中国家的许多地区尝试制作和捐赠电子书以降低成本和提高普及率。2017年,在泰国北部，亚洲基金会与当地合作伙伴泰国国际山地人民教育和文化协会（IMPECT）以及应用语言学基金会（FAL）合作，推动了"让我们读"的亚洲图书活动，使得当地儿童可通过网络和Android应用程序免费访问儿童数字图书馆。该图书馆中包含90多种儿童图书，包括英语、泰语以及当地的少数民族语言。

4.人才培养

作为老牌智库，亚洲基金会在亚洲发展中国家发挥着信息收集、人脉拓展、意识形态宣传的基本职能，并依托亚洲各代表处，形成了内部循环的人事关系网络，扎根当地深耕细作。

亚洲基金会高管中，除了部分是"旋转门"的社会名流，多数是"知亚派"的精英官僚，从各个代表处的项目官员开始历练，并在各个代表处交流调任，晋升为副主任、主任以及项目团队总管等，从而保证了其对亚洲各国社情民意的理解与把握，作风更接地气，避免了可能的误解与偏颇。

亚洲基金会强调融入对象国当地，80%的雇员由当地选拔培养，并且通过项目合作方式，对接当地的政界和学界精英，采取"掐尖"方式筛选新生代精英，形成长期扶持拉拢，构建亲美西方的人才梯队。

（二）人权观察（Human Rights Watch，HRW）

人权观察是一家非营利、非政府的国际性组织。其工作人员主要包括国别研究专家、律师、记者以及不同背景与国籍的学者。其工作方式是撰写调查报告、运用媒体宣传、进行政策游说、提出行动倡议、开展团体合作等，以及经常性会见各国政府、联合国、区域性国际组织如非洲联盟、欧洲联盟、金融机构和企业组织，通过施压要求改变相关政策与实践，以促进符合西方价值观的"人权和正义"。目前，人权观察拥有100多名研究人员，每年针对90多个国家的人权状况，运用60多种语言，发布100种原创的调查报告和简报，并通过各国媒体和国际媒体进行传播。

1. 历史沿革

1978年，美国人权活动家罗伯特（Robert L. Bernstein）与阿里（Aryeh Neier）共同创立赫尔辛基观察组织，旨在监督政府对1975年《赫尔辛基协定》的遵守情况。该组织成立初期主要采取媒体报道方式，试图通过公开"点名和羞辱"的方式施压以改善人权状况，后将工作重点转到政策游说方面，一方面游说美西方政府，要求针对特定侵犯人权行为采取行动，另一方面接触对象国政府及政要，引导其改变政策。

20世纪80年代，美洲观察（1981年）、亚洲观察（1985年）、非洲观察（1988年）以及中东观察（1989年）相继成立，并加入了当时被称为"观察委员会"的组织。1988年，该组织正式采用总称"人权观察"。随后，人权观察于1989年在欧洲开设了首个常设机构——伦敦代表处，从而标志着源于美国的人权组织开始在人权发源地欧洲打开局面。

随着冷战结束，人权观察于1990年在原先按地区划分的部门之外，设立了首个专题性部门——妇女权利部，并相继设立了其他的专题性部门，包括武器部、儿童权利部、残疾人权利部、LGBT权利部以及难民部等。自此，人权观察不冉局限于政府对异见人士的言论封锁与打压等传统领域，而是拓展到反战争、反种族清洗，以及妇女、儿童、难民和移民工人权利保护等领域。1997年，人权观察作为"国际禁止地雷"运动的创始成员，获得了诺贝尔和平奖，并在2008年《禁止集束弹药》的条约中发挥了领导作用。

20世纪90年代末以来，人权观察依托资本支持不断扩张全球影响力。1996年，人权观察在中国香港设立了亚洲首个常设代表处；2001年，在刚果民主共和国设立了非洲首个常设机构戈马代表处；2006年，创设了紧急状态小组，将突发性人权问题纳入观察；2009年，在日本设立东京代表处；2010年，在黎巴嫩设立首个中东常设机构贝鲁特代表处；2011年，在肯尼亚设立内罗毕代表处；2013年，在澳大利亚设立悉尼代表处；2014年，在巴西设立了拉美首个常设机构圣保罗代表处；2016年，在国际主要人权组织中率先设立了环境与人权项目；2017年，在韩国设立首尔代表处。

2.资金来源

人权观察目前的收支基本平衡，总收入与总支出保持在9000万美元左右，净资产总额约为2亿美元。从过去20年财务报告来看，人权观察在2010年前后曾发生重要转折。

2010年之前，人权观察的发展重点在美国本土。从增长来看，21世纪以来的前十年，人权观察取得明显成效，不仅收支持续上升，而且保持收支持续盈余。从2001年到2007年，人权观察总收入从1880万美元增至5032万美元，总支出从1633万美元增至3476万美元，净资产也从6600万美元增至1.2亿美元。但是，2008年国际金融危机爆发，美国经济持续衰退。由于当时人权观察的收入有近3/4来自美国本土，近1/4来自西欧，其他地区的善款不到1%，因此，人权观察的传统筹款路径陷入发展困境。

2010年，金融大鳄索罗斯宣布为人权观察捐款1亿美元，并要求人权观察"必须被视为更具国际性，而不是美国组织"。这在很大程度上改变了人权观察的发展路径，使其进入了新的扩张期。北欧与亚洲成为人权观察在21世纪第二个十年的重要拓展方向。

近年来，人权观察的总收入、总支出、净资产等指标与10年前相比都翻了一番，雇佣人员数量也从2009年的不足200名增至2019年的465名，并且美国本土善款比例也降至1/3强，有效保证了人权观察的抗风险能力。

值得留意的是，尽管人权观察宣称"不接受政府或政府基金会资助"，但却在大多数的"人权"问题上紧跟美国政府步伐，并努力通过游说方式，将相关议题融入美国政府或国会议程，并经常以在美国国会或联合国等相关机构"做证"为自我标榜的关键指标。2014年5月，诺贝尔和平奖获得者阿道夫（Adolfo Pérez Esquivel）和前联合国助理秘书长汉斯（Hans von Sponeck）以及100多位学者和文化人士联合署名公开信，批评人权观察组织与美国政府关系密切。

3.项目设置

人权观察从2010年步入新的资本扩张期后，其行为模式呈现明显的"成本—收益"最大化取向。因此，人权观察在东亚拓展的重点对象，最早是中国香港，而后是日本，接着是韩国，东南亚基本属于边缘地带。2014年泰国军事政变后，美国政府以人权为"棍棒"敲打巴育政府，使得人权观察开始更多关注泰国。

传统上，人权观察尤为擅长撰写冗长的研究报告、高调宣传的"点名与羞辱"，以及持续性的政策游说。这在泰国项目中都有所体现。

2006年以前，人权观察主要是以研究报告的形式对泰国问题进行"观察"，但总量并不多，前后15年仅发布了13份报告，还有多个年份空缺。其"观察"内容主要集中在缅甸难民与艾滋病防范等方面，虽然是国际普遍关注热点，但缺乏长期可持续性与短期轰动性，因此都是点到为止，并未深入挖掘。

2006年以来，随着泰国社会动荡，特别是"红黄对立"街头冲突，引起国际普遍关注，使得人权观察明显增加了对泰国项目的关注度。如表4.5所示，有关泰国"观察"数量整体呈现上升趋势。

表4.5　　　　　人权观察的泰国项目发布信息情况　　　　单位：份；%

年份	合计数量	新闻占比	评论占比	快评占比	公开信占比	声明占比	报告占比
2006	15	93.33	6.67	0.00	0.00	0.00	0.00
2007	25	76.00	0.00	0.00	12.00	0.00	12.00
2008	20	100.00	0.00	0.00	0.00	0.00	0.00
2009	21	66.67	14.29	0.00	19.05	0.00	0.00
2010	31	54.84	16.13	0.00	22.58	0.00	6.45
2011	20	75.00	0.00	0.00	10.00	10.00	5.00
2012	36	47.22	27.78	0.00	19.44	2.78	2.78
2013	24	79.17	12.50	0.00	4.17	0.00	4.17
2014	58	74.14	10.34	0.00	12.07	0.00	3.45
2015	60	75.00	10.00	1.67	10.00	0.00	3.33
2016	48	77.08	4.17	0.00	14.58	4.17	0.00
2017	40	80.00	10.00	7.50	2.50	0.00	0.00
2018	46	58.70	10.87	21.74	4.35	2.17	2.17
2019	50	52.00	12.00	16.00	10.00	8.00	2.00

资料来源：人权观察网站，https://www.hrw.org/zh-hans/asia/thailand。

从形式来看，自2010年开始，评论与公开信数量有明显增加，报告也开始逐年更新。这与人权观察的全球转型和增加了对亚洲区的资源投入有关。相较于较简单的新闻稿，篇幅较长且需要有观点和论据支撑的评论、公开信与报告都要投入更多的人力物力。近年来，人权观察的泰国项目的新趋势是"快评"数量增加。相较于传统的评论，快评的篇幅更短，时效性更高，观点更鲜明，也更适合社交平台的传播推广。这在很大程度上契合了人权观察对"Twitter+Facebook"的推广运用。

从内容来看，人权观察近年来对泰国的"人权"斥责主要集中在罗兴亚人问题、移民劳工权益问题、异见人士受迫害问题、言论自由问题等方面。

4.人才培养

人权观察在人力资源管理方面奉行的是高薪政策。从财务报告来看，2019年人权观察薪酬支出高达5745万美元，占总支出的64.45%。按照人权观察在编人员总数465名计算，人均薪酬工资高达12.3万美元，两倍于同期美国家庭收入中位数6.1万美元。其中，执行主任肯尼思（Kenneth Roth）2019年的薪酬高达62.7万美元，其他执行主任级别的高管薪酬也都在30万美元以上，位列同期美国个人收入最高1%范围，其他常务主任、项目主任、宣传主任的收入也都超过20万美元，位列同期美国个人收入最高3%范围。

人权观察行政高管的普遍高薪，不仅很大程度上挤占了项目经费，而且也影响到基层研究人员编制。人权观察的专职研究人员有100多名，但很难满足其全球扩张需求，除了美国本土的中高级研究人员，扎根一线开展调研工作的基层研究人员很少，甚至经常有必须兼顾多个国家或地区的基层职位安排。

由于泰国并不是人权观察的重点对象，因此在泰国仅聘用了1名专职研究人员苏奈（Sunai Phasuk）。尽管在加入人权观察之前，苏奈曾任泰国参议院外交事务委员会顾问，并且是亚洲人权与发展论坛发言人，但其行事作风更像是媒体评论员，而不是严肃的研究人员，更不是虔诚的人权活动家。相较于一线调研，苏奈更倾向于在聚光灯下高谈阔论，或是与泰国知名人士互动，打着"人权"旗号提升影响力。

事实上，由于人权观察长期奉行"中高端"路线，游说与交往的主要对象都是对象国官产学界中上层，因此苏奈"不接地气"的工作方式，并不影响人权观察在泰发挥影响力。从人权观察的对泰"观察"来看，参与评论的除了苏奈，还有亚洲区项目主管布莱德（Brad Adams）、副主任菲尔（Phil Robertson）、宣传主任约翰（John Sifton），以及危机与冲突项目管理主任格里（Gerry Simpson）、儿童权利部副主任贝德（Bede Sheppard）、难民权利项目主任比尔（Bill Frelick）、澳大利亚主任伊莱恩（Elaine Pearson）、全球倡议主任明基（Minky Worden）等诸多对泰国事务涉足甚少的中高层行政官员，其评论通常是缺乏实证的主观臆断甚至是张冠李戴的无中生有，其目的更多是制造"人权"轰动效应，以响应美国政府施压行动，或是争取美西方更多的"人权"活动捐款。

对于人权观察在资本裹挟下，假借"人权"名义谋取私利的不当行径，其创始人罗伯特（Robert L. Bernstein）曾于2009年10月在《纽约时报》撰文批判，认为人权观察有必要重新审视其"人权守门人"的初心与使命。

三　构建官产学联动的新型智库网络

随着中美战略竞争持续升级，智库国际传播能力建设的重要性与必要性日益突显。针对美西方非政府组织在泰活动的日趋频繁，中国智库有必要在借鉴其经验的基础上，"锻长板、补短板"，整合资源形成合力，构建有中国特色的新兴智库网络，从而在百年未有之大变局下，为更好地促进中泰战略合作提供有力支撑。具体来看，有必要重视以下方面工作。

（一）通过多元化提升智库项目的针对性与有效性

近年来，国内高校与科研院所在智库建设方面呈现高速扩张态势。以东南亚研究为例，国内挂牌成立的东南亚国别或地区研究所、研究中心、研究基地多达上百家。但在大量智库涌现的态势背后，所面临的却是细分领域专业研究人员匮乏，甚至引发智库相互挖角，以及非对口专业人士充任智库工作。

智库建设的过度扩张现象，很大程度上源于国内智库管理的条块分割。除了少数企业赞助的民间智库，国内大多数官方或半官方智库从资金拨付，到人员编制，再到成果归属，都是垂直管理，彼此更多是竞争而不是协作关系，开展深层次的横向交流与合作相当困难。因此，国内高校与科研院所为保证自身发展，普遍倾向于建立大而全的智库平台，采取全覆盖策略争取更多的资金和编制。

对智库国际传播能力建设而言，智库平台的过度扩张不仅无助于提高国际传播内容生产质量，反而将产生严重的负面影响。有针对性的国际传播内容生产要建立在细分领域的专业化研究基础之上，但在原本就相对有限的细分领域研究人员被分隔到不同智库，并且在横向交流与合作存在阻碍的情况下，智库在国际传播内容生产方面的核心优势也就变得无从落实。

从美西方非政府组织在泰活动的相关经验与模式来看，智库国际传播能力建设在起步阶段应重点提升资源整合利用率，避免碎片化的"撒胡椒面"。由于智库编制的条块分割问题难以在短期内得到改善，因此有必要采取更灵活的解决方案，以多元化项目合作为纽带进行牵引，从经费使用、人员流动、成果共享等方面开展体制机制创新。为此，可考虑以下做法。

一要在国家层面设立长期项目，例如国家社会科学基金重大项目，形成全国"一盘棋"的总体规划，避免各项目在国际传播内容生产所涉及的细分领域上出现空白或重叠。

二要选择在细分领域有长期研究积累的专业智库，或得到国家重点扶持的高端智库作为项目承接支点，以提高智库平台的权威性与协调能力，特别要加强与政府宣传部门和海外投资企业的沟通与交流，以保证国际传播内容生产的现实性与时效性。

三要完善覆盖全国的细分领域专家数据库，并在此基础上建立细分领域的学术共同体，切实保证项目运作的专业人士主导地位，避免"外行领导内行"的资源错配。

四要改善项目经费管理制度，既保证项目经费有效用于国际传播内容生产相关研究，亦要满足项目参与者特别是不同智库专家的智力补偿及科研经费报销需要，避免经费无效管理挫伤项目参与者积极性。

五要形成项目成果共享机制，保证不同智库专家所属部门也能有效分享国家项目的业绩与荣誉，从而形成"众人拾柴火焰高"的工作合力，以增量促改革，缓解部门间条块分割对人员流动的负面影响。

（二）通过本土化增强智库话语的感召性与渗透性

长期以来，国内智库在对泰交流与合作过程中，通常都以泰国传统主流媒体与老牌学术机构为首选对象。在美西方非政府组织的深耕细作之下，东南亚的传统主流媒体与老牌学术机构普遍受到西方价值观与意识形态的深刻影响。过去，这不妨碍国内智库与其开展关系融洽的交流与合作。当时国内智库承担的主要是观察、学习与借鉴等内向型功能，并不影响对方在当地的话语权，因此即使双方在立场与观念上存在差异，也能保持相对默契与包容。不过，随着国内智库开始承担国际传播工作，情况就会有所改变。双方深刻的价值观与意识形态分歧，很可能引发当地的话语权竞争。

于是，对智库国际传播能力建设而言，拓展与泰国新兴学术机构的交流与合作，构建以我为主的跨国学术平台，推动国内专家学者前往当地扎根，开展国际传播话语的本土化工作，也就成为当务之急。为此，可考虑以下做法。

一是重视国别研究经费与项目扶持的可持续性。近年来，国别研究在"一带一路"推动下热度上升，但相关立项的短期性和应急性特征明显。同时，国别研究的海外经费使用，特别是跨国联合研究限制过多，难以有效发挥国别研究"走出去"深入一线的专业优势。目前来看，有必要重视国别研究学术共同体建设，提高相关立项的专业化水平，采取长期领域扶持与短期目标考核相结合的项目管理办法，进一步放宽项目资金使用特别是海外使用限制，建构以我为主的双多边国别研究合作平台。

二是促进学术评价机制的合理化。随着"一带一路"建设需要，国别研究的重要学术价值与现实意义都日益明显，但在既有学术评价机制的利益固化影响下，却无法得到相应体现，使得国别研究很难争取到有潜力的新生代知识精英积极参与，从而限制了国际传播工作在中长期所能获得的智力支持可能。对此，可以通过提高学科地位，重视国别研究学者，扶持国别研究期刊等方式，传递积极的指导信号。

三是孵化智库研究成果的商业增值服务。相较于美日等西方国家资本，中资企业与商家在"走出去"过程中对国别研究的重视度较低，并为此付出了高风险的沉重代价。因此，通过政府居中协调，引导商界与学术界积极对接，将国别研究成果转化为商业增值服务，不仅有助于降低商业风险，增加学术成果收益，而且也能在一定程度上减轻政府扶持智库工作的中长期成本，形成官产学联动的良性循环。

（三）通过迭代化改善智库人才的储备性与成长性

近年来，国内智库通过国际学术会议、学术座谈、学术宣讲、学术访问等多种形式，在国际传播工作方面发挥了积极作用。从对外交流与合作对象来看，国内智库通常习惯于选择长期以来的传统公关对象，主要包括前政要、大牌学者与知名专家。

从短期来看，传统公关对象在国际传播工作中能起到显著作用，有助于借助其在泰国的影响力与话语权，形成良好的舆论环境甚至决策氛围。但从中长期来看，传统公关对象在国际传播工作从"知"到"信"再到"知行合一"的发展过程中，很难保持积极作用，甚至可能成为发展阻碍。因为从泰国知识精英的传统教育背景来看，无论是前政要，还是大牌学者或知名专家，其世界观与意识形态都或多或少受到美西方的负面影响，很难在思想根源上认同"一带一路"倡议与人类命运共同体理念。这就使得持续增加传统公关对象的国际传播资源投入，将会面临边际收益递减的现实困境。

于是，对智库国际传播能力建设而言，培育泰国的新生代知识精英，将是最具价值的可持续发展路径，也是美西方非政府组织的通行做法与普遍经验。近年来，中国通过各类双多边合作机制，为泰国新生代知识精英提供了数量可观的来华留学与短期培训名额。通过对来华留学与短期培训人员的观察、评估和考核，选拔有潜质的新生代"友华"人士参与智库的学术交流与合作，提供进一步的研修机会，这不仅有助于促使其更深刻理解和把握"一带一路"倡议，引导其从价值观和意识形态层面塑造人类命运共同体信念，而且有助于培养其与智库的互信关系与深厚情谊。从中长期来看，随着泰国新生代的"友华"人士学成归国，其将会在共同信念引领下成为在泰国开展智库国际传播工作的积极力量。

结　　语

中泰关系正处于历史最好时期。这是两千多年来两国人民相知相交民心相通的结果，也是过去百多年两国人民在历经外辱与内乱后痛定思痛共同选择的结果，更是21世纪全球化浪潮下两国人民追求美好生活携手努力的结果。"中泰一家亲"友好关系来之不易，凝聚着先辈的殷切期望，吾辈当尽心竭力传承。

然而，当今世界正处于百年未有之大变局，中泰关系也面临诸多不确定性变数。从外因来看，国际与地区形势在变，尤其是半个多世纪以来一直都是中泰关系最大外生变量的美国，更是处在历史兴衰关口，成为全球最大变数；从内因来看，中国正在"以中国式现代化推进中华民族伟大复兴"，稳步迈向"人口规模巨大""全体人民共同富裕""物质文明和精神文明相协调""人与自然和谐共生""走和平发展道路"的社会主义现代化国家目标，综合国力蒸蒸日上，反观泰国却在国家发展模式变革过程中持续试错，甚至面临"经济—政治—意识形态"三大支柱整体重塑的结构性困境，引发国内政治持续动荡与社会严重分裂，从而进一步加剧了非对称性双边关系的错位落差。

中泰关系将如何发展？这一问题正成为两国政府与人民共同面对的选择题。不过，即使前途迷雾重重、荆棘遍地，但混沌未明的仅是脚下的道路，却不是远方的终点目标。对中泰两国而言，从千年羁绊百年磨合十年奋斗的历史经验中，很容易剔除错误选项，既不会像美西方妄言的那样复辟传统时代大国小国不对等的宗藩关系"老路"，也不会像美西方期望的那样重蹈冷战时期意识形态对立的"邪路"，而是会朝着人类命运共同体的"新路"共同前进。

"中泰命运共同体"的目标是清晰的，但道路却是曲折的，难免会遭遇改道、迂回，甚至后撤。于是，"坚定信念，继往开来"也就成为今后中泰关系发展的根本指针。一方面，我们要努力传承中泰交往创造的物质与精神财富，尤其是历久弥新的"中泰一家亲"共识，使之在中美泰三边关系出现极端调整的情况下，充分发挥纽带作用，避免对中泰关系造成难以逆转的严重伤害。

另一方面，我们要积极开拓进取，探索中泰战略合作的新领域与新路径。中泰关系从纵向来看正处于历史高位，但从横向来看，却在周边各国中仅处于中等水平，还有很大的成长空间。依托新技术与新形势，中泰战略合作将有可能取得全方位多层次的重要进展。

在地理上，中泰两国虽不接壤，但通过中老铁路，却能经由"陆联国"老挝紧密相连，从而进一步"折叠"中泰两国的空间距离。

在经济上，中泰两国在货物贸易与人员往来方面，已经达到较高水平，但投资水平不尽如人意，有必要借助国际与地区产业链供应链重组的重要契机，加速推进泰国对接"一带一路"倡议，尤其是泰国东部经济走廊对接粤港澳大湾区，从而更好搭乘中国"双循环"顺风车，促成中泰经济融合发展的良好局面。

在政治上，中泰两国高层互访频繁，有效保证了双边政治互信，但在泰国政治多元化的发展趋势下，有必要拓展更多元的沟通渠道，形成兼顾央地、官民的政治交流模式，尤其要争取新生代知识精英的理解与认同。

在安全上，中泰两国在传统安全与非传统安全上都取得长足进步，但也面临日益严峻的地缘安全威胁，有必要坚持共同、综合、合作、可持续的安全观，携手推动"全球安全倡议"，从而有效化解中美战略竞争引发的地缘不安定因素。

在社会文化上，中泰两国是传统文化交融与互鉴的成功典范，但在信息化时代，泰国新生代对于中国当代文化却知之甚少，甚至受到美西方舆论宣传误导。因而有必要加强民心相通工作，积极利用传统主流媒体、社交媒体、智库国际传播等方式，有序营造"人类命运共同体"发展共识。

对中泰交往而言，"百年未有之大变局"既是挑战，更是机遇，将有助于推动传承千年的"中泰一家亲"友好关系，朝着更上一层楼的"中泰命运共同体"目标有序迈进！

参考文献

一 中文文献

（一）学术论文/研究报告

陈积敏：《特朗普政府"印太战略"的进程、影响与前景》，《和平与发展》2019年第1期。

陈开和：《美国对外传播中的智库运作及其启示》，《对外传播》2010年第2期。

葛建华：《欧盟战略自主与欧版"印太战略"》，《亚太安全与海洋研究》2020年第2期。

葛建华：《试析日本的"印太战略"》，《日本学刊》2018年第1期。

胡波：《美国"印太战略"趋势与前景》，《太平洋学报》2019年第10期。

金勇：《以国王为元首的民主制：当代"泰式民主"的文化建构》，《东南亚研究》2018年第2期。

李峰：《他信经济学及其对后他信时代泰国经济政策的影响》，《南洋问题研究》2009年第4期。

刘建飞：《新时代中美关系的发展趋势》，《美国研究》2021年第4期。

刘琳：《东盟"印太展望"及其对美日等国"印太战略"的消解》，《东南亚研究》2019年第4期。

刘琳：《美国〈亚洲再保证倡议法案〉勾勒"印太战略"框架》，《世界知识》2019年第3期。

楼春豪：《印度的"印太构想"：演进、实践与前瞻》，《印度洋经济体研究》2019年第1期。

马银福：《日泰关系：特点、动因与前景》，《印度洋经济体研究》2019年第3期。

孟晓旭：《日本"印太构想"及其秩序构建》，《日本学刊》2019年第6期。

牛军：《轮回：中美关系与亚太秩序演变（1978—2018）》，《美国研究》2018年第6期。

秦亚青：《美国对华战略转变与中美关系走向》，《学术前沿》2021年第15期。

王春燕：《印缅泰国际高速公路建设背景、现状及其影响研究：印度视角》，《南亚研究季刊》2017年第4期。

韦宗友、张歆伟：《拜登政府"中产阶级外交政策"与中美关系》，《美国研究》2021年第4期。

吴怀中：《安倍政府印太战略及中国的应对》，《日本学刊》2019年增刊。

薛达元：《中国履行〈生物多样性公约〉进入新时代》，《生物多样性》2021年第2期。

张继业：《日本推动东盟国家互联互通建设的政策分析》，《现代国际关系》2017年第3期。

周方冶：《"泰式民主"的转型困境》，《文化纵横》2021年第4期。

周方冶：《20世纪中后期以来泰国发展模式变革的进程、路径与前景》,《东南亚研究》2015年第5期。

周方冶:《21世纪初泰国军人集团政治回归的路径、动因与前景》,《东南亚研究》2016年第4期。

周方冶:《东南亚国家政治多元化及其对"一带一路"建设的影响》,《东南亚研究》2017年第4期。

周方冶:《东亚发展型国家政治转型的结构性原因——新兴利益集团崛起与政治权力结构失衡》,《新视野》2013年第5期。

周方冶:《全球化进程中泰国的发展道路选择——"充足经济"哲学的理论、实践与借鉴》,《东南亚研究》2008年第6期。

周方冶:《泰国"9·19"军事政变与民主政治的前景》,载张蕴岭、孙士海主编《亚太地区发展报告No.7(2006)》,社会科学文献出版社2007年版。

周方冶:《泰国宪政体制多元化的进程、动力与前景》,《南洋问题研究》2013年第4期。

周方冶:《泰国政党政治回归的前景与挑战》,《当代世界》2018年第5期。

周方冶:《泰国政党政治重返"泰式民主"的路径、动因与前景》,《东南亚研究》2019年第2期。

周方冶:《泰国政治持续动荡的结构性原因与发展前景》,《亚非纵横》2014年第1期。

周方冶:《泰国政治权力结构调整的动力、路径与困境》,《东南亚研究》2011年第2期。

周方冶:《政治转型中的制度因素:泰国选举制度改革研究》,《南洋问题研究》2011年第3期。

周方冶:《中泰合作对接"一带一路"的机遇与挑战》,《当代世界》2019年第7期。

周方冶、郭静：《东亚外源型现代化国家政治发展的动力与路径》，《探索》2012年第2期。

周方银、王婉：《澳大利亚视角下的印太战略及中国的应对》，《现代国际关系》2018年第1期。

（二）学术专著

《旧唐书》，中华书局1975年版。

《隋书》，中华书局1973年版。

《太平御览》，中华书局1960年版。

班固：《汉书》，中华书局1962年版。

房宁等：《自由·威权·多元：东亚政治发展研究报告》，社会科学文献出版社2011年版。

韩锋：《泰国经济的腾飞》，鹭江出版社1995年版。

黎道纲：《泰国古代史地丛考》，中华书局2000年版。

李铁铮：《敝帚一把》，湖南人民出版社1984年版。

宋濂等：《元史》，中华书局1962年版。

瓦·尼·烈勃里科娃：《泰国近代史纲》，商务印书馆1974年版。

汪大渊：《岛夷志略校释》，中华书局1981年版。

姚思廉：《陈书》，中华书局1972年版。

姚思廉：《梁书》，中华书局1973年版。

余定邦、陈树森：《中泰关系史》，中华书局2009年版。

周方冶：《王权·威权·金权：泰国政治现代化进程》，社会科学文献出版社2011年版。

周方冶等：《东亚五国政治发展的权力集团研究》，中国社会科学出版社2016年版。

二 外文文献

(一) 学术论文/研究报告

Ashok Sajjanhar, "India-Thailand Relations: A 70-year Partnership", Observer Research Foundation, Sep. 15, 2017.

Ben Dolven & Bruce Vaughn, et al., "Indo-Pacific Strategies of U.S. Allies and Partners: Issues for Congress", Congressional Research Service, R46217, January 30, 2020.

Brendan Taylor, "Is Australia's Indo-Pacific Strategy an Illusion?" *International Affairs*, Vol.96, No.1, 2020.

Christophe Jaffrelot, "India's Look East Policy: An Asianist Strategy in Perspective", *India Review*, Vol.2, No.2, 2003.

Claudio Sopranzetti, "Burning Red Desires: Isan Migrants and the Politics of Desire in Contemporary Thailand", *South East Asia Research*, Vol. 20, No. 3, Sep. 2012.

Corey Wallace, "Leaving (north-east) Asia? Japan's Southern Strategy", *International Affairs*, Volume 94, Issue 4, July 2018.

Duncan McCargo, "Network Monarchy and Legitimacy Crises in Thailand", *The Pacific Review*, Vol.18, No.4, Dec. 2005.

Elena Glinskaya, Thomas Walker, Thisuri Wanniarachchi, "Caring for Thailand's Aging Population", World Bank, 2021, Washington, DC.

Frederic Grare, "The India-Australia Strategic Relationship: Defining Realistic Expectations", Carnegie Endowment for International Peace, March 2014.

GMS Secretariat, *Review of Configuration of the Greater Mekong Subregion Economic Corridors*, Manila: Asian Development Bank, Nov. 2016.

"Hidden Chains: Rights Abuses and Forced Labor in Thailand's Fishing Industry", Human Rights Watch, Jan. 2018.

Hiro Katsumata, "What Explains ASEAN's Leadership in East Asia Community Building?", *Pacific Affairs*, Vol. 87, No.2, June 2014.

"How is China Bolstering Its Military Diplomatic Relations?", CSIS China Power Project, Center for the Study of Chinese Military Affairs, Institute for National Strategic Studies, National Defense University, Nov.3, 2017.

Jennifer Morrison Taw, *Thailand and the Philippines: Case Studies in US IMET Training and Its Role in Internal Defense and Development*, Santa Monica: RAND, 1994.

John Blaxland & Greg Raymond, "Tipping the Balance in Southeast Asia? Thailand, the United States and China", The Centre of Gravity Series, Strategic & Defence Studies Centre, ANU College of Asia & the Pacific, Australian National University, Nov. 2017.

John Bradford, "Understanding 50 Years of Japanese Maritime Security Capacity Building in Southeast Asia", *National Institute for Defense Studies*, 2018.

Jürgen Rüland & Arndt Michael, "Overlapping Regionalism and Cooperative Hegemony: How China and India Compete in South and Southeast Asia", *Cambridge Review of International Affairs*, Vol. 32, Issue 2, 2019.

Kenneth Allen, Phillip C. Saunders, & John Chen, "Chinese Military Diplomacy, 2003-2016: Trends and Implications", *China Strategic Perspectives*, No. 11, Center for the Study of Chinese Military Affairs, Institute for National Strategic Studies, National Defense

University, July 2017.

Kitti Prasirtsuk, "An Ally at the Crossroads: Thailand in the US Alliance System", in Michael Wesley ed., *Global Allies: Comparing US Alliances in the 21st Century*, ANU Press, 2017.

"Magical Mekong: New Species Discoveries 2014", WWF, May 28, 2015.

Marc Innes-Brown, Mark J. Valencia, "Thailand's Resource Diplomacy in Indochina and Myanmar", *Contemporary Southeast Asia*, Vol.14, No.4, 1993.

Mark Shawn Cogan & Vivek Mishra, "India-Thailand Security Cooperation: Strengthening the Indo-Pacific Resolve", *Journal of Asian Security and International Affairs*, March, 2020.

Masaya Kato, "Japan to Join Bid for Thai Radar System Contract", *Nikkei Asian Review*, March 11, 2018.

Masayuki Yuda, "Thailand Belittled Again as U.S. Ostracizes It from Democracy Summit", Nikkei Asia, Dec. 9, 2021.

Michael Connors, "Thailand and the United States: Beyond Hegemony?", in M. Beeson, ed., *Bush and Asia: America's Evolving Relations With East Asia*, Routledge, 2006.

Michael Green & Amy Searight, eds., "Powers, Norms, and Institutions: The Future of the Indo-Pacific from a Southeast Asia Perspective, Results of a CSIS Survey of Strategic Elites", CSIS Southeast Asia Program, Center for Strategic and International Studies, June, 2020.

Michael H. Nelson, "Constitutional Contestation over Thailand's Senate, 1997 to 2014", *Contemporary Southeast Asia*, Vol.36, No.1, April 2014.

Michael R. Pompeo, "America's Indo-Pacific Economic Vision", *Indo-Pacific Business Forum*, July 30, 2018.

Nan Tian, Et al., "Trends in World Military Expenditure, 2019", *SIPRI Fact Sheet*, April 2020.

Office of the National Economic and Social Development Board, "Thailand's Economic and Social Development: Current Agenda", January 2007.

Pasuk Phongpaichit and Chris Baker, "Chao Sua, Chao Pho, Chao Thi: Lords of Thailand's Transition", in Ruth McVey, ed., *Money and Power in Provincial Thailand*, Nordic Institute of Asian Studies, NIAS Publishing, 2000.

Pavin Chachavalpongpun, "China's Shadow Looms Large in Japan-Thailand Relations", *The Japan Times*, March 3, 2017.

Prajak Kongkirati, "The Rise and Fall of Electoral Violence in Thailand: Changing Rules, Structures and Power Landscapes, 1997-2011", *Contemporary Southeast Asia*, Vol.36, No.3, Dec. 2014.

Prashanth Parameswaran, "Both Modi and Prayut Have Big Plans for Closer India-Thailand Ties", *World Politics Review*, July 15, 2016.

Puangthong R. Pawakapan, "The Central Role of Thailand's Internal Security Operations Command in the Post-Counterinsurgency Period", ISEAS Publishing, 2017, No.17, Yusof Ishak Institute, Singapore.

Remarks of Assistant Secretary Daniel Russel, Institute of Security and International Studies, Chulalongkorn University, Bangkok, Thailand, Jan. 26, 2015.

Ryan Hartley, "Contemporary Thailand–Japan Economic Relations: What Falling Japanese Investment Reveals about Thailand's Deep, Global

Competition, State in the Context of Shifting Regional Orders", *Asia & the Pacific Policy Studies*, Vol.4, No.3, 2017.

Scott W. Harold, et al., "The Thickening Web of Asian Security Cooperation: Deepening Defense Ties among U.S. Allies and Partners in the Indo-Pacific", the RAND Corporation, 2019.

Sihasak Phuangketkeow & Supalak Ganjanakhundee, "Thailand's Chairmanship of ASEAN: Unshackling Thai Diplomacy and Charting the Association's Way Forward", *ISEAS Perspective*, No.2, Jan. 7, 2020.

Simon Kemp, "Digital 2022: Thailand", Datareportal, Feb. 15, 2022.

Surin Maisrikrod, "Thailand 1992: Repression and Return of Democracy", *Southeast Asian Affairs*, Singapore: ISEAS, 1993.

Tang Siew Mun, et al., "The State of Southeast Asia: 2020", ASEAN Studies Centre, Singapore: ISEAS-Yusof Ishak Institute, Jan. 16, 2020.

Ted L. Mc Dorman, "The 1991 Constitution of Thailand", *Pacific Rim Law & Policy Journal*, Vol.3, No.2, 1995.

"The Future of Thai-U.S. Relations: Views of Thai and American Leaders on the Bilateral Relationship and Ways Forward", White Paper, Project to Strengthen Relations between Thailand and the United States, The Asia Foundation, August 2018.

"The Power of the Military over Civilians Remains: Five Glaring Issues and the Change of ISOC's Role in the Aftermath of NCPO's Dissolution", Thai Lawyers for Human Rights (TLHR), Sep. 26, 2019.

Thitinan Pongsudhirak, "Thailand: Military Resurgence and Geostrategic Imbalance", in *Security Outlook of the Asia Pacific Countries and*

Its Implications for the Defense Sector, NIDS Joint Research Series No.14, National Institute for Defense Studies, 2016.

Thitinan Pongsudhirak, "Thailand's Twin Transitions: Implications for the Defence Sector", in *Security Outlook of the Asia Pacific Countries and Its Implications for the Defense Sector*, NIDS Joint Research Series No.16, National Institute for Defense Studies, 2018.

Thongchai Winichakul, "Thailand's Hyper-royalism: Its Past Success and Present Predicament", Singapore: ISEAS-Yusof Ishak Institute, 2016, No.7.

Thorn Pitidol & Weerawat Phattarasukkumjorn, "Pracharat Welfare Depoliticises Thailand's 'Political Peasants'", *New Mandala*, 29 Nov., 2019.

"To Speak Out is Dangerous Criminalization of Peaceful Expression in Thailand", Human Rights Watch, Oct. 2019.

Wolfram Schaffar & Wongratanawin Praphakorn, "The #MilkTeaAlliance: A New Transnational Pro-Democracy Movement Against Chinese-Centered Globalization?", *Advances in Southeast Asian Studies* (*ASEAS*), Vol.14, No.1, 2021.

Yoshinori Nishizaki, "The King and Banharn: Towards an Elaboration of Network Monarchy in Thailand", *South East Asia Research*, Vol. 21, No. 1, March 2013.

Zachary Abuza, "America Should Be Realistic About Its Alliance with Thailand", *War on the Rocks*, Jan. 2, 2020.

ชินดนัย ธีระพันธุ์พิเชฏฐ์(钦达奈·提拉潘披切特), "จีนกับการใช้เครื่องมือทางเศรษฐกิจในการต่อรองระหว่างประเทศ"(中国利用经济优势作为外交工具), MFU Connexion: Jorunal of Humanities and Social Sciences, Vol.8, No.1, 2019.

ธนพล คงเจียง(塔纳蓬·孔鉴), "ความสัมพันธ์ของกองทัพไทยกับกองทัพจีนในยุคคณะรักษาความสงบแห่งชาติ (คสช.)"(国家和平秩序委员会时期的中泰军事关系), วารสารการวิจัยการบริหารการพัฒนา(发展管理研究杂志), Vol.10, No.2, 2020.

นุชิติ ศิรีบุญส่ง(努齐德·诗丽布恩颂), "แนวทางการกำหนดยุทธศาสตร์ของประเทศไทยต่อผลกระทบของความสัมพันธ์ด้านการทหารระหว่างสหรัฐอเมริกากับสาธารณรัฐประชาชนจีน"(泰国应对美中军事关系影响的战略制定指导方针), รัฏฐาภิรักษ์ วารสารราย(泰国国防学院杂志), Vol.62, No.1, 2020.

ยุทธฤทธิ์ บุนนาค(育塔瑞特·布恩纳克)、ณัฐชนนท์ ลิมบุญสืบสาย(纳查侬·利姆布纳瑟布赛伊)、ธนิษฐา สุกกล่า(塔尼萨·素卡拉), "การแข่งขันทางเทคโนโลยีระหว่างสหรัฐอเมริกากับจีน: นัยต่อภูมิภาคเอเชียตะวันออกและไทย"(中美科技竞赛: 对东亚与泰国的影响), International Studies Center (ISC), No.3, 2021.

ศิวพล ละอองสกุล(西瓦蓬·腊翁萨谷), "จีน-อเมริกา การแข่งขันกันทางอำนาจในศตวรรษที่ 21"(21世纪中美战略竞争), วารสารรัฐศาสตร์ปริทรรศน์ มหาวิทยาลัยเกษตรศาสตร์(农业大学政治学评论杂志), Vol.6, No.1, 2019.

สุรชาติ บำรุงสุข(素拉差特·邦穆鲁萨克)"ความสัมพันธ์พิเศษ ไทย-จีน ภูมิทัศน์ใหม่การต่างประเทศไทย"(中泰特殊关系: 泰国外交新局势), มติชนสุดสัปดาห์(民意周刊), 2017年7月6日。

อภินันท์ คำเพราะ(阿披难·卡姆颇), "ความฝันของจีนกับความมั่นคงของโลก"(中国梦与全球安全), NDC Policy Brief, Vol. 4, 2017.

（二）学术专著

Benjamin Zawacki, *Thailand: Shifting Ground between the US and a Rising China*, Zed Books Ltd, London, UK, 2017.

David K. Wyatt, *Thailand: A Short History (2nd Edition)*, Yale University Press, 2003.

Jennifer Morrison Taw, *Thailand and the Philippines: Case Studies in US IMET Training and Its Role in Internal Defense and Development*, Santa Monica: RAND, 1994.

Jomo K.S., et al., *Southeast Asia's Misunderstood Miracle: Industrial Policy And Economic Development In Thailand, Malaysia And Indonesia*, Westview Press, 1997.

Joseph Stiglitz and Shahid Yusuf, eds., *Rethinking the East Asian Miracle*, Oxford University Press and the World Bank, 2001.

Kobkua Suwannathat-pian, *Thailand's Durable Premier: Phibun through Three Decades 1932-1957*, Oxford University Press 1995.

M. Beeson, ed., *Bush and Asia: America's Evolving Relations With East Asia*, Routledge, 2006.

Moshe Lissak, *Military Roles in Modernization: Civil-Military Relations in Thailand and Burma*, London: Sage Publications, 1976.

Peera Charoenvattananukul, *Ontological Security and Status-Seeking: Thailand's Proactive Behaviours during the Second World War*, Routledge, 2020.

Robert J Muscat, *Thailand and the United States: Development Security and Foreign Aid*, New York: Columbia University Press, 1990.

World Bank, *The East Asian Miracle: Economic Growth and Public Policy*, Oxford University Press, 1993.

（三）官方文件

"2017 Foreign Policy White Paper", Australian Government, Nov. 2017.

"Defence White Paper 2013", Department of Defence, Australian

Government, 2013.

"FACT SHEET: President Biden and G7 Leaders Launch Build Back Better World (B3W) Partnership", The White House, June 12, 2021.

"Forging Just and Accountable Governance in the Indo-Pacific Region", USAID, June 19, 2019.

"India-Japan Joint Statement during the Visit of Prime Minister to Japan, Ministry of External Affairs", Government of India, November 11, 2016.

"Indo-Pacific Strategy of the United States", The White House, Washington, Feb. 2022.

"Indo-Pacific Strategy Report: Preparedness, Partnerships, and Promoting a Networked Region", The Department of Defense, U.S.A., June 1, 2019.

"Joint Statement of the Governments of the United States of America, Australia, and Japan, Statements & Releases", The White House, November 17, 2018.

"Joint Vision Statement 2020 for the U.S.-Thai Defense Alliance", U.S. Embassy & Consulate in Thailand, Nov. 17, 2019.

"National Security Strategy of the United States of America", The White House, Dec. 2017.

"President Donald J. Trump's Visit to Japan Strengthens the United States-Japan Alliance and Economic Partnership, Fact Sheets", The White House, November 6, 2017.

"Readout of President Biden's Participation in the East Asia Summit", The White House, Oct. 27, 2021.

"Remarks by Vice President Pence at the 6th U.S.-ASEAN Summit",

The White House, November 14, 2018.

"Thai PM Proposes 3 Points of Cooperation at 9th ACMECS", ASEAN Information Center, Government Public Relations Department, Dec. 9, 2020.

"Thailand Human Development Report 2014", United Nations Development Program, 2014.

"The Eighth National Economic and Social Development Plan (1997-2001)", National Economic and Social Development Board, Office of The Prime Minister, Bangkok, Thailand, 1996.

"The Ninth National Economic and Social Development Plan (2002-2006)", National Economic and Social Development Board, Office of The Prime Minister, Bangkok, Thailand, 2001.

"The Seventh National Economic and Social Development Plan (1992-1996)", National Economic and Social Development Board, Office of The Prime Minister, Bangkok, Thailand, 1991.

"U.S. Relations With Thailand: Bilateral Relations Fact Sheet", Bureau of East Asian and Pacific Affairs, United States Department of State, Oct. 21, 2019.

"United States-Thailand Communiqué on Strategic Alliance and Partnership", Office of the Spokesperson, U.S. Department of State, July 10, 2022.

"日印首脳会談"(日印首脑会谈),外務省,2017年9月14日。

"Ensuring Secure Seas: Indian Maritime Security Strategy", Integrated Headquarters, Ministry of Defence (Navy), 2015.

《国家安全保障戦略について》(国家安全保障战略),国家安全保障会議、閣議決定,2013年12月17日。

《外交青書2018》（外交蓝皮书），日本外務省，2018年。

Jim Mattis,"Summary of the 2018 National Defense Strategy of the United States of America: Sharpening the American Military's Competitive Edge", U.S. Department of Defense, Jan. 19, 2018.

Joseph R. Biden, "Interim National Security Strategic Guidance", The White House, March 2021.

Narendra Modi, "Prime Minister's Speech at the Inauguration of the Annual Meeting of the African Development Bank (AfDB), Gandhinagar", Ministry of External Affairs, Government of India, May 23, 2017.

Narendra Modi, "Prime Minister's Keynote Address at Shangri La Dialogue", Ministry of External Affairs, Government of India, June 1, 2018.

Shinzo Abe, "Address by Prime Minister at the Opening Session of the Sixth Tokyo International Conference on African Development (TICAD VI)", August 27, 2016.

การประกาศแผนแม่บทภายใต้ยุทธศาสตร์ชาติ（พ.ศ. ๒๕๖๑-๒๕๘๐）(๑) ประเด็น ความมั่นคง [《国家发展战略总体规划（2018—2037）第一部分·安全事务》]，泰国总理府，《政府公报》第136卷第51辑，2019年。

การประกาศแผนแม่บทภายใต้ยุทธศาสตร์ชาติ（พ.ศ. ๒๕๖๑-๒๕๘๐）(๒) ประเด็น การต่างประเทศ [《国家发展战略总体规划（2018—2037）第二部分·外交事务》]，泰国总理府，《政府公报》第136卷第51辑，2019年。

นโยบายและแผนระดับชาติว่าด้วยความมั่นคงแห่งชาติ พ.ศ. ๒๕๖๒-๒๕๖๕ [《国家安全政策与计划（2019—2022）》]，国家安全委员会

办公室，泰国总理府，《政府公报》第136卷第124辑，2019年。

安倍晋三：《第百九十三回国会における安倍内閣総理大臣施政方針演説》（安倍首相在第193次国会会议上的施政报告），首相官邸，2017年1月20日。

三　网络资料

皮尤研究中心网站，https：//www.pewresearch.org。

斯德哥尔摩国际和平研究所网站，https：//www.sipri.org。

世界银行数据库，https：//data.worldbank.org.cn。

泰国中央银行网站，https：//www.bot.or.th。

泰国国家统计局网站，http：//statbbi.nso.go.th。

中国外交部网站，http：//www.mfa.gov.cn。

中国驻泰国大使馆网站，http：//www.chinaembassy.or.th。